电商精英宝典系列

第3版

网店美工宝典

上上签设计
王楠／编著

電子工業出版社
Publishing House of Electronics Industry
北京•BEIJING

内 容 简 介

本书将结合作者多年的装修设计和实战经验，从实用的角度出发，帮助读者学会如何设计制作一个属于自己独特风格的网店。全书共分为12个章节。第1章和第2章主要介绍上传商品图片前的准备工作；第3章至第6章，主要介绍淘宝店铺装修的基础模块设置与优化装修功能等内容；第7章至第11章是整个装修设计的升级篇，介绍如何定制适合自己的店铺装修设计，从而达到提升客单量的目的；第12章是结合新手在店铺装修方面常犯的错误整理出的常见问题解答篇，便于读者解决常见问题，顺利完成店铺装修设计。

本书是为想要学习装修设计的卖家、美工以及装修爱好者等，量身打造装修设计与Photoshop相结合的实例操作型教程。

图书在版编目（CIP）数据

网店美工宝典 / 王楠编著. —3版. —北京：电子工业出版社，2016.4
（电商精英宝典系列）
ISBN 978-7-121-28410-6

Ⅰ. ①网… Ⅱ. ①王… Ⅲ. ①电子商务－网站－设计 Ⅳ. ①F713.36②TP393.092

中国版本图书馆CIP数据核字(2016)第056391号

策划编辑：林瑞和
责任编辑：付　睿
印　　刷：北京千鹤印刷有限公司
装　　订：北京千鹤印刷有限公司
出版发行：电子工业出版社
　　　　　北京市海淀区万寿路173信箱　邮编：100036
开　　本：787×980　1/16　印张：18　字数：357千字
版　　次：2014年1月第1版
　　　　　2016年4月第3版
印　　次：2016年4月第1次印刷
印　　数：5000册　定价：79.00元

凡所购买电子工业出版社图书有缺损问题，请向购买书店调换。若书店售缺，请与本社发行部联系，联系及邮购电话：（010）88254888。

质量投诉请发邮件至zlts@phei.com.cn，盗版侵权举报请发邮件至dbqq@phei.com.cn。

服务热线：（010）88258888。

前　言

自我做淘宝装修以来，有很多朋友通过旺旺、新浪微博等途径同我讨论问题。在交流的过程中，我发现无论是刚刚加入淘宝的新成员，抑或是已经进行了长期经营的老卖家，都对淘宝装修的宗旨与方法存在着或多或少的疑问与误解。因此，我想通过本书为想要学习装修设计的卖家、美工以及装修爱好者等，量身打造装修设计与 Photoshop 相结合的实例操作型教程。我将结合多年的装修设计和实战经验，从实用的角度出发，帮助读者学会如何设计制作一个属于自己独特风格的网店。

本书主要内容

全书共分为 12 个章节。第 1 章和第 2 章主要介绍上传商品图片前的准备工作，包括如何拍摄出好的照片、优化商品主图、优化商品描述图片以及如何使用淘宝图片空间等内容，其中重点介绍了如何利用 Photoshop 制作出吸引买家的图片。第 3 章至第 6 章主要介绍了淘宝店铺装修的基础模块设置与优化装修功能等内容，其中穿插了店铺装修的模块功能与使用技巧，并且利用 Photoshop 的实例操作，使读者能够轻松地设计出令人满意的装修效果。第 7 章至第 11 章是整个装修设计的升级篇，文章结合页面布局、色彩搭配、字体运用、品牌形象以及隐藏的装修功能，介绍了如何定制适合自己的店铺装修设计，从而达到提升客单量的目的。第 12 章是编者结合新手在店铺装修方面常犯的错误整理出的常见问题解答篇，便于读者解决常见问题，顺利完成店铺装修设计。

关于作者

本人旺旺 ID 吵吵 ing/ 上上签设计，真实姓名王楠，长春市优米广告设计有限公司创始人，现任淘宝四合院明星讲师、阿里学院资深讲师、淘宝视觉营销学院讲师、淘宝装修市场专业设计师、淘宝干活吧视觉专家等职务。曾参与2012年新旺铺模板内测设计，优化了淘宝若干设计类模块，并一直致力于店铺装修设计。

本人2006年加入淘宝，有10年网店设计实战经验，擅长用户的视觉体验分析。于2007年成立自己的设计团队，上上签设计；于2014年注册公司，长春市优米广告设计有限公司，从事专业的网店设计、画册设计、包装设计、标识设计等业务，公司团队通过专业的技术和真诚的服务，为所有对淘宝有执着信念并不懈努力的人们，提供了美化店铺的优质服务，并获得了广泛好评。

其他参与本书编写工作的人员有：王超男、王锋、李丹丹、姜启迪、宋阳、宋月、李畅、宋歌、丁宁、刘玉莲、王耀成、王晓萍、李春来、王耀东、孙凤莲。本书在编写过程中，力求精益求精，但由于时间仓促，存在一些不足之处，衷心希望读者批评指正。读者使用本书时如果遇到问题，可以通过以下方式联系我。方法一：搜淘宝店店铺“优米广告设计”（http://uime.taobao.com，http://ssqdesign.taobao.com）旺旺与我沟通；方法二：搜索微信账号15500000231与我语音沟通；方法三：加入淘宝交流QQ群198387553与我在线沟通；方法四：登录新浪微博“长春市优米广告设计有限公司”（http：//weibo.com/witcho0）给我留言。

目　录

第 1 章　拍照和优化

1

1.1　拍出好照片　1
1.1.1　场景布置　1
1.1.2　光线的角度　2
1.1.3　拍摄构图　4
1.2　Photoshop CS6 的基本操作　5
1.2.1　Photoshop CS6 的工作界面　6
1.2.2　Photoshop CS6 的菜单栏　6
1.2.3　Photoshop CS6 的选项卡　7
1.2.4　Photoshop CS6 的工具箱　8
1.2.5　Photoshop CS6 的控制面板　9
1.2.6　Photoshop CS6 的常用快捷键　11
1.3　用 Photoshop 优化图片　12
1.3.1　调整曝光不足或曝光过度的图片　12
1.3.2　让图片背景变模糊　15
1.3.3　修改图片尺寸　16
1.3.4　为图片添加装饰边框　18
1.4　优化商品主图　20
1.4.1　主图的尺寸与要求　20
1.4.2　主图背景色的学问　20
1.4.3　好主图提高点击率　22
1.4.4　上传主图的方法　31
1.5　优化商品详情图片　32
1.5.1　什么是详情导航模块　33
1.5.2　编辑详情导航模块　33

1.5.3 插入详情导航模块 36
1.5.4 提高视觉舒适感的布局 37
1.5.5 使用 Photoshop 体现图文结合 40
1.5.6 用 Photoshop 制作细节放大效果 43
1.5.7 用 Photoshop 组合图片 46

第 2 章 玩转图片空间 50

2.1 图片空间介绍 50
2.1.1 什么是图片空间 50
2.1.2 如何进入图片空间 50
2.1.3 图片空间的优势 51
2.2 图片空间功能介绍 51
2.2.1 上传优化好的图片 51
2.2.2 获得更大空间 55
2.2.3 可恢复的回收站功能 56
2.2.4 多尺寸选择 57
2.2.5 图片替换功能 58
2.3 管理空间 60
2.3.1 图片空间排序方式 60
2.3.2 图片授权 61

第 3 章 店铺装修的基础模块 63

3.1 旺铺专业版揭秘 63
3.1.1 什么是旺铺专业版 63
3.1.2 如何订购淘宝旺铺 64
3.1.3 淘宝旺铺功能简介 66
3.2 店招的制作 68
3.2.1 店招的设计原则和要求 68
3.2.2 常规店招 69
3.2.3 通栏店招 74
3.2.4 上传店招到店铺中 76
3.3 打造精美公告栏 80
3.3.1 在显著位置添加公告栏 80
3.3.2 文字公告栏 81

3.3.3 图片公告栏 84
3.3.4 动态公告栏 89
3.4 图片轮播模块 93
3.4.1 不同轮播图的尺寸要求 93
3.4.2 添加轮播模块的方法 94
3.4.3 轮播模块的功能 96

第 4 章 店铺装修的辅助模块 99
4.1 商品分类模块 99
4.1.1 默认商品分类模块 99
4.1.2 横向商品分类模块 104
4.2 导航模块 107
4.2.1 认识旺铺专业版导航条 107
4.2.2 在导航条上添加分类 107
4.2.3 自定义导航页面 108
4.2.4 管理导航内容 110
4.3 友情链接模块 112
4.3.1 认识友情链接 113
4.3.2 添加友情链接模块 113
4.3.3 设置友情链接模块 114
4.4 收藏模块 116
4.4.1 制作收藏图片 117
4.4.2 添加收藏模块 122
4.5 搜索模块 126
4.5.1 认识搜索模块 126
4.5.2 设置搜索模块内容 127

第 5 章 店铺装修的营销功能 129
5.1 客服无处不在 129
5.1.1 设置子账号 /E 客服 129
5.1.2 添加左侧客服中心 133
5.1.3 悬浮客服的设置 136
5.1.4 制作客服区 138

5.2 活动的设置 143
5.2.1 满就送（减） 144
5.2.2 店内团购 148
5.3 友好的快递服务展示 152
5.3.1 快递模板的设置 152
5.3.2 制作快递服务展示图 155
5.3.3 在详情页投放快递展示图片 159
5.4 售后服务的美化展示 161
5.4.1 退换货流程图 162
5.4.2 售后承诺图 166
5.4.3 5星好评图的制作 170

第6章 店铺装修的推广功能 177
6.1 海报宣传 177
6.1.1 海报的类型 177
6.1.2 制作最炫首焦图 178
6.1.3 设置全屏海报 182
6.2 二维码 186
6.2.1 二维码的应用 187
6.2.2 二维码的妙用 188
6.2.3 二维码的引流作用 189
6.2.4 在店铺中添加二维码 191

第7章 我的装修我做主 192
7.1 大图展示 192
7.1.1 在 Photoshop 中制作大图模块 193
7.1.2 分割图像 196
7.1.3 用表格制作模块 199
7.2 在线制作装修模块 203
7.2.1 放大镜模块 203
7.2.2 推荐模块 208
7.3 页面背景不再裸奔 211

7.3.1 平铺背景 211

7.3.2 纵向平铺背景 214

第 8 章 店铺装修的页面布局 220

8.1 店铺布局的原则 220

8.1.1 合理布局，分清主次 220

8.1.2 区域划分，条理清晰 222

8.1.3 结合海报，突出重点 223

8.1.4 布局丰满，应有尽有 225

8.2 布局管理的设置 226

第 9 章 店铺装修的多样点缀 228

9.1 店铺色彩加减法 228

9.1.1 色彩传达的意义 228

9.1.2 色彩搭配的原则 231

9.1.3 定位店铺色彩形象 232

9.2 字体也是美工 235

9.2.1 字体的分类 235

9.2.2 字体在页面中的运用 237

9.3 做有声有色的店铺 239

9.3.1 搜索背景音乐 239

9.3.2 添加背景音乐 241

第 10 章 店铺装修的个性化包装 244

10.1 店标设计 244

10.1.1 静态店标的制作 244

10.1.2 动态店标的制作 247

10.1.3 将店标应用到店铺中 249

10.2 LOGO 设计 250

10.2.1 LOGO 的意义 250

10.2.2 LOGO 的分类 251

10.2.3 制作店铺 LOGO 253

10.2.4 为商品添加 LOGO 256

第 11 章 隐藏的秘密 260

11.1 模板颜色的变换 260
11.2 自由的背景设置 263
11.3 店铺装修的还原与备份功能 266
11.4 多样化的宝贝描述模板 268
11.5 一键生成手机端详情页 272

第 12 章 常见问题解答 275

第1章 拍照和优化

1.1 拍出好照片

网上店铺与传统店铺最大的区别在于：网上店铺并没有实物可供买家实际感受与挑选，买家仅仅通过图片观察商品细节从而做出决定进行交易。所以，要博得买家的青睐，拍摄出成功的商品图片，就一定要在保证真实性的前提下别出心裁地进行设计，使之能够吸引买家的目光，激发其了解所展示商品的兴趣和购买的欲望。拍摄出一张成功的商品图片主要包括 3 个因素：场景布置、光线的角度和拍摄构图。

1.1.1 场景布置

网上店铺因其虚拟的特性，买家触不到、摸不着，全凭眼睛去观察，所以，为了防止买家将过多的注意力消耗在无谓的商品背景之中，场景布置的第一原则就是简单整洁。在拍摄过程中，简单的场景布置最利于拍摄出好照片，场景布置简洁明了，自然能够轻易地将买家的目光引向拍摄的焦点；而杂乱的场景布置只会喧宾夺主，分散买家的注意力，从而严重影响买家的购买欲望。

那么，如何进行简单并且效果好的场景布置呢？最重要的一点就是根据商品属性布置商品场景，先来看两张甜甜圈的图片，如图 1-1 和图 1-2 所示。

图 1-1 和图 1-2 的拍摄图片都是甜甜圈，两张图片都把甜甜圈的形态很清晰地呈现出来了，然而这两张图片哪张更让买家有购买欲望却是显而易见的。为什么图 1-2 比图 1-1 更吸引买家呢？我们观看图 1-2 的时候，是否联想到了自己午后休闲地坐在沙发上，品着咖啡吃着甜甜圈这样惬意的生活，这就是关键所在。通过两张图片的清晰对比，可以看到为了

体现甜甜圈这个休闲的零食，拍摄者将它与咖啡置于一个场景中，从而使整个场景灵动了许多。午后阳光的渗入，又为整体场景增添了几分浪漫的色彩，使场景更加活灵活现。

图 1-1　甜甜圈 1

图 1-2　甜甜圈 2

1.1.2　光线的角度

光是色彩之源，光的变化会影响买家对商品的外在感官，人们只有在适当的光线下才会充分感知到物体的色彩。要拍出适合实物感观的图片，光线角度的选择将起到决定性的作用。在专业摄影领域，光源的位置选择很有学问，如侧光、侧逆光等；而我们在实际拍摄中，只需要把光分为主光、背景光、辅助光等几种即可。因为刚开店不宜投入过多的资金，可以利用白布和台灯等制作小型摄影棚，摄影棚的原型可参考图 1-3。

图 1-3　摄影棚的原型

在布置光线角度的时候，应首先重点把握主光的位置，可以在最前方，也可以在顶部，然后再利用辅助光，来调整画面上由于主光的作用而形成的反差，从而突出整体画面的层次感。下面介绍 3 种不同商品的光线角度选择。

1．无暗角拍摄法

从正面的两侧布置灯光，投射出来的光线全面而且均匀，可以散布到商品的表面，使商品没有暗角，展现得非常清晰。拍摄布局图如图 1-4 所示，拍摄效果图如图 1-5 所示。

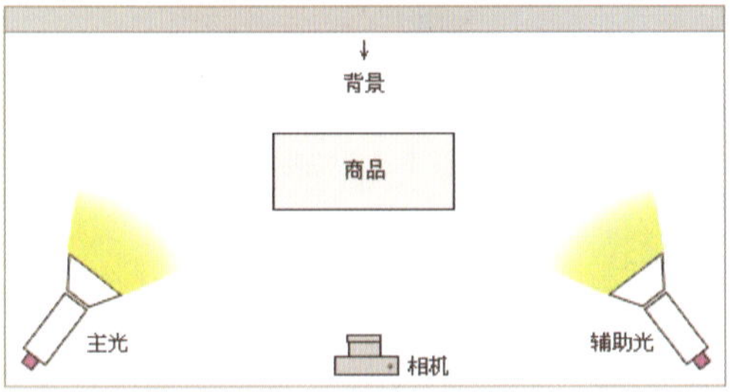

图 1-4　拍摄布局图 1

图 1-5　拍摄效果图 1

2．立体感拍摄法

从商品的前后交叉布置灯光，会使商品轮廓明显，立体感增强，在背景上产生小投影的效果。拍摄布局图如图 1-6 所示，拍摄效果图如图 1-7 所示。

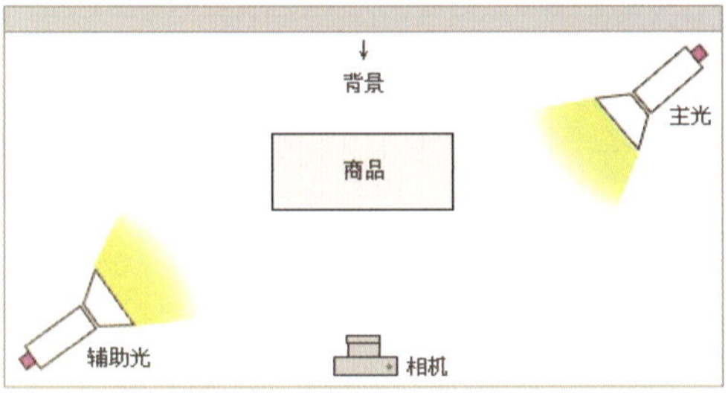

图 1-6　拍摄布局图 2

图 1-7　拍摄效果图 2

3．抠图拍摄法

从商品的前方打主光保全商品细节，左右两侧打辅助光使轮廓明显，也可以根据背景增加背景灯，此方法拍摄出的商品图片适合后期抠图使用。拍摄布局图如图 1-8 所示，拍摄效果图如图 1-9 所示。

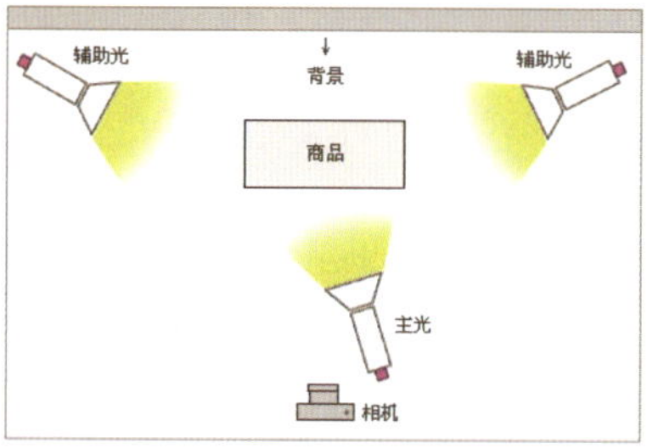

图 1-8　拍摄布局图 3

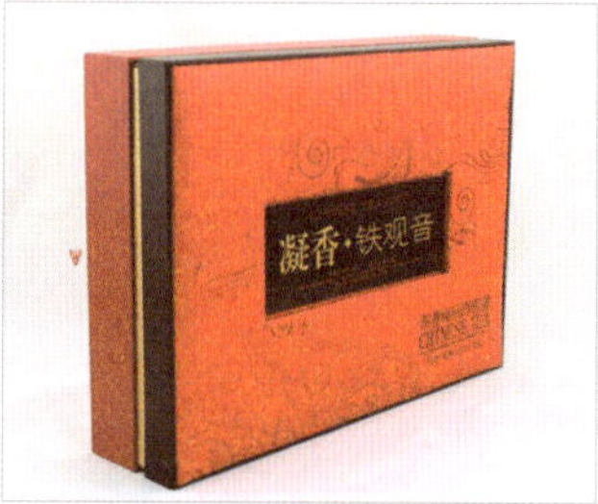

图 1-9　拍摄效果图 3

1.1.3　拍摄构图

拍摄构图就是把摄入镜头的景和物进行合理组合，让拍摄的图片更加符合我们的视觉需要，也使其显得更为美观。拍摄构图主要由 4 个元素组成：线、形状、色彩和空间；同时它遵循一个原则：构图的结构中心应该在视觉中心，而不在画面几何中心，视觉中心和几何中心的对比图如图 1-10 所示。

这里所指的视觉中心也称为“九宫格”构图法，即将被摄主体或者重要景物放在“九宫格”交叉点的位置上。“井” 字的 4 个交叉点就是主体的最佳位置。这种构图格式较为符合人们的视觉习惯，使主体自然成为视觉中心，具有突出主体并使画面趋向均衡的特点，拍摄效果图如图 1-11 所示。

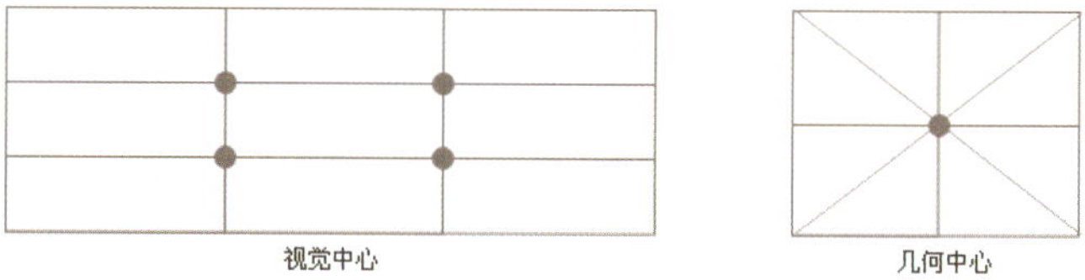

图 1-10　视觉中心和几何中心的对比图

图 1-11　拍摄效果图 4

下面教大家两种构图方法。

方法一：利用平面构图

平面构图是按照美的视觉效果，对商品进行编排和组合，使摄影画面产生视觉上的均衡感。在拍摄前，首先要摆好主体，尽量减少配饰，得到一个干净的画面进行构图，找好直视拍摄的角度，从而得到一个满意的主体构图，如图 1-12 所示。

图 1-12　拍摄效果图 5

方法二：利用空间构图

空间构图利用主体商品的位置和环境的指引突出主体，通过制造空间的前后关系，表现出空间的深度和质感，从而营造图片的氛围，让买家感觉到生动和谐的视觉张力。例如，将商品放在桌子的一角，地上放一本杂志和一杯茶，摆好后可以先拍下样张，加入或者删减配饰，调整其方向以及距离的远近等，这样才能拍出自己想要的图片效果，如图 1-13 所示。

图 1-13　拍摄效果图 6

1.2　Photoshop CS6的基本操作

Photoshop CS6 是一款用于图像制作和图像处理的专业软件，具有强大的图像修饰功能，利用这些功能，不但可以更有效地进行图片编辑工作，快速修复照片的拍摄缺陷，而且可以修复人物照片上的斑点以及进行皮肤的润色，是淘宝掌柜在修图过程中必备的软件工具。本节只介绍在淘宝中常用的 Photoshop CS6 的基本操作。

1.2.1 Photoshop CS6 的工作界面

Photoshop CS6 有自己个性化的工作界面，与其他 Photoshop 版本比起来，它的工作界面更加美观大方。主要是由菜单栏、属性栏（又称工具选项栏）、选项卡、图像编辑窗口、状态栏、控制区、工具箱和控制面板等部分组成的，如图 1-14 所示。

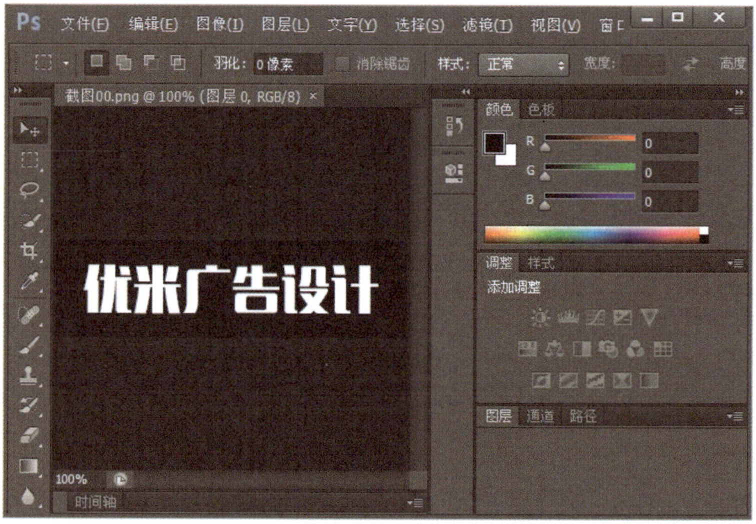

图 1-14　Photoshop CS6 工作界面

1.2.2 Photoshop CS6 的菜单栏

菜单栏为整个环境下所有窗口提供菜单控制，包括：文件、编辑、图像、图层、文字、选择、滤镜、视图、窗口和帮助 10 项菜单选项。在单击某一个菜单后会弹出相应的菜单，在下拉菜单中选择各项命令即可执行命令，主要用于完成图像的各项处理操作，如 1-15 所示。

图 1-15　菜单栏

① “文件”菜单

操作图像文件，如文件的新建、打开、存储、导入等。

② “编辑”菜单

编辑图像文件，如图像的剪切、复制、填充、描边等。

③ “图像”菜单

调整图像的色彩模式、色调、对比度以及图像的大小等。

④ “图层”菜单

对图像中的图层进行新建、设置图层样式等操作。

⑤ “文字”菜单

用于对图像中的文字进行编辑。

⑥ “窗口”菜单

显示或者隐藏 Photoshop CS6 的各个工作界面，对选项卡进行排列等。

1.2.3 Photoshop CS6 的选项卡

选项卡左侧显示所打开的图片的名称；选项卡右侧包括最小化按钮、最大化 / 还原按钮和关闭按钮，如图 1-16 所示。

图 1-16　选项卡

注意：如果同时打开多张图片，图片的名称会依次显示在选项卡左侧，此时状态为所有内容并列显示在选项卡中，如图 1-17 所示。

很多掌柜在所有内容并列显示在选项卡中时不知道如何进行编辑，这里有两种方法。方法一：在按住鼠标左键的同时，直接拖曳所要编辑的选项卡，可以将图像窗口移动至界面中的任何一个位置；方法二：在“窗口”下拉菜单中执行“排列→使所有内容在窗口中浮动”命令，如图 1-18 所示。

图 1-17　同时打开两张图片的名称显示

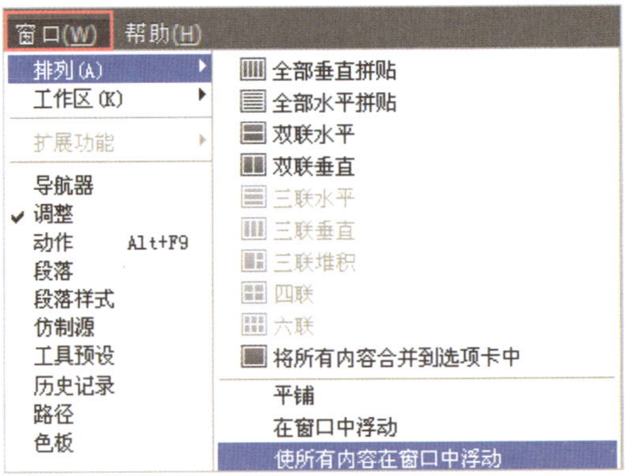

图 1-18　执行“排列→使所有内容在窗口中浮动”命令

1.2.4　Photoshop CS6 的工具箱

工具箱中的工具可用来选择、绘画、编辑以及查看图像等，运用工具箱内的不同工具可以制作出各种不同效果的图像。同时，为了方便操作，每个工具都设置了快捷键，在英文输入的状态下，直接在键盘上按下对应的快捷键字母，就能快速选择相应的工具，工具箱中的工具名称以及对应快捷键如图 1-19 所示。

工具箱的显示方式可以是单列的也可以是双列的，单列与双列显示方式的相互转换，只需要单击工具箱左上角的双向箭头▸▸。单击向右双向箭头▸▸，工具箱变成双列显示方式；单击向左双向箭头◂◂，工具箱恢复成单列显示方式。同时也可以拖曳工具箱的标题栏移动其所在位置，如图 1-20 所示。

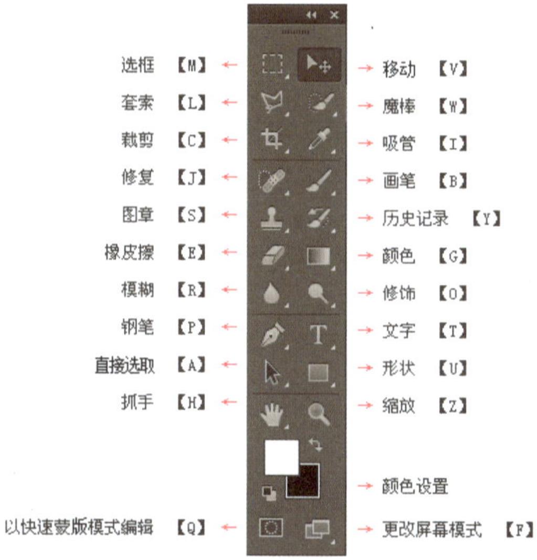

图 1-19　工具箱中的工具名称以及对应的快捷键

图 1-20　移动工具箱的位置

1.2.5　Photoshop CS6 的控制面板

控制面板是 Photoshop CS6 中进行颜色选择、编辑图层、编辑通道和撤销编辑等操作的主要功能面板，是工作界面的一个重要组成部分，如图 1-21 所示。在这里重点介绍“历史记录”面板、“图层”面板和“字符”面板。

1. “历史记录”面板

“历史记录”面板上显示了用户对当前图像文件所做的编辑和修改操作，并可以通过它恢复到某一指定的操作。在进行图像处理的过程中，通过快捷键或菜单命令还原、重做图像，仅能取消或者恢复最近执行的操作，如果要恢复指定的某一步操作，只需单击“历史记录”面板中的对应操作即可，如图 1-22 所示。

图 1-21 控制面板

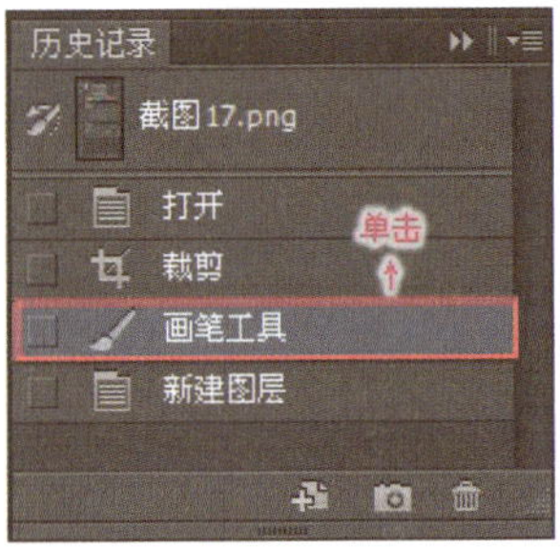

图 1-22 “历史记录”面板

2. “图层”面板

“图层”面板实现 Photoshop CS6 中图层的管理和编辑操作，如新建图层（图层组）、删除图层、复制图层、设置图层的混合模式以及图层的调整编辑等，如图 1-23 所示。

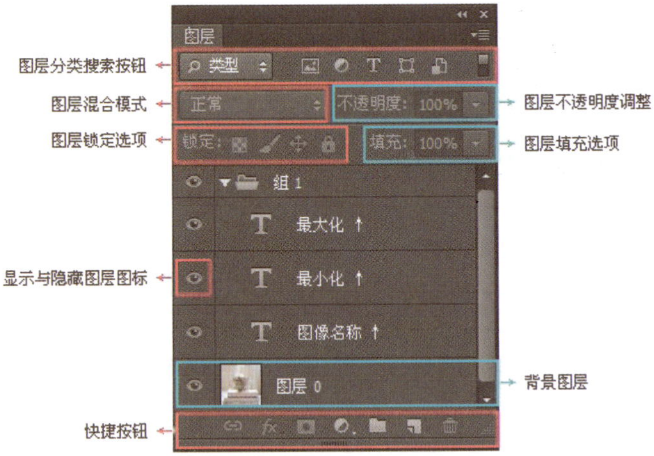

图 1-23 “图层”面板

3.“字符”面板

在创建文字后，可以通过“字符”面板对创建的文字进行编辑和修改，可以显示并设置相关的文字属性，包括文字类型、字体大小、间距等，如图 1-24 所示。

“字符”面板并不体现在默认控制面板中，那么如何打开“字符”面板呢？很简单，在“窗口”下拉菜单中执行“字符”命令，即可打开“字符”面板，如图 1-25 所示。

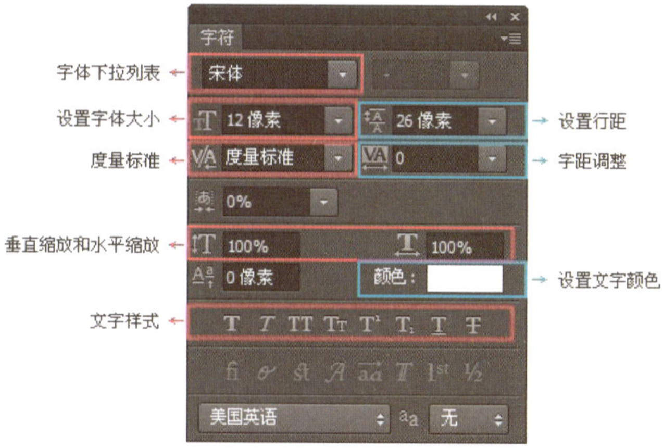

图 1-24 “字符”面板

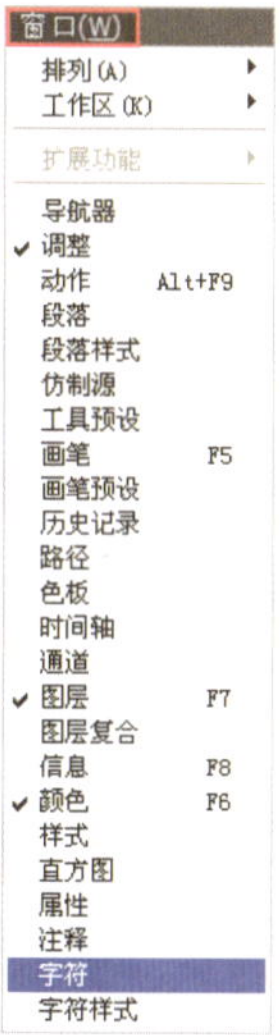

图 1-25 执行“字符”命令

1.2.6 Photoshop CS6 的常用快捷键

工具箱的常用快捷键如下。多种工具共用一个快捷键的，可同时按【Shift】键加此快捷键进行选取。

查看键盘所有快捷键：【Ctrl+Alt+Shift+K】。

矩形、椭圆选框工具：【M】	套索、多边形套索、磁性套索：【L】	橡皮擦工具：【E】	裁剪工具：【C】
仿制图章、图案图章：【S】	画笔修复工具、修补工具：【J】	添加锚点工具：【+】	移动工具：【V】
历史记录画笔工具：【Y】	模糊、锐化、涂抹工具：【R】	删除锚点工具：【-】	魔棒工具：【W】
铅笔、直线工具：【N】	减淡、加深、海绵工具：【O】	直接选取工具：【A】	画笔工具：【B】
吸管、颜色取样器：【I】	钢笔、自由钢笔、磁性钢笔：【P】	油漆桶工具：【K】	度量工具：【U】
默认前景色和背景色：【D】	文字、直排文字、直排文字蒙版：【T】	使用抓手工具：【空格】	抓手工具：【H】

切换前景色和背景色：【X】	径向渐变、角度渐变、菱形渐变：【G】	工具选项面板：【Tab】	缩放工具：【Z】

文件操作的常用快捷键如下。

新建图形文件：【Ctrl+N】	默认设置创建新文件：【Ctrl+Alt+N】	打开已有的图像：【Ctrl+O】
打开：【Ctrl+Alt+O】	新建图层：【Ctrl+Shift+N】	另存为：【Ctrl+Shift+S】
关闭当前图像：【Ctrl+W】	显示的“预置”对话框：【Alt+Ctrl+K】	存储副本：【Ctrl+Alt+S】
保存当前图像：【Ctrl+S】	应用当前所选效果并使参数可调：【A】	页面设置：【Ctrl+Shift+P】
打开预置对话框：【Ctrl+K】	设置透明区域与色域：【Ctrl+4】	设置“常规”选项：【Ctrl+1】
打印：【Ctrl+P】	设置参考线与网格：【Ctrl+6】	设置存储文件：【Ctrl+2】
设置显示和光标：【Ctrl+3】	斜面和浮雕效果：【Ctrl+5】	内发光效果：【Ctrl+4】
外发光效果：【Ctrl+3】	设置单位与标尺：【Ctrl+5】	

1.3 用Photoshop优化图片

在拍摄过程中，由于光线、技术、拍摄设备等原因，拍摄出来的商品图片往往会有一些不足的地方，为了把商品最好的一面展现给买家，用 Photoshop 优化图片就显得尤为重要了。如调整图片的亮度、模糊照片背景、调节商品图片到对应的尺寸以及为商品图片添加装饰边框等。在本节中主要介绍淘宝常用的 4 种 Photoshop 优化图片方法。

1.3.1 调整曝光不足或曝光过度的图片

辛辛苦苦拍摄出的商品图片如果存在曝光不足或者曝光过度该怎么办？这时就需要利用 Photoshop 工具来进行适当的调节，优化前后对比效果如图 1-26 所示。

图 1-26　对比效果图 1

1. 曝光不足

调整曝光不足的图片，具体操作步骤如下。

步骤 1 执行“文件→打开”命令，打开商品图片，打开图片的效果如图 1-27 所示。

步骤 2 打开“图层”面板，拖曳“背景”图层到“创建新图层”按钮上，得到“背景 副本”图层，如图 1-28 所示。

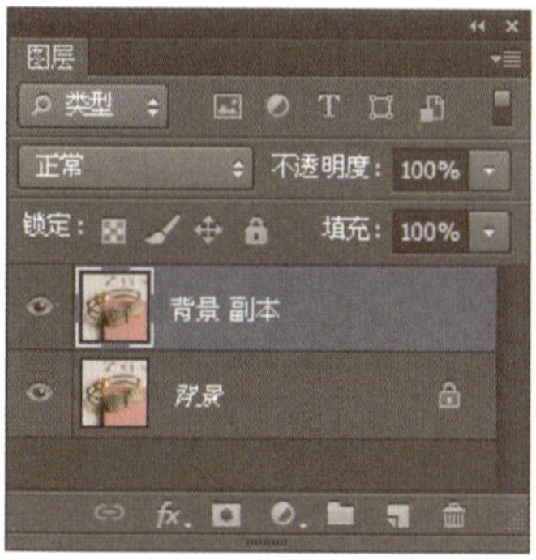

图 1-27 商品原图　　图 1-28 “背景 副本”图层

步骤 3 确保“背景 副本”图层为选中状态，执行“图像→调整→曝光度”命令，如图 1-29 所示。

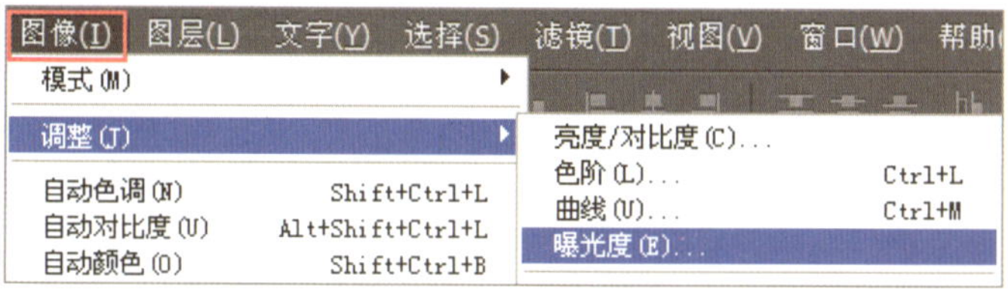

图 1-29 执行“图像→调整→曝光度”命令

步骤 4 打开“曝光度”对话框，分别设置曝光度、位移和灰度系数校正的数值，如图 1-30 所示，设置完成后单击“确定”按钮。

- **曝光度**：主要对图像明暗度进行调整，向左拖动滑块可以将图像变暗，向右拖动滑块可以将图像变亮。
- **位移**：拖动滑块可以调整图像的明度。
- **灰度系数校正**：对于中间色调的影响较大，将滑块向右移动会变亮，向左移动会变暗。

步骤 5　根据步骤 4 对图像曝光度进行整体调整，图像整体变亮，效果如图 1-31 所示。

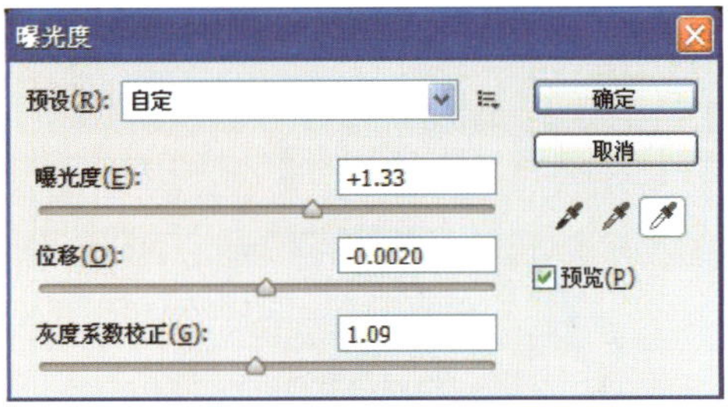

图 1-30　“曝光度”对话框

图 1-31　图像整体变亮

2. 曝光过度

调整曝光过度的图片，具体操作步骤如下。

步骤 1 和步骤 2　同“曝光不足”部分。

步骤 3　确保“背景 副本”图层为选中状态，执行“图像→调整→曲线”命令，如图 1-32 所示。

图 1-32　执行“图像→调整→曲线”命令

步骤 4　打开“曲线”对话框，设置曲线的走向，可以使用鼠标将曲线拖动到任意位置上，然后单击曲线可以添加多个节点，使调整的图像效果更准确。曲线的走向如图 1-33 所示，设置完成后单击“确定”按钮。

步骤 5　根据步骤 4 对图像曲线走向进行整体调整，图像整体变暗，效果图就不再展示了。

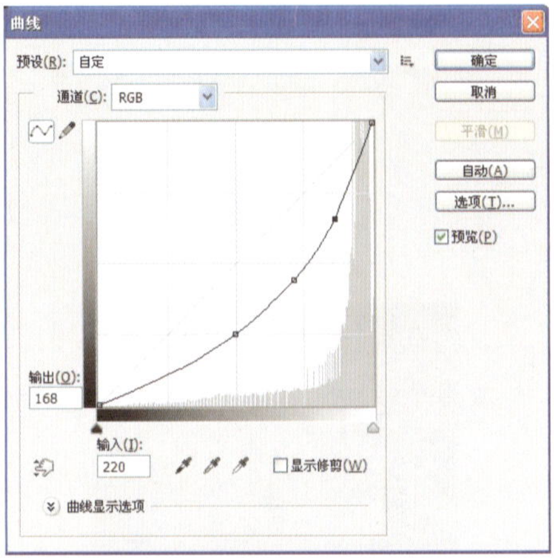

图 1-33 “曲线”对话框

经验分享

图像明暗的调整主要是对图像高光、中间调及暗部区域的调整。各个命令所针对的图像问题各不相同，在调整图像时需要先分析图像的特点，再选择最适合的命令对图像进行调整。

1.3.2 让图片背景变模糊

掌柜在拍摄商品的时候，大部分会使用配饰来陪衬该商品，比如在 1.1.3 节中图 1-13 的拍摄图片，该图是使用长镜头拍摄，达到了背景虚化的效果，如果用卡片机拍摄，需要应用“模糊工具”模糊配饰的图像才能达到相同的效果，优化前后对比效果如图 1-34 所示。

（a）原图 （b）效果图

图 1-34 对比效果图 2

具体操作步骤如下。

步骤 1 执行“文件→打开”命令，打开商品图片，打开图片的效果如图 1-34（a）所示。

步骤 2 按【Ctrl+J】快捷键，复制“背景”图层得到新图层“背景 副本”图层，如图 1-35 所示。

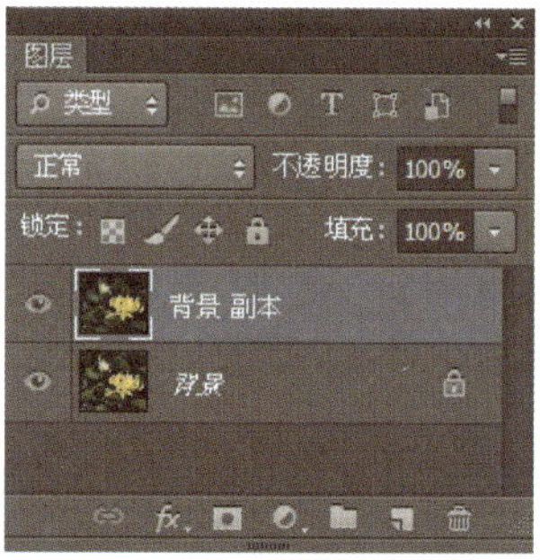

图 1-35 “背景 副本”图层

步骤 3 单击工具箱中的“模糊工具”按钮，在工具选项栏中设置其笔刷大小、硬度以及强度，如图 1-36 所示。

图 1-36 “模糊工具”参数设置

步骤 4 设置好“模糊工具”的参数后，使用“模糊工具”在图像边缘进行反复涂抹，对图像进行模糊处理，效果如图 1-34（b）所示。

经验分享

通过在“模糊工具”选项栏中设置参数，可以在模糊的基础上对图像进行加深和减淡的处理，以达到更梦幻的特殊效果。

1.3.3 修改图片尺寸

拍摄好的商品图片都比较大，但是在淘宝上针对不同的模块有不同的尺寸，所以我们要对商品图片进行修改。

具体操作步骤如下。

步骤 1 执行“文件→打开”命令，打开商品图片（图片为 1500 像素 ×989 像素），打开图片的效果如图 1-37 所示。

步骤 2 执行“图像→图像大小”命令，如图 1-38 所示。

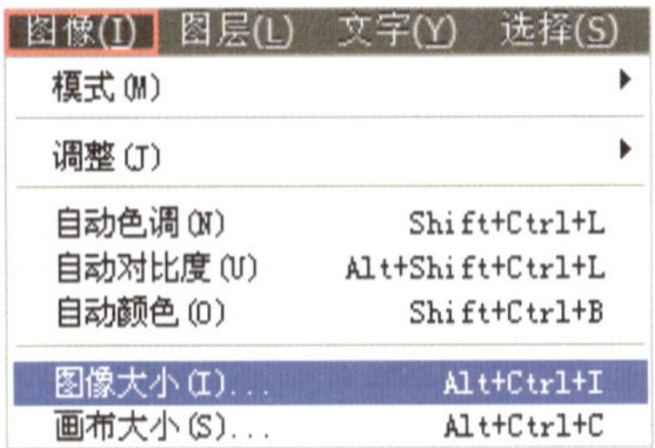

图 1-37 商品原图 图 1-38 执行“图像→图像大小”命令

步骤 3 打开“图像大小”对话框，勾选“缩放样式”和“约束比例”复选框，根据所需尺寸更改图片宽度的数值，在这里设置所需宽度为 950 像素，如图 1-39 所示，设置完成后单击“确定”按钮。

步骤 4 根据**步骤 3** 对图像宽度的调整，图像尺寸整体缩小，此时图像大小为 950 像素 ×626 像素，效果如图 1-40 所示。

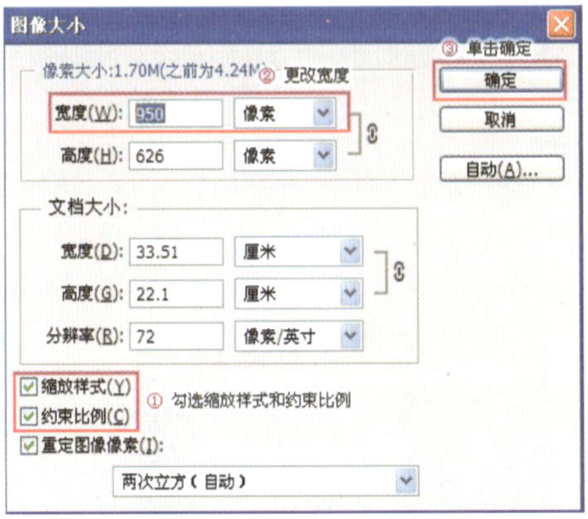

图 1-39 “图像大小”对话框 图 1-40 图像缩小的效果

经验分享

在批量修改商品图片尺寸的时候，用 Photoshop 批量修改比较复杂，可以选择可牛、光影魔术手等作图软件。

1.3.4 为图片添加装饰边框

在修改好商品图片尺寸后，为了使商品图片看上去更加正规和美观，需要为商品图片添加一些装饰边框。

具体操作步骤如下。

步骤 1 执行“文件→打开”命令，打开商品图片，打开图片的效果如图 1-41 所示。

图 1-41 原图效果

步骤 2 按【Ctrl+J】快捷键，复制“背景”图层得到新图层“背景 副本”图层，如图 1-42 所示。

步骤 3 单击“图层”面板中的“图层样式” fx 按钮，在弹出的“图层样式”下拉菜单中选择“描边”样式，如图 1-43 所示。

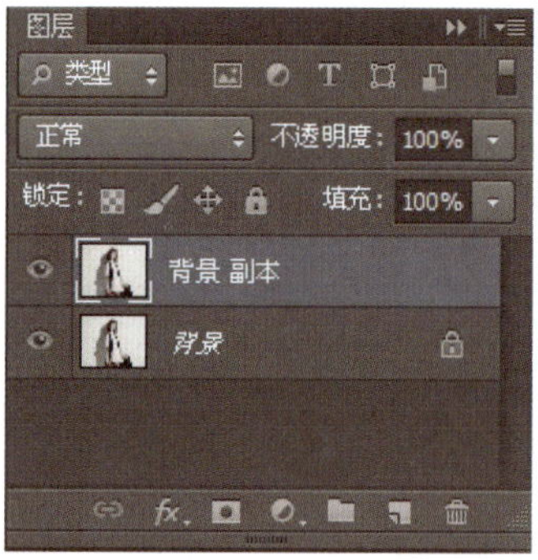

图 1-42 “背景 副本”图层

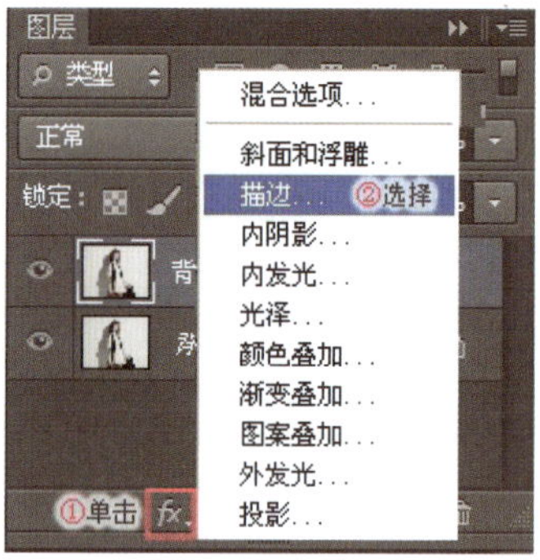

图 1-43 选择“描边”样式

步骤 4 打开“描边”样式的“图层样式”对话框后对其进行设置，大小为 16 像素、位置为内部、颜色为白色，单击“确定”按钮即可，如图 1-44 所示。

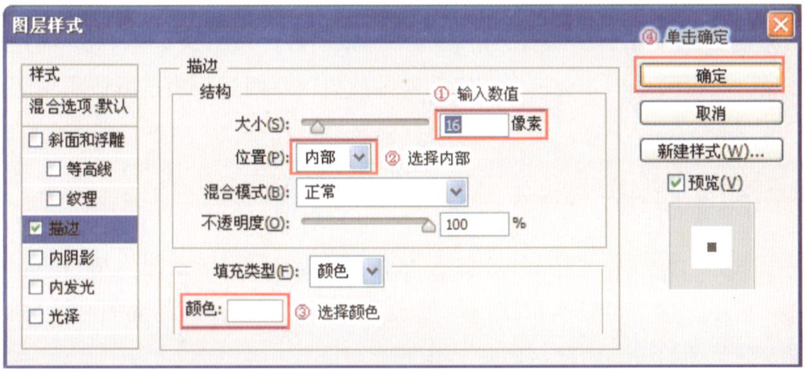

图 1-44 “图层样式”对话框（“描边”样式）

步骤 5 根据上面的操作步骤，图片的装饰边框就做好了，效果展示如图 1-45 所示。

图 1-45 装饰边框后的效果

经验分享

边框的粗细取决于描边时像素的大小，“描边”样式一共有 3 种填充类型，合理利用会得到不同的边框效果。

1.4 优化商品主图

商品主图是买家接触到店铺商品信息的第一张图片，带给买家第一视觉感官，只有主图做得能够吸引买家眼球，才会调动买家的购买欲望，从而进一步了解该商品信息。

1.4.1 主图的尺寸与要求

淘宝商品主图的标准尺寸是：400 像素 ×400 像素的正方形图片；700 像素 ×700 像素以上的图片，可以在宝贝详情页提供图片放大功能，这就是在逛淘宝的时候有的商品图片可以直接放大细节图的关键所在，如图 1-46 所示。

商品主图的要求：主图图片至少上传 1 张，最多可以上传 5 张，本地上传图片大小不能超过 3MB。

图 1-46 放大细节图

经验分享

拍摄的商品图片均为长方形，一定要更改成大于或者等于 400 像素 ×400 像素的正方形图片作为商品主图。

1.4.2 主图背景色的学问

在淘宝中，主图背景色要是可以衬托商品的纯色背景，切记不要用过于繁杂的背景。因为人的眼睛一次只能存储 2、3 种色彩，以纯色做背景时在颜色搭配上比较容易，也更令人印象深刻。反之，背景色采用过多、过杂的颜色，买家的眼睛也会感到疲倦，只会分散注意的焦点，影响买家的购买欲望，让效果大打折扣，如图 1-47 所示。

纯白色简单背景

黑色复杂背景

图 1-47 背景色对比效果图

搭配主图背景色的原则如下。

（1）背景色以白色或者浅色为主，展现的图片会更加清晰，表达目的更加明确，如图 1-48 所示。

（2）针对商品的形象搭配背景色，例如想要呈现可爱的感觉，就以淡粉色为主，如图 1-49 所示。

图 1-48 白色背景

图 1-49 淡粉色背景

（3）商品与背景色可以是同一色系的明暗度组合，会给买家较强的视觉冲击力，如图 1-50 所示。

（4）背景色不要与文字颜色相近，会降低可识别性，如图 1-51 所示。

图 1-50　明暗度组合背景

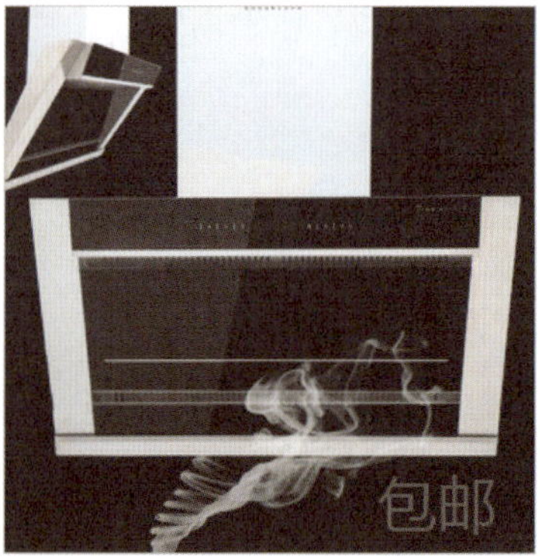

图 1-51　背景色与文字颜色相近

1.4.3　好主图提高点击率

主图体现在搜索上，好的主图能够提高点击率，从而达到引流的目的。在浏览主图的时候，买家的浏览速度比较快，所以主图必须做得鲜活明亮。要打造一张吸引买家眼球的好主图，只需要遵循三大设计原则。

技巧一：比例大小要适当

调节比例大小要适当，比例过小则细节表达不清晰，比例过大则显得臃肿，合适的比例能增加浏览时的视觉舒适感，提升点击率，对比效果如图 1-52 所示。图中想体现的是“侧口紧腿女裤”，清晰的对比可见适当的比例可以吸引买家的眼球，将画面中“侧口紧腿女裤”的特点完美展现在画面中。

比例适中

比例失调

图 1-52　比例大小对比图

具体操作步骤如下。

步骤 1 执行“文件→打开”命令，打开商品图片，打开图片的效果如图 1-53 所示。

步骤 2 按【Ctrl+J】快捷键，复制“背景”图层得到新图层“背景 副本”图层，如图 1-54 所示。

图 1-53 原图效果

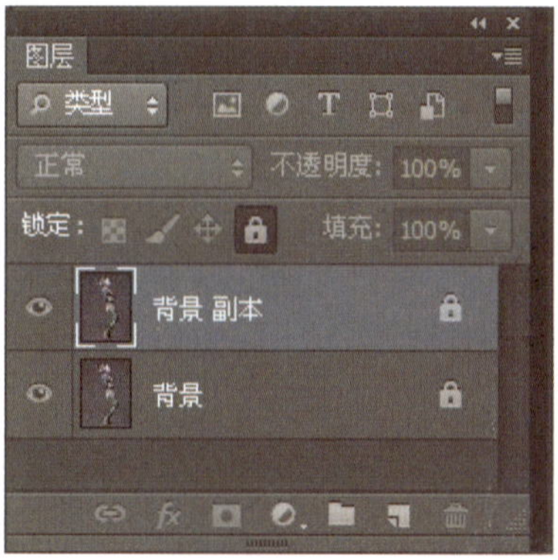

图 1-54 “背景 副本”图层

步骤 3 确保“背景 副本”图层为选中状态，在工具箱中单击“裁剪工具”按钮，图像会出现裁剪边框。裁剪图像之前，如果预先设置图像的宽度和高度，就可以得到固定大小的图像。这里在工具选项栏中单击“裁剪比例”下拉按钮，执行“大小和分辨率”命令，如图 1-55 所示。

步骤 4 在弹出的“裁剪图像大小和分辨率”对话框中，将宽度设置为 700 像素，高度设置为 700 像素，分辨率设置为 72 像素 / 英寸，如图 1-56 所示。

步骤 5 在输入固定的数值以后，图像会根据数值出现对应的裁剪区域，设置裁剪区域范围并移动到适当的位置，如图 1-57 所示。

步骤 6 根据**步骤 5** 的操作，将鼠标放置在边框内，双击鼠标或者按【Enter】键就可以对图像进行裁剪，裁剪效果如图 1-58 所示。

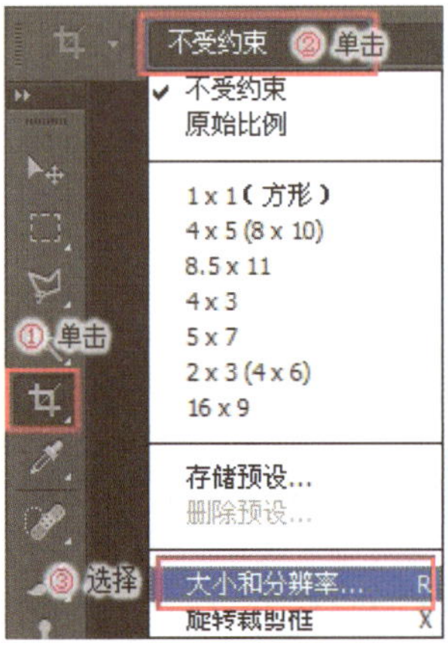

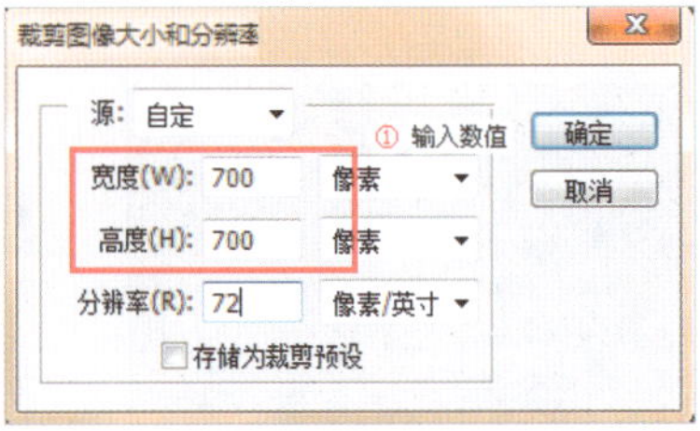

图 1-55　执行“大小和分辨率”命令　图 1-56　“裁剪图像大小和分辨率”对话框

图 1-57　裁剪区域

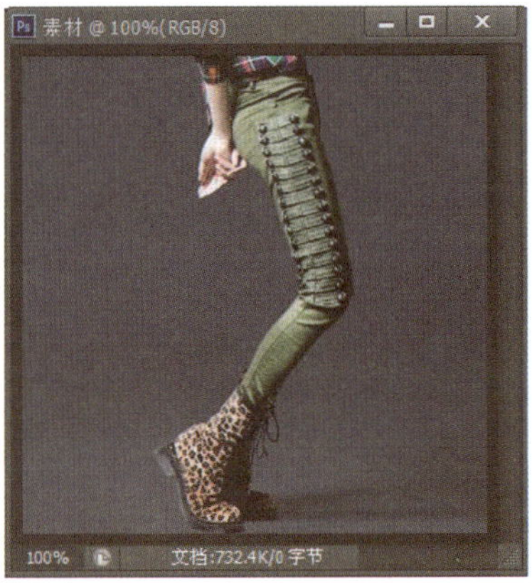

图 1-58　裁剪效果

经验分享

（1）商品图片裁剪比例要合理，不要用作图软件拉伸商品图片，导致商品变形而失去真实效果。（2）制作淘宝店铺的相关图片时，很多尺寸都是固定的，可以使用预先设置图像的宽度和高度的方法，得到固定大小的图像。

技巧二：宜简不宜繁

顾客搜索主图时浏览的速度较快，传达的信息越简单、明确就越容易被接受，若图中有杂乱背景则必须处理掉。正确运用背景颜色可以使本身很平淡的东西瞬间变得漂亮起来，要灵活运用背景色与商品的搭配让主图更具亲和力和感染力，对比效果如图 1-59 所示。

更换背景前

更换背景后

图 1-59　更换背景前后的对比图

具体操作步骤如下。

步骤 1　完成技巧一的步骤后，在工具箱中单击“钢笔工具”按钮，然后在工具选项栏中选择“路径”选项，如图 1-60 所示。

步骤 2　开始在商品的每一个弧形转弯处单击，为商品路径添加节点，每添加一个节点，路径会自动将两个节点用线条连接，如图 1-61 所示。

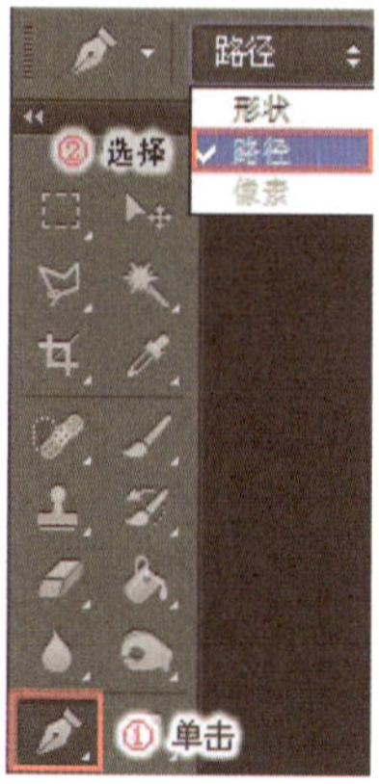

图 1-60　选择“路径”选项

图 1-61　添加节点

步骤 3　将整体商品轮廓全部勾勒完毕，最后一个节点要与第一个节点重合，这样就生成了一个闭合区域，如图 1-62 所示。

步骤 4 勾勒完毕后，开始对勾勒的节点进行调整，在工具箱中单击“钢笔工具”按钮并且停留 2 秒钟，在弹出的菜单中单击“转换点工具”按钮，如图 1-63 所示。

图 1-62 闭合区域

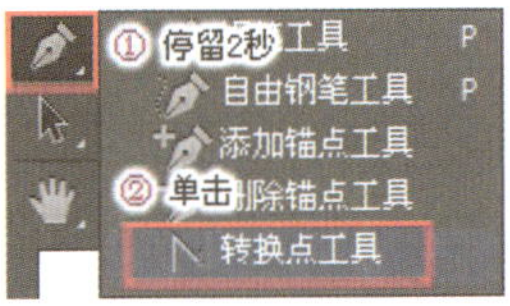

图 1-63 单击“转换点工具”按钮

步骤 5 将图片放大到可以清楚地看到商品的边线，按下其中一个节点拖动，会显示出两个调节杆，拖动调节杆可以将节点两侧的线条变成弧线，按照产品的边缘线调节弧线的方向，使其与产品边缘线重合，如图 1-64 所示。

步骤 6 调整完一个弧线，按下空格键，鼠标指针会变成一个小抓手，利用抓手将图片移动到下一个方便调节的位置，如图 1-65 所示。

图 1-64 弧线与产品边缘线重合

图 1-65 利用抓手移动图片

步骤 7 如果此时节点的位置并没有与商品边线重合，可以按下【Ctrl】键，鼠标指针就会变成小箭头，这时可以移动节点的位置，如图 1-66 所示。

步骤 8 反复重复上边的步骤，勾勒出整个商品的轮廓后，在“窗口”菜单中执行“路径”命令，如图 1-67 所示。

图 1-66 鼠标指针变成小箭头

图 1-67 执行“路径”命令

步骤 9 在“路径”面板中会显示刚刚绘制的路径形状，在选中“工作路径”图层的前提下，在“路径”面板上单击“将路径作为选区载入”按钮，操作方法如图 1-68 所示，载入后的效果图如图 1-69 所示。

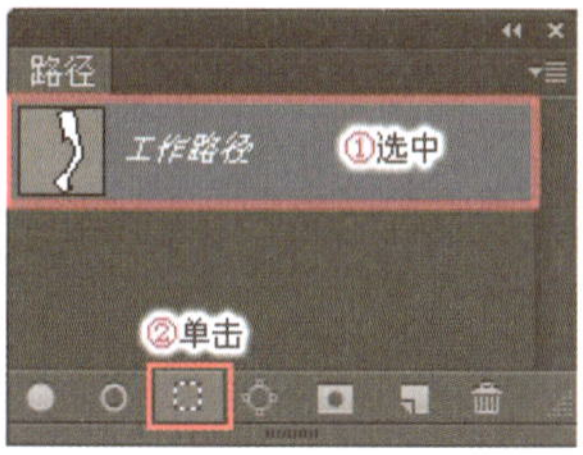

图 1-68 “路径”面板

图 1-69 载入后的效果图

步骤 10 将路径作为选区载入后，在“选择”菜单中执行“反向”命令，如图 1-70 所示。在键盘上按下【Delete】键，删除图片背景，如图 1-71 所示。

步骤 11 在工具箱中单击“油漆桶工具”按钮，设置前景色的颜色值为 #F1EDE4，为图片添加背景色，如图 1-72 所示。

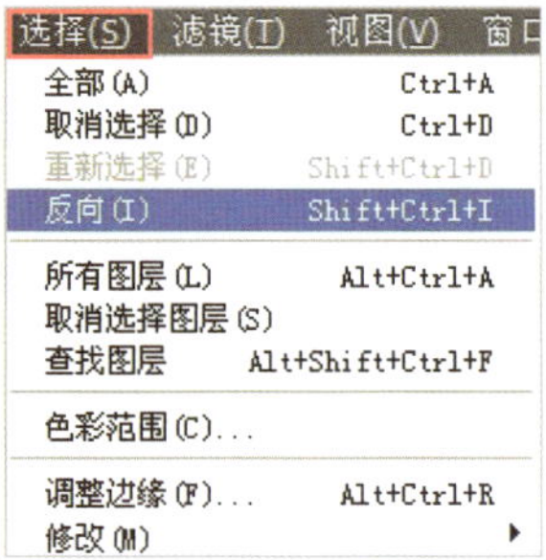

图 1-70　执行“反向”命令

图 1-71　删除图片背景

步骤 12　重复以上抠图步骤，添加同款商品图片，最终效果图如图 1-73 所示。

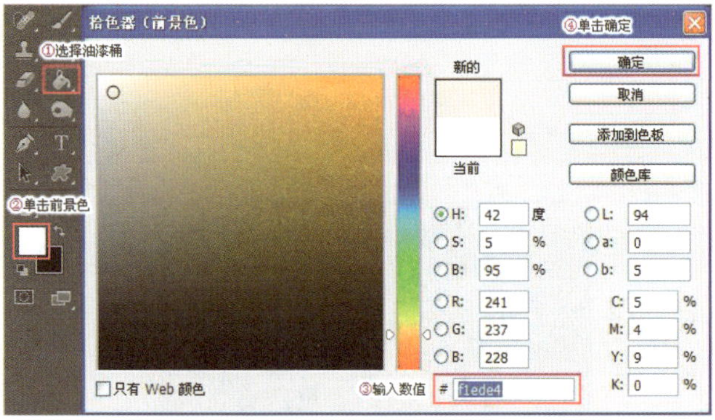

图 1-72　添加背景色

图 1-73　最终效果图

经验分享

“钢笔工具”适用于抠取较复杂的商品图，Photoshop 中有很多抠图工具，请根据具体商品图片选择适合的工具进行抠图。

技巧三：丰富细节

通过放大细节提高主图的点击率，可以在主图上添加文字等内容，文字内容可以是标题文字的补充信息，也可以是卖家想要强调的重点内容，如包邮、特价等。本节设计主图要强调的重点内容是裤子有 5 种颜色，丰富细节前后的对比效果如图 1-74 所示。

丰富细节前　　　　丰富细节后

图 1-74　丰富细节前后的对比图

具体操作步骤如下。

步骤 1　完成技巧二的步骤后，在工具箱中单击“文字工具”T按钮，然后在工具选项栏中设置各项参数，字体系列为方正兰亭准黑，字体大小为 18 像素，消除锯齿的方法为平滑，文本颜色值为 #131313，设置效果如图 1-75 所示。

图 1-75　工具选项栏参数设置

步骤 2　将鼠标移至图像上，单击鼠标左键输入“五色畅销款”字样，如图 1-76 所示。

图 1-76　输入“五色畅销款”字样

步骤 3 通过**步骤 2** 可以看到添加的文字并不明显，这时可以在文字下方添加白色底纹作为衬托，在工具箱中单击“矩形工具”按钮，设置前景色为白色，在图像上绘制出大小适当的矩形形状，如图 1-77 所示。

步骤 4 重复**步骤 3** 的操作，绘制其他形状，如图 1-78 所示。

图 1-77 绘制大小适当的矩形形状

图 1-78 绘制其他形状

步骤 5 在“图层”面板中选中第一次绘制的矩形形状，将其透明度降低至 70%，使图像呈现半透明的效果，如图 1-79 所示。制作完毕后将图像存储为 JPG 格式，完成最终主图效果，如图 1-80 所示。

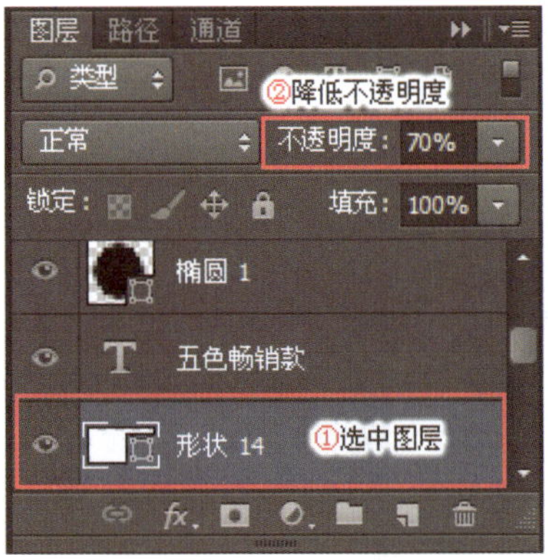

图 1-79 降低不透明度

图 1-80 最终主图效果

经验分享

Photoshop 中可以添加字体样式，更多字体可以到“找字网”下载。

1.4.4 上传主图的方法

优化好商品主图后，需要将图片上传到店铺中，具体操作步骤如下所示。

步骤 1 将鼠标移动到“网址”按钮上方，单击后在弹出的菜单中选择“发布宝贝”命令，如图 1-81 所示。

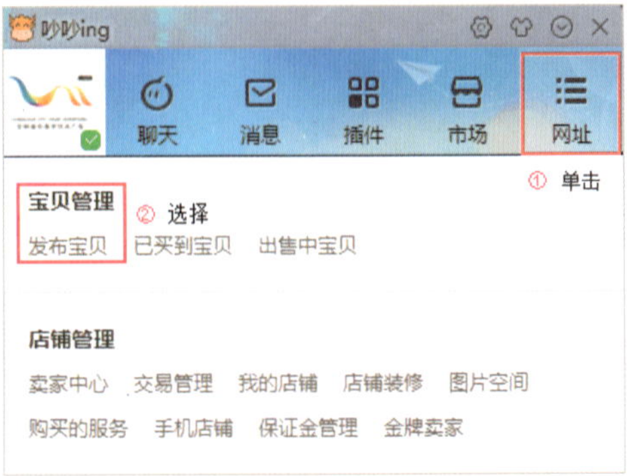

图 1-81 选择“发布宝贝”命令

步骤 2 通过**步骤 1** 的操作，进入到“一口价”发布页面，可以在“类目搜索”搜索框中输入商品关键字，单击“快速找到类目”按钮，从淘宝匹配的类目中选择最适合的类目，单击“我已阅读以下规则，现在发布宝贝”按钮，如图 1-82 所示。

图 1-82 发布宝贝

步骤 3 在“一口价”发布页面找到“宝贝图片”区域，单击“上传新图片”按钮，如图 1-83 所示。

图 1-83 上传新图片

步骤 4 在弹出的“选择要加载的文件”对话框中，找到对应的图片，单击“打开”按钮，如图 1-84 所示。上传好的效果图如图 1-85 所示。

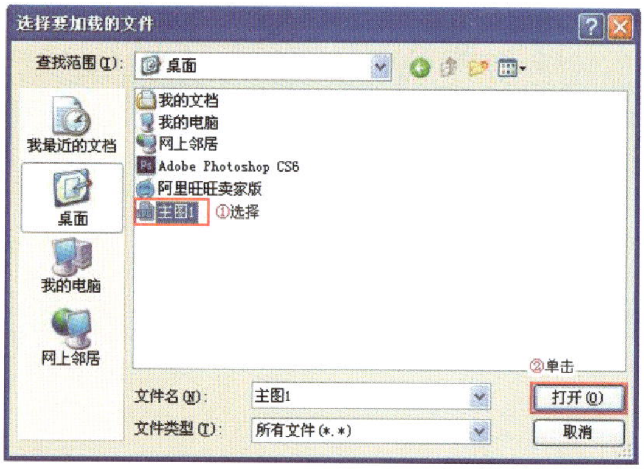

图 1-84 打开对应的图片

图 1-85 上传好的效果图

经验分享

参照淘宝提供的范例背景图上传商品主图为最佳选择。

1.5 优化商品详情图片

商品详情页也称描述页，相当于商品的落地页，是提高转化率的最关键因素。在通过主图提高商品点击率的同时，要通过落地页提高商品转化率。因为，要预先判定买家心理过程，买家需要的是细节，他想看哪里就给他放大哪里，因此要用 Photoshop 优化商品描述图片。在买家浏览详情页时，浏览速度较慢，所以详情页一定要详细并且面面俱到。

1.5.1 什么是详情导航模块

详请导航模块不但可以帮助掌柜对商品详情内容进行系统化的编辑和管理，也可以让买家快速定位所需的商品信息。当买家浏览详情页时，可以通过单击对应的选项卡，如“模特效果图”选项卡，直接定位到对应的详情内容位置，如图 1-86 所示。

图 1-86 单击对应的选项卡

1.5.2 编辑详情导航模块

详情导航模块有两种形式。

- **纯模块编辑**：将商品详情的内容分割成若干个模块，由这些模块组合拼装成宝贝详情页信息。
- **模块化工具应用**：在原有的宝贝详情页中插入一个或者几个模块。

无论使用哪种形式，系统都会将模块名称按照顺序自动生成详情导航。

具体操作步骤如下所示。

步骤 1 根据上传主图步骤操作进入到“一口价”发布页面，找到“详情导航模块”下拉列表框，单击“新建模块”按钮，如图 1-87 所示。

步骤 2 在弹出的“新建模块”界面中填写标题和备注信息，如图 1-88 所示。

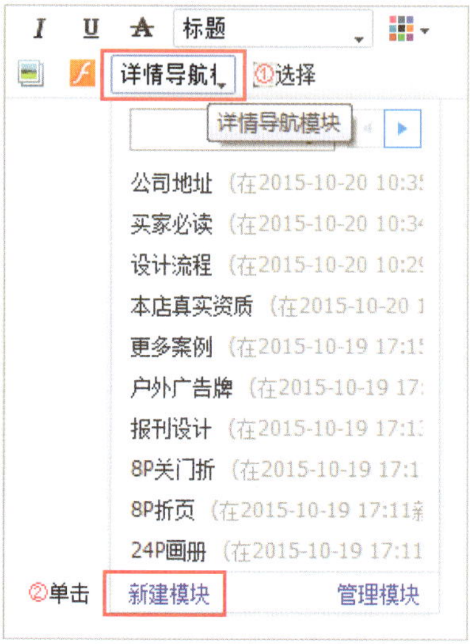

图 1-87　新建模块

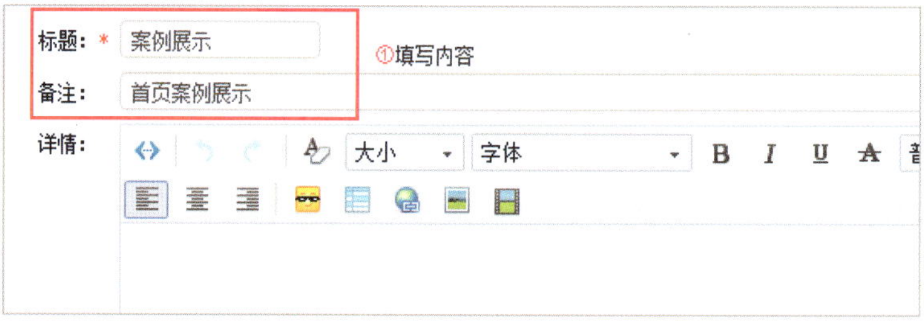

图 1-88　填写标题和备注信息

步骤 3　在“详情”区域单击“插入图片”按钮，如图 1-89 所示。

图 1-89　单击“插入图片”按钮

步骤 4　在出现的“从图片空间中选择”界面中，选中上传好的商品图片，单击“插入”按钮，商品图片全部插入好以后，单击“完成”按钮，如图 1-90 所示。（备注：在第 2 章 2.2.1 节详细介绍了上传图片到图片空间的步骤。）

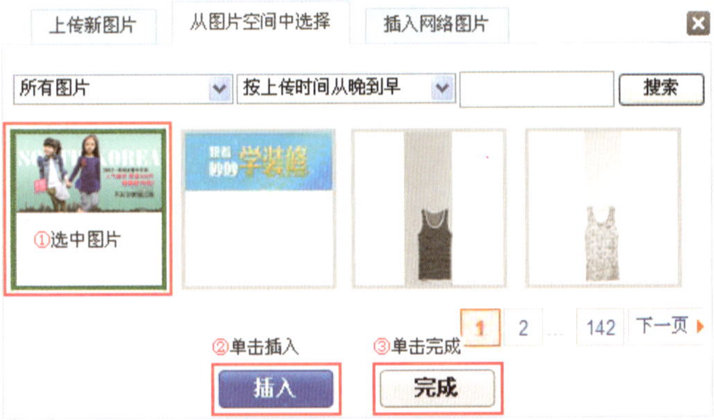

图 1-90 插入全部商品图片

步骤 5 根据**步骤 4** 的操作，图片插入的效果如图 1-91 所示。

图 1-91 图片插入效果

步骤 6 图片插入成功后，单击“立即使用”按钮，图片就会显示在详情页面中，如图 1-92 所示。

图 1-92 单击“立即使用”按钮

经验分享

标题名称即为买家搜索时详情导航上显示的对应标签名称。

1.5.3 插入详情导航模块

当已经建立模块并把其保存到模块池时，在编辑导航上的“详情导航模块”下拉列表中会出现每个模块的名称，如图 1-93 所示。

图 1-93　模块名字

那么，如何在宝贝详情中插入详情导航模块呢？具体操作步骤如下所示。

步骤 1　根据自己所需要的顺序，将光标移动到宝贝详情中，在“详情导航模块”下拉列表中选择模块名称即可插入详情导航模块，如图 1-94 所示。

图 1-94　插入模块

1.5.4 提高视觉舒适感的布局

一个好的严谨的详情页面，是带有驱动性的直观阐述，能够吸引买家的眼球，让买家在观看详情页面的时候，产生购买欲望并且提高转换率。因此，要对详情页面进行合理的布局，让买家在舒适的布局环境下，根据布局的顺序对商品进行深层次的了解。

据统计，详情页面是一个“30s”的世界，如果买家在“30s”之内没有“爱”上你，你就失去了机会。买家都是“以貌取人”的，只有前“30s”抓住了买家的购买心理，才会促使买家对产品进行深层次的了解。这里有人可能会问道，详情页面30s就看完了，还有什么布局可言呢？请注意，这里所说的“30s”，并不是整体详情页面的长度只能让买家观看30s，而是抓住买家眼球的前30s！

那么，如何让买家在30s里认识你呢？下面以服装类目为例来分析商品的布局，卖家可以根据自己的商品类目进行合理的增减，灵活运用下面的原理。

布局一：创意海报大图，置入品牌形象，如图1-95所示。

图1-95 创意海报大图

布局二：多方位产品描述，挂钩流行趋势，如图1-96所示。

布局三：结合多色摆放，增大购买空间，如图1-97所示。

布局四：造势借势，累积购买信心，如图1-98所示。

布局五：用表格罗列基本信息，一目了然，如图1-99所示。

图 1-96　多方位产品描述

图 1-97　结合多色摆放

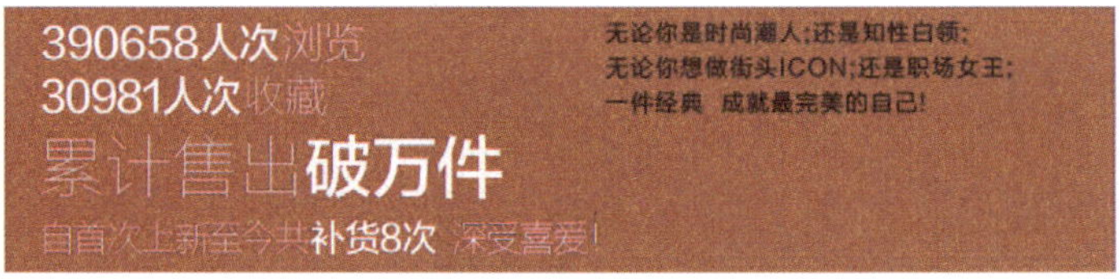

图 1-98　累积购买信心

温馨提示：全部手工测量，会有1-2公分的误差，敬请谅解！（单位：cm）

尺码/部位	胸围	肩宽	腰围	底摆围	袖肥	袖口围	长袖长	后中长	建议胸围范围
XS码	78	35	64	82	24	17	58	55	建议胸围78左右选择
S码	82	36	68	86	25	18	59	56	建议胸围82左右选择
M码	86	37	72	90	26	19	60	57	建议胸围86左右选择
L码	90	38	76	94	27	20	61	58	建议胸围90左右选择

重量：0.25kg

模特77秀里穿的是XS码。大家可以根据自己的身材需求来选择！码数正常尺寸。模特身材数据165CM，42KG。胸围81，肩宽37，腰围63，臀围86左右。可参考

图 1-99　使用表格罗列基本信息

布局六：正面、侧面、背面等全方位展示商品概况，如图 1-100 所示。

图 1-100　全方位展示商品概况

布局七：细节放大，展现质量，如图 1-101 所示。

领口版型挺括立体
打磨做旧铜扣质感十足
Sanding to do the old buckle texture full
下摆包边平整 线迹非常流畅
Very smooth hem edging flat stitch

图 1-101　细节放大

布局八：好评如潮，诉说买家心声，如图 1-102 所示。

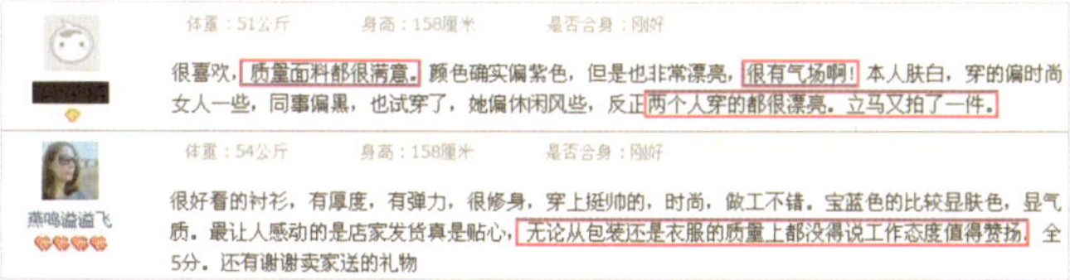
[redacted]
体重：51公斤　身高：158厘米　是否合身：刚好
很喜欢，质量面料都很满意。颜色确实偏紫色，但是也非常漂亮，很有气场啊！本人肤白，穿的偏时尚女人一些，同事偏黑，也试穿了，她偏休闲风些，反正两个人穿的都很漂亮。立马又拍了一件。
燕鸣溢溢飞
体重：54公斤　身高：158厘米　是否合身：刚好
很好看的衬衫，有厚度，有弹力，很修身，穿上挺帅的，时尚，做工不错。宝蓝色的比较显肤色，显气质。最让人感动的是店家发货真是贴心，无论从包装还是衣服的质量上都没得说工作态度值得赞扬，全5分。还有谢谢卖家送的礼物

图 1-102　好评如潮

布局九：完善售后服务，展现品牌实力，如图 1-103 所示。

布局十：关联销售，带动其他产品，如图 1-104 所示。

图 1-103 售后服务

图 1-104 关联销售

经验分享

卖家需要根据自己的类目合理地布局描述页面，可以适当地增加或者删减，描述文字要用自己的语言进行表达，买家想要什么就描述什么。

1.5.5 使用 Photoshop 体现图文结合

详情页面就是图片与文字的结合，利用文字来表达图片信息，传达给买家更直观、更确切的信息，以手机设计为例，手机这款商品本身有很多功能，在你未接触到它的时候，很多功能是未知的，而网络购物又是虚拟交易，看到的只是图片信息，怎么样才能把手机的图片和文字完美结合起来呢？如图 1-105 所示。

原图

图文结合效果

图 1-105　图文结合对比图

具体操作步骤如下。

步骤 1　执行“文件→打开”命令，打开商品图片，打开图片的效果如图 1-106 所示。

步骤 2　打开“图层”面板，单击“创建新图层”按钮，得到“图层 1”图层，如图 1-107 所示。

图 1-106　原图效果

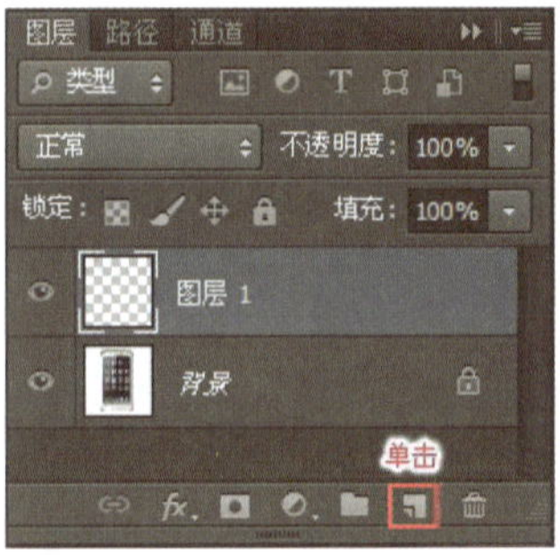

图 1-107　“图层 1”图层

步骤 3　确保“图层 1”图层为选中状态，在工具箱中单击“画笔工具”按钮，在“画笔工具”选项栏中设置参数值，大小为 1 像素，硬度为 100%，如图 1-108 所示。

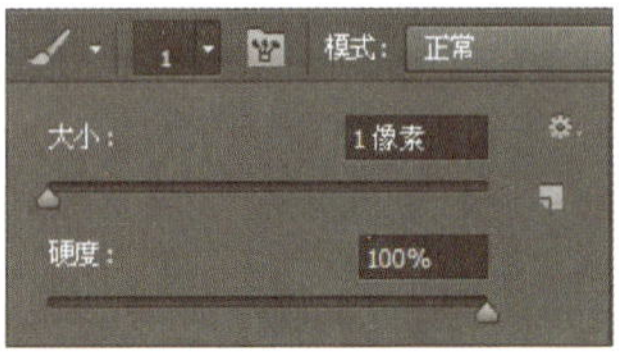

图 1-108　“画笔工具”参数设置

步骤 4 设置好“画笔工具”的参数后，在工具箱中单击“前景色”按钮，设置前景色的颜色值为 #b17946，如图 1-109 所示。

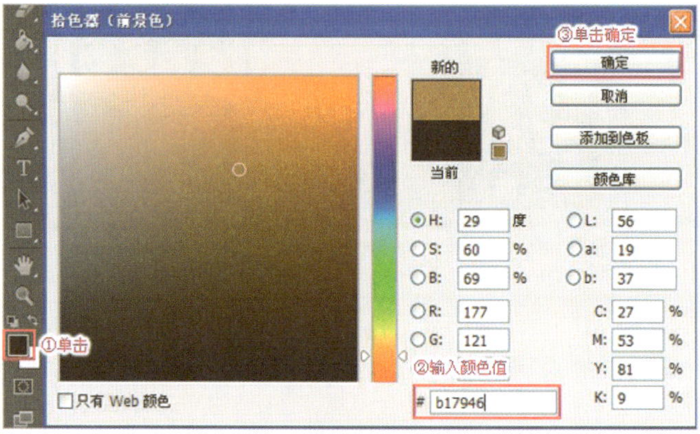

图 1-109　设置前景色的颜色值

步骤 5 将鼠标移至图像上，在按住【Shift】键的同时，单击鼠标左键并且像右拖动，绘制一条直线，如图 1-110 所示。

步骤 6 在工具箱中单击“文字工具” T 按钮，然后在工具选项栏中设置各项参数，字体系列为微软雅黑、字体大小为 13 像素、消除锯齿的方法为浑厚、文本颜色值为 #454545，设置好后单击鼠标左键输入对应名称，如图 1-111 所示。

图 1-110　绘制一条直线

图 1-111　输入对应名称

步骤7 重复步骤2至步骤5，利用“画笔工具”和“文字工具”绘制最终效果图，如图 1-112 所示。

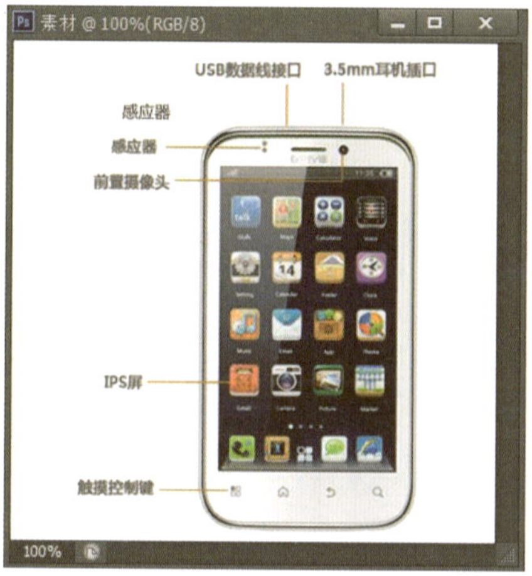

图 1-112 最终效果图

1.5.6 用 Photoshop 制作细节放大效果

细节决定成败，一个好的商品描述页面，不能没有细节图的存在。商品细节图是一个特别需要耗费时间仔细去研究和琢磨的事情，有些卖家常常会忽略细节图，总以为是小事情，有些卖家虽然放置了商品细节图，却让买家很难分辨出细节图是商品的哪个部分。要知道，细节图是展示你的商品与众不同的关键因素，商品细节图不能过于偏离主图，要与商品相结合，对其关键细节进行放大处理，如图 1-113 所示。

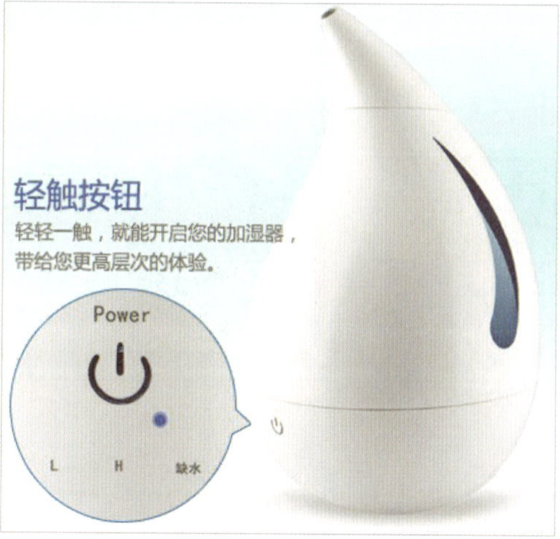

图 1-113 商品细节图

具体操作步骤如下。

步骤 1　执行“文件→打开”命令，打开拍摄好的商品图片和细节图片，打开图片的效果如图 1-114 所示。

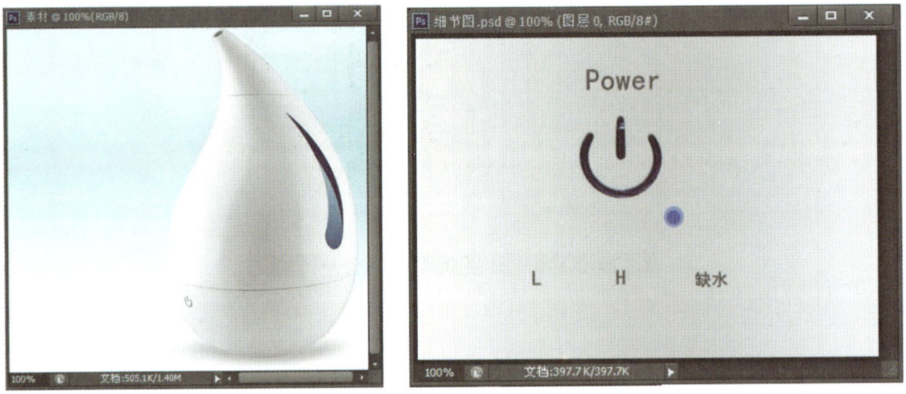

商品图　　细节图

图 1-114　商品图和细节图

步骤 2　在工具箱中按下“矩形工具”按钮并且停留 2s，在弹出的菜单中单击“椭圆工具”按钮，按住【Shift】键的同时利用鼠标左键绘制圆形形状，如图 1-115 所示。

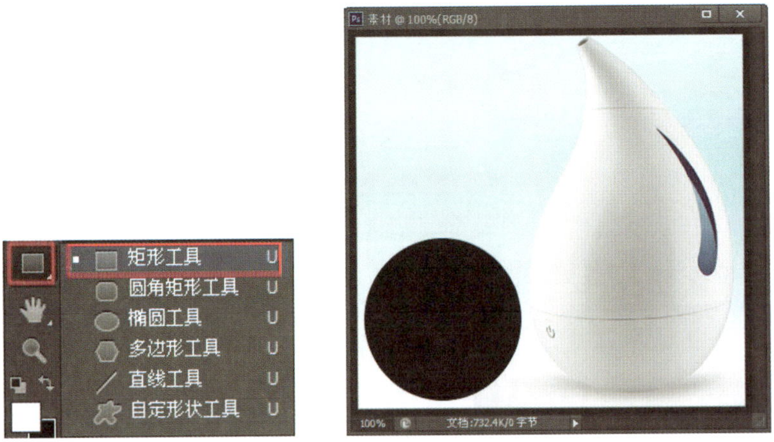

图 1-115　绘制圆形形状

步骤 3　根据**步骤 2**，在工具箱中选择“自定形状工具”按钮，在其工具选项栏的“形状”下拉列表框中选择“箭头 9”选项，如图 1-116 所示。

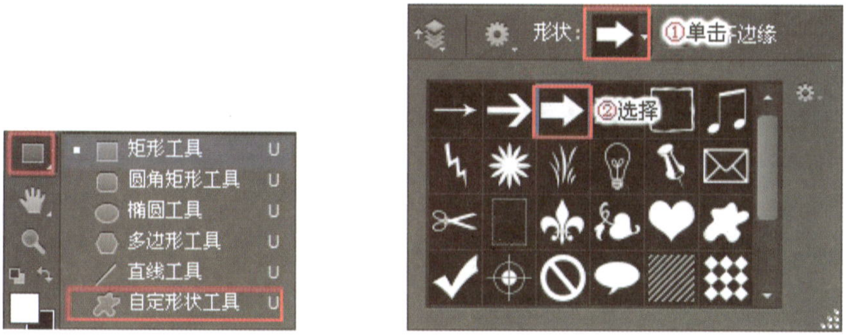

图 1-116 选择“箭头 9”选项

步骤 4 利用鼠标左键绘制箭头形状，对箭头形状与圆形的位置进行调整，如图 1-117 所示。

步骤 5 在“图层”面板中，按住【Ctrl】键的同时选中绘制的两个形状图层，按【Ctrl+E】快捷键将其合并成一个图层，系统自动将其命名为“椭圆 1 副本”，如图 1-118 所示。

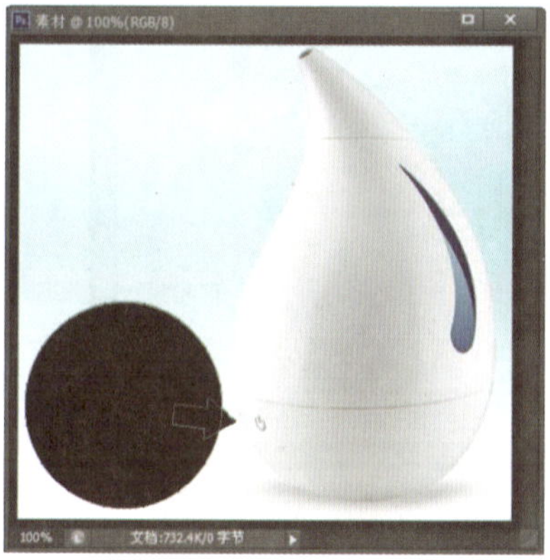

图 1-117 调整箭头位置

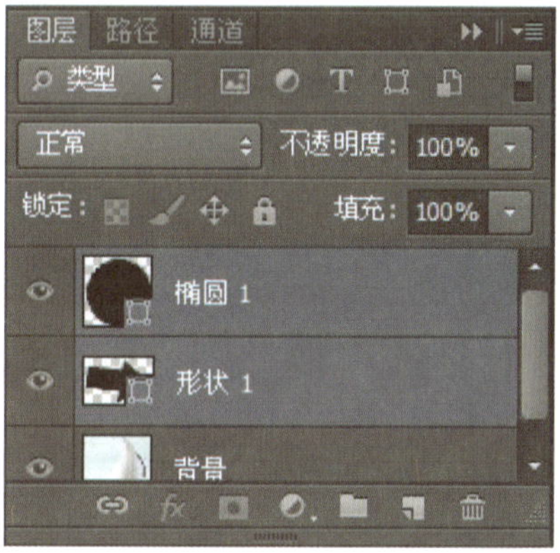

图 1-118 合并两个形状图层

步骤 6 拖动细节图到商品图片上，“图层”面板中会出现“图层 1”图层，如图 1-119 所示。

步骤 7 确保“图层 1”在“椭圆 1 副本”的上方，选中“图层 1”图层单击鼠标右键，在弹出的快捷菜单中选择“创建剪贴蒙版”命令，如图 1-120 所示。

步骤 8 通过步骤 7 的操作，细节图就会规范在我们绘制的形状中，移动细节图到合适的位置，执行【Ctrl+T】快捷键，在出现的控制点中选择对角线方向的任意控制点，按住【Shift】键的同时利用鼠标左键缩放图片到合适大小，如图 1-121 所示。

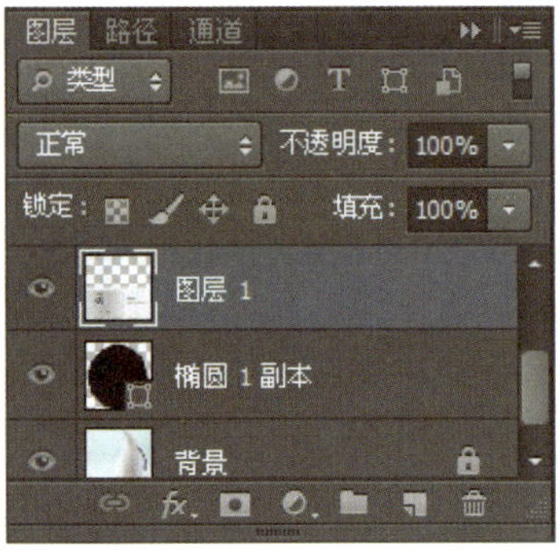

图 1-119 “图层 1”图层

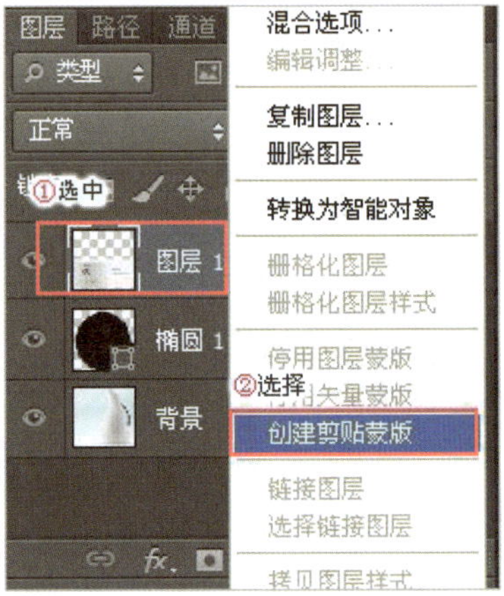

图 1-120 选择“创建剪贴蒙版”命令

步骤 9 将细节图设置好后，添加对应的细节文字信息。为了突出细节图，也可以为细节图添加描边效果，最终效果图如图 1-122 所示。

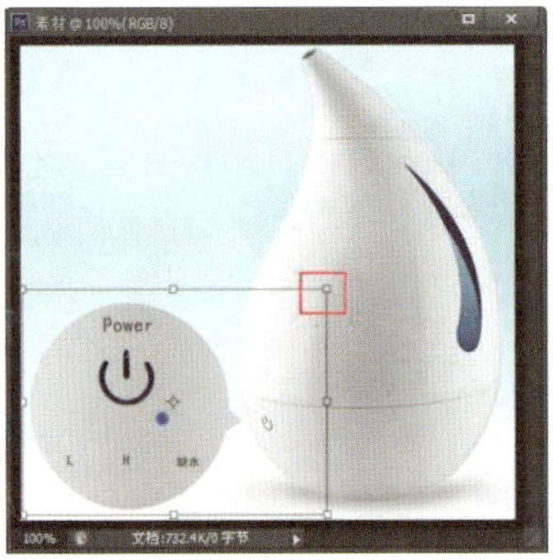

图 1-121 缩放图片

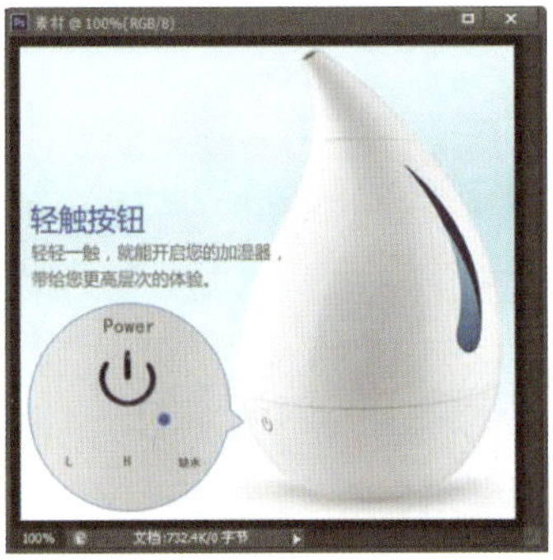

图 1-122 最终效果图

经验分享

在使用【Ctrl+T】组合键进行自由变换时，按住【Shift】键可以等比例缩放图像，确保图像不变形。

1.5.7 用 Photoshop 组合图片

利用组图的方式全面展示商品的各项性能与属性。比如，一个养生锅的页面设计。如果只有一个锅的图片单独摆在那里，买家不会了解到它的具体功能，这时需要可以引导买家产生关于商品性能联想的组合图片，达到使买家形成对该商品功能更全面具体认知的效果，如图 1-123 所示。

图 1-123 养生锅的页面设计图

具体操作步骤如下。

步骤 1 执行“文件→新建”命令，新建一个空白文档，如图 1-124 所示。

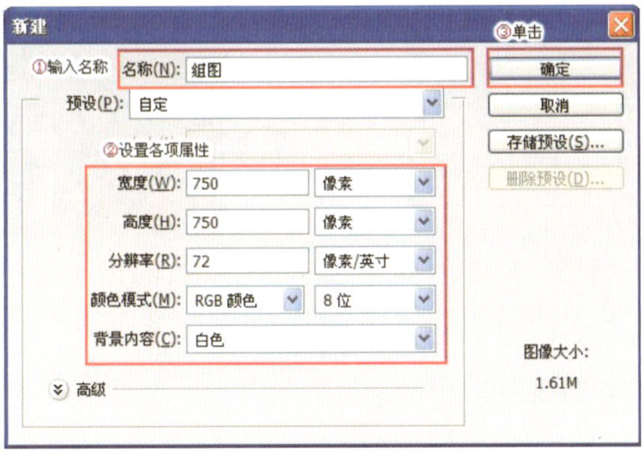

图 1-124 新建空白文档

步骤 2 在工具箱中单击“矩形工具”按钮，按住【Shift】键的同时利用鼠标左键绘制正方形形状，按下【Ctrl+J】组合键复制该形状，并移动到如图 1-125 所示的位置。

步骤 3 在 Photoshop 中打开组合的图片，并将其中一张移动至“矩形 1”图层的上方，如图 1-126 所示。

图 1-125　绘制正方形

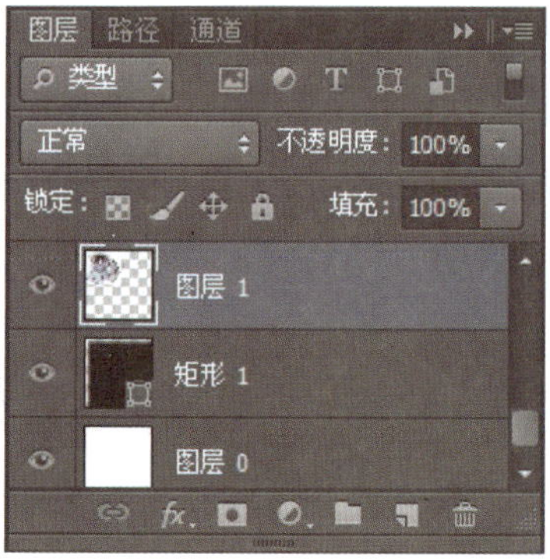

图 1-126　“矩形 1”图层

步骤 4　确保“图层 1”在“矩形 1”的上方，选中“图层 1”图层单击鼠标右键，在弹出的快捷菜单中选择“创建剪贴蒙版”命令，如图 1-127 所示。

步骤 5　使用【Ctrl+T】快捷键缩放图片的大小到合适的位置，为矩形选框添加描边效果，如图 1-128 所示。

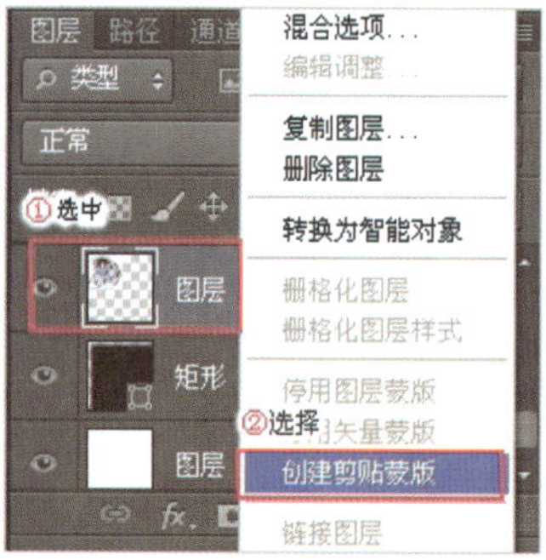

图 1-127　选择“创建剪贴蒙版”命令

图 1-128　缩放图片并描边

步骤 6　在工具箱中单击“椭圆工具”按钮，在“图层”面板中双击“椭圆 1”图层，更改其颜色值为 #223696，如图 1-129 所示。

步骤 7　将圆形形状移动到正方形的右下角位置，执行“创建剪贴蒙版”命令，如图 1-130 所示。

步骤 8　在圆形形状上输入“焖”字，体现该养生锅的一项功能，如图 1-131 所示。

步骤 9　重复步骤 2 至步骤 7，最终绘制效果图，如图 1-132 所示。

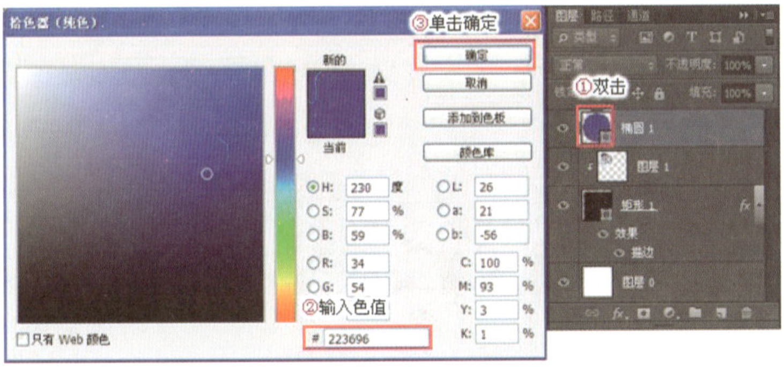

图 1-129　更改颜色值

图 1-130　执行“创建剪贴蒙版”命令

图 1-131　输入“焖”字

图 1-132　最终绘制效果图

第2章
玩转图片空间

2.1 图片空间介绍

店铺图片空间对于淘宝卖家来说是店铺不可或缺的组成部分。在淘宝店铺的操作中，除了商品本身的展示图片、描述图片、店铺装修图片等外都需要使用图片空间。因此，要选择稳定、安全的图片空间，现在网络上存在很多种图片空间，但由于网站类型或后台控制的稳定性、安全性无法得到保证，所以图片空间的选择首选淘宝官方提供的图片空间。

2.1.1 什么是图片空间

淘宝图片空间是淘宝官方产品，是存储和管理宝贝详情页、店铺装修页面等图片的网络相册。

2.1.2 如何进入图片空间

方法一：在浏览器的地址栏中输入 tu.taobao.com，即可进入图片空间。

方法二：其具体操作步骤如下所示。

将鼠标移动到“网址”按钮上方并单击，在弹出的菜单中选择“图片空间”命令，如图 2-1 所示。

图 2-1 选择“图片空间”命令

2.1.3 图片空间的优势

图片空间的优势如下。

优势 1：图片空间属于淘宝官方产品，CDN 存储，图片稳定、安全。

优势 2：图片空间有很多新增功能，方便管理。

优势 3：服务器过期，图片仍然可以显示。

优势 4：页面打开速度快，提高买家浏览量。

2.2 图片空间功能介绍

淘宝图片空间相对于其他外网空间，在功能方面更加全面，替换、引用、搜索、搬家、批量等功能应有尽有。

2.2.1 上传优化好的图片

淘宝图片空间上传方式分为 3 种：通用上传、普通上传和高速上传。

1. 通用上传

小提示

单张图片大于3MB可选择强制压缩；支持JPG、JPEG、PNG、GIF、BMP格式；一次上传不限张数。长按【Ctrl】键可多选文件，使用【Ctrl+A】组合键可以全选文件。

具体上传步骤如下所示。

步骤 1 进入“图片空间”页面，单击“上传图片”按钮，如图2-2所示。

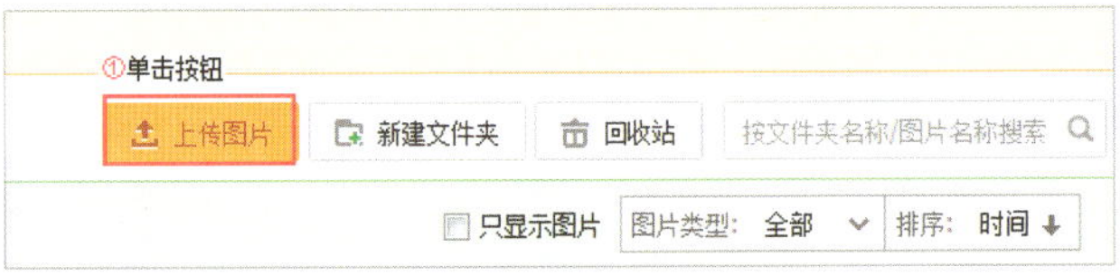

图2-2 单击“上传图片”按钮

步骤 2 在弹出的对话框中单击“通用上传”中的“点击上传”按钮，如图2-3所示。

图2-3 单击“点击上传”按钮

步骤 3 弹出“选择要上载的文件，通过：img.alicdn.com”对话框，选择“小海报”图片，单击“打开”按钮，如图2-4所示。

步骤 4 根据吧**步骤** 3的操作，系统自动上传“小海报”图片，如图2-5所示。

步骤 5 上传成功后，在图片空间右下角会有绿色的提示框，如图2-6所示。

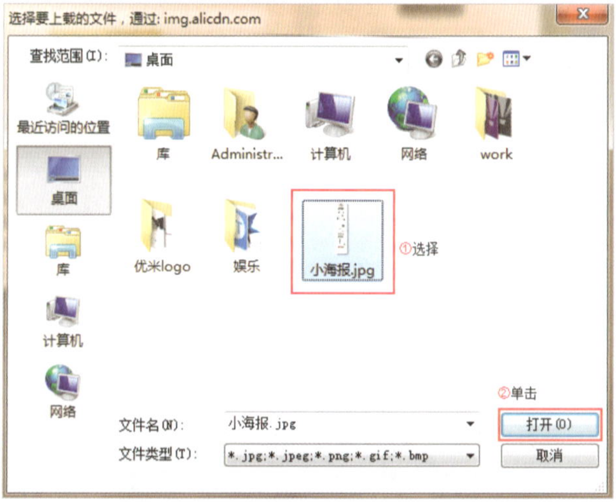

图 2-4 选择需要上传的图片

图 2-5 上传图片

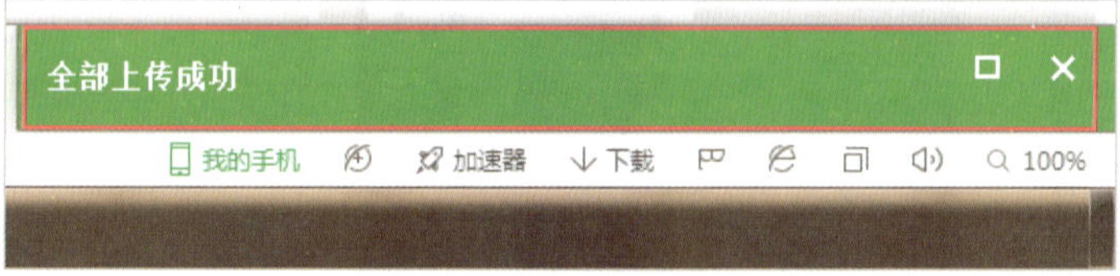

图 2-6 上传成功提示框

2. 高速上传

小提示

高速上传一次最多上传 200 张图片；超过 3.0MB 的图片会被压缩；支持 JPG、JPEG、PNG、GIF 格式；高速上传只支持 IE 浏览器。

具体上传步骤如下所示。

步骤 1 进入“图片空间”页面，单击“上传图片”按钮，单击“高速上传”中的“点击上传”按钮，如图 2-7 所示。

图 2-7 单击“点击上传”按钮

步骤 2 在弹出的对话框内，根据路径找到需要上传的图片，进行勾选，单击“选好了”按钮，如图 2-8 所示。

图 2-8 勾选需要上传的图片

步骤 3 选好后进入到上传对话框，此处上传的时候请注意，如果勾选“自动压缩以节省空间”复选框，图片宽度默认为 640 像素，而使图片尺寸缩小，因此，这里需要取消勾选复选框，单击“立即上传”按钮，完成高速上传流程，如图 2-9 所示。

图 2-9 完成高速图片上传流程

2.2.2 获得更大空间

淘宝图片空间的引用关系，即显示图片是否被宝贝使用，被使用的图片下方会显示“引”标记，说明这些图片被宝贝引用，也就是图片链接被复制到宝贝详情页面或者是店铺装修中。

所以没有“引”标记的图片就可以删除，以节省容量，更省钱。那么，如何查看未引用图片？具体操作步骤如下。

步骤 1 进入“图片空间”页面，单击“图片管理”按钮，单击“高级搜索”按钮，选择“搜索类型”中的“未引用”选项，单击“搜索”按钮，如图 2-10 所示。

图 2-10 选择“未引用”选项

步骤 2　按住【Ctrl】键，选择要删除的图片，单击“删除”按钮，即可删除要删除的图片，如图 2-11 所示。

图 2-11　删除未引用图片

2.2.3　可恢复的回收站功能

图片被删除后，回收站将保留 7 天，然后系统自动清除图片。回收站内的图片不占空间容量，可单张或者批量还原已经删除的图片，合理利用未引用图片与回收站功能是图片空间省钱的新秘诀。

如何还原已删除的图片呢？具体操作步骤如下。

步骤 1　进入“图片空间”页面，单击“图片管理”中的“回收站”按钮，如图 2-12 所示。

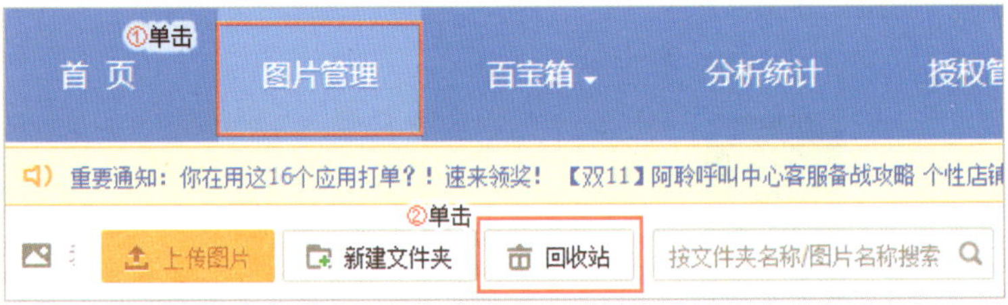

图 2-12　单击“回收站”按钮

步骤 2　按住【Ctrl】键，选择要还原的图片，单击“还原”按钮，完成还原已删除的图片流程，如图 2-13 所示。

图 2-13　还原已删除图片

2.2.4　多尺寸选择

图片空间提供了多种图片尺寸，根据所需尺寸复制链接即可使用图片，为店铺装修以及广告图的制作提供了便利的条件，从而节省了卖家作图的时间。

那么，如何复制所需图片尺寸的链接呢？具体操作步骤如下。

步骤 1　进入“图片空间”页面，单击“图片管理”按钮，鼠标双击要查看尺寸的图片，如图 2-14 所示。

图 2-14　双击要查看尺寸的图片

步骤 2 找到所需尺寸，单击“复制”链接，完成复制所需图片尺寸链接的流程，如图 2-15 所示。

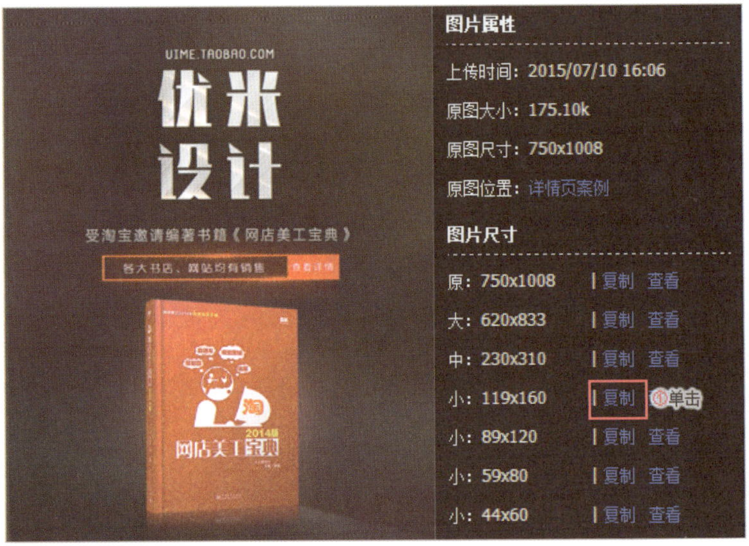

图 2-15 复制所需图片尺寸链接

2.2.5 图片替换功能

图片替换功能使替换后的图片名称保持不变，店铺中所有使用了这张图片的位置会批量自动替换，为批量更改同类图片节约了时间。

那么如何替换图片呢？具体操作步骤如下。

步骤 1 进入“图片空间”页面，单击“图片管理”按钮，选择要替换的图片，单击“替换”按钮，弹出“替换图片”界面，如图 2-16 所示。

步骤 2 在“替换图片”界面中，单击“选择文件”按钮，弹出“打开”对话框，选择要替换的图片，单击“打开”按钮，然后单击“确定”按钮，完成图片替换流程，如图 2-17 所示。

图 2-16 单击“替换”按钮

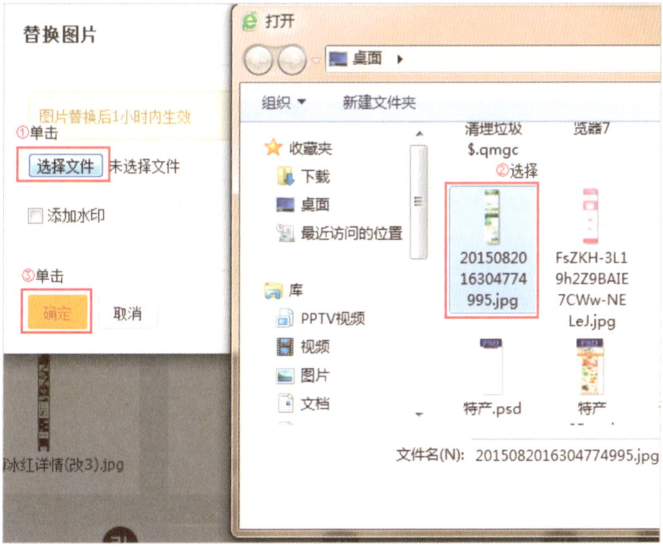

图 2-17 完成图片替换流程

经验分享

图片替换后，1 小时内生效。

2.3 管理空间

在灵活使用淘宝图片空间的基础上，我们要更好地管理图片空间，从而达到省事、省力、省钱的目的。

2.3.1 图片空间排序方式

淘宝图片空间图片排序方式分为两种：图标排序方式和列表排序方式。

1. 图标排序方式

相对于列表排序方式，图标排序方式的显示图更直观，建议在安装店铺模板时使用图标排序方式。

进入“图片空间”页面，单击“图片管理”按钮，然后单击“切换到大图”按钮，如图 2-18 所示。

图 2-18　切换到大图

2. 列表排序方式

相对于图标排序方式，列表排序方式更容易观察图片的类型、尺寸、大小和上传日期，建议在删除图片时使用列表排序方式。

进入“图片空间”页面，单击“图片管理”按钮，然后单击“切换到列表”按钮，如图 2-19 所示。

图 2-19　切换到列表

2.3.2　图片授权

在将图片上传到淘宝图片空间后，图片只允许卖家自己使用。也就是说，同一卖家开两家或两家以上相同店铺，就需要重新传图。那么如何将图片授权给自己的另一家店铺呢？具体操作步骤如下。

步骤 1　进入“图片空间”页面，单击“空间管理→授权管理”按钮，如图 2-20 所示。

图 2-20　单击“空间管理→授权管理”按钮

步骤 2　进入“图片授权”设置页面，在“添加授权的店铺”文本框中输入旺旺 ID，单击“添加”按钮，如图 2-21 所示。

图 2-21　添加授权店铺账号

步骤 3　授权成功后，会显示授权店铺及授权时间，如图 2-22 所示。

管理授权店铺

序号	店铺	授权类型	授权时间
1	吵吵ing	全部图片	2015-12-05

图 2-22　显示授权店铺及授权时间

经验分享

卖家最多可将图片授权给 10 家淘宝店铺使用，且 30 天内不能取消该授权。

第3章 店铺装修的基础模块

3.1 旺铺专业版揭秘

旺铺专业版提供一站式店铺解决方案，更个性、更自由的装修布局，全新后台功能指导运营店铺，着重提升卖家运营效率，拉近买卖家之间的关系。充分利用旺铺专业版，可以使自己的店铺得到更专业、更个性化的设计，吸引更多的买家目光。

3.1.1 什么是旺铺专业版

淘宝旺铺共有 3 个版本：旺铺专业版、旺铺 CSS 和行业店铺，通过不同版本来满足掌柜对店铺装修的需求，那么掌柜应该如何选择适合自己店铺的版本呢？

旺铺专业版：也称淘宝旺铺。旺铺专业版加大了个性化装修的权限，提供精准的商品推荐，丰富的营销玩法，打造最优的用户体验，迅速拉近买卖关系，适合所有淘宝卖家。

旺铺 CSS：旺铺 CSS 版本具有 *N* 种个性店铺皮肤样式、丰富的模块效果、更自由的装修体验，此功能仅供旺铺专业版或者天猫新旺铺用户单独订购。

行业店铺：行业店铺是针对不同行业特征专门定制的店铺系统，能个性化展现自身行业优势，含旺铺专业版装修功能及行业特定模块，目前可订购的行业店铺有生态农业店铺和淘宝理财店铺。

3 个版本的具体订购价格如图 3-1 所示。

很多新开店的卖家不知道该如何选择版本，在这里建议选择旺铺专业版，根据旺铺扶植政策，一钻以下的卖家可以免费试用旺铺专业版，当店铺达到一钻时需要付费订购专业版，否则店铺将被切换成基础版初始装修。那么该如何查看自己的店铺版本，其实很简单，只要把店铺首页拉到最下方，就会有对应的版本名称，如图 3-2 所示。

图 3-1　版本价格

图 3-2　查看店铺版本

3.1.2　如何订购淘宝旺铺

淘宝旺铺适合所有淘宝卖家，是一个具有管理、设计、编辑店铺及相关宝贝等全新功能的旺铺版本。

那么，如何订购旺铺专业版呢？具体操作步骤如下所示。

步骤 1　将鼠标移动到“网址”按钮上方，单击后在弹出的菜单中选择“卖家中心”命令，如图 3-3 所示。

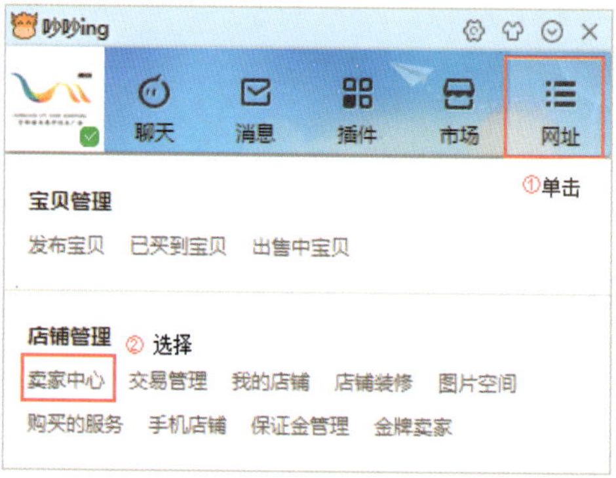

图 3-3　选择“卖家中心”命令

步骤 2　进入“卖家中心”页面，选择“软件服务”下的“我要订购”命令，如图 3-4 所示。

步骤 3 进入服务市场页面，在"卖家服务分类"下选择"旺铺服务"命令，如图 3-5 所示。

图 3-4 选择"我要订购"命令

图 3-5 选择"旺铺服务"命令

步骤 4 跳转到服务订购页面，选择"淘宝旺铺"，如图 3-6 所示。

图 3-6 选择"淘宝旺铺"

步骤 5 在淘宝旺铺订购页面，选择服务版本：淘宝旺铺专业版，周期：一个月 / 一季度 / 半年 / 一年，选好后单击"立即订购"按钮，完成订购步骤，如图 3-7 所示。

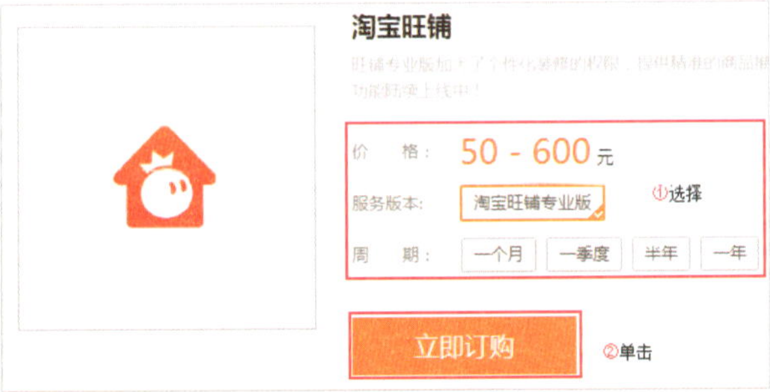

图 3-7 完成订购

3.1.3 淘宝旺铺功能简介

旺铺专业版相对于老旺铺有很多新增功能，让店铺装修更加个性，卖家管理更加专业，买家搜索更加方便。

功能 1：在不同的页面可以设置不同的页头 / 页面背景，同一个店铺的不同页面可以设置独立的页头背景和页面背景，如图 3-8 所示。（在后边的章节会介绍具体的设置方法，此处不做详细介绍。）

图 3-8　独立的页头背景和页面背景

功能 2：导航模块独立，可以自主更改导航样式、导航颜色，让你的导航模块更加完美，如图 3-9 所示。

图 3-9　导航模块

功能 3：旺铺专业版中内置 3 款永久 SDK 模板，如图 3-10 所示。

功能 4：装修分析功能，可分析装修趋势、首页点击分布、装修数据表、装修记录等，让装修问题迎刃而解，如图 3-11 所示。

功能 5：悬浮旺旺，可设置在线客服、工作时间、联系方式等，支持所有信息同步到页头客服，如图 3-12 所示。

功能 6：店铺后院，在店铺后院里可以发布自己的店铺活动，让买家记住宝贝的同时也记住了你的店铺，如图 3-13 所示。

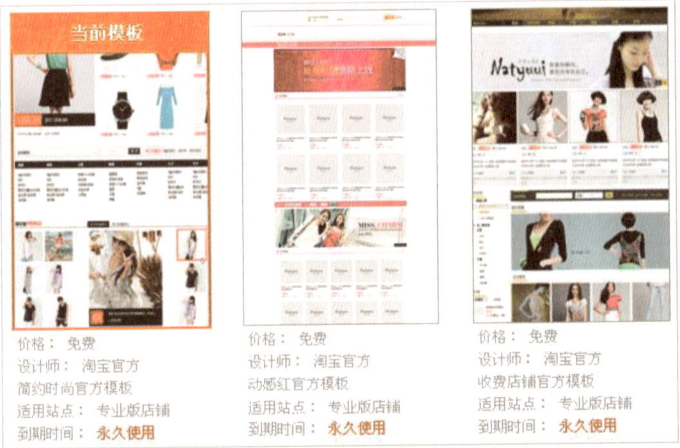

图 3-10 3 款永久 SDK 模板

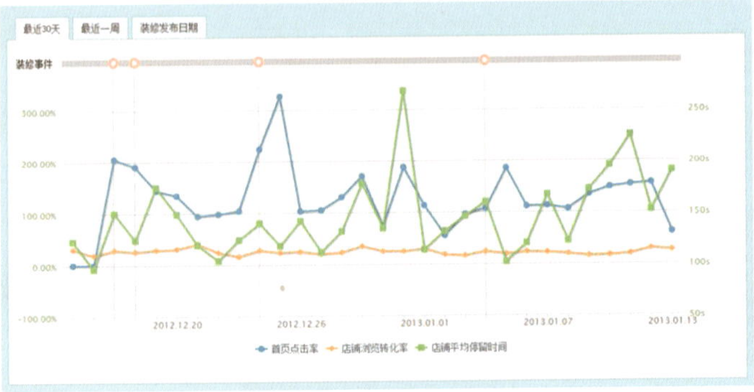

图 3-11 装修分析功能

图 3-12 悬浮旺旺

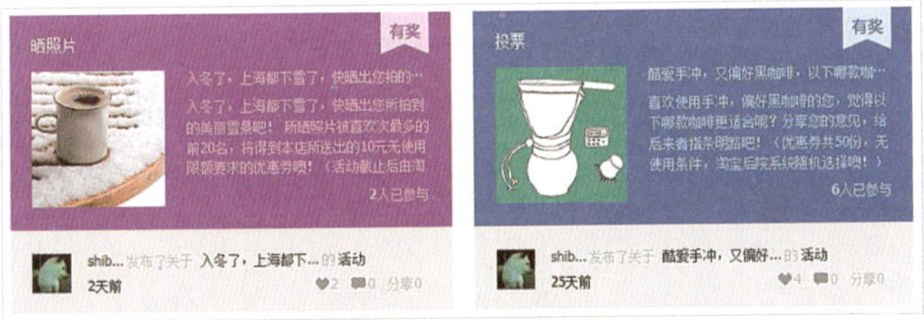

图 3-13 店铺后院

旺铺专业版还有其他功能，在这里不一一举例说明了，关于部分新增功能的使用方法，我们在后面的章节也会逐步介绍到。

3.2 店招的制作

店招是店铺品牌展示的窗口，是买家对于店铺第一印象的主要来源。鲜明有特色的店招对于卖家店铺形成品牌和产品定位具有不可替代的作用。

3.2.1 店招的设计原则和要求

1. 设计原则

店招的设计要遵循两个原则。第一：在店招中注入自己的品牌形象，即店铺名称或者标识展示；第二：结合产品进行定位，即不要让买家猜想你的店铺出售的是什么商品。下面来看两款店招的对比图，如图 3-14 所示。

店招一

店招二

图 3-14 两款店招对比图

店招一从设计上来看是比较唯美的，也很符合大多数人心中的小清新形象，但是当你进入这家店铺以后，单从店招上，根本无法看出这家店铺出售的是什么商品，其实这两家店铺出售的都是饰品类，而店招二不但在店招中渗入的产品形象（产品的图片）、品牌形象（精品饰品专营），还渗入了该店铺的主营类目，让买家一目了然。

2．设计要求

根据淘宝网的设计规范对店铺招牌进行设计，才能让店招完美地展现在店铺首页。旺铺专业版店招的宽度尺寸为950像素，高度尺寸不超过120像素，可以上传GIF、JPG、JPEG和PNG这4种图片格式。

3.2.2 常规店招

常规店招的尺寸要求是950像素×120像素，也是旺铺专业版中最常见的店招效果，如图3-15所示。

图3-15 常规店招

具体操作步骤如下。

步骤1 在制作店招前准备好所需素材，店铺主营商品图片，如图3-15所示的奶粉图片，根据店铺主营类目我们要做的是婴幼儿奶粉店招，所以可以找些相关的图片，如婴儿图片、卡通素材等，这些在“中国素材”网站上都可以下载到。

步骤2 执行“文件→新建”命令，新建一个950像素×120像素的空白文档，如图3-16所示。

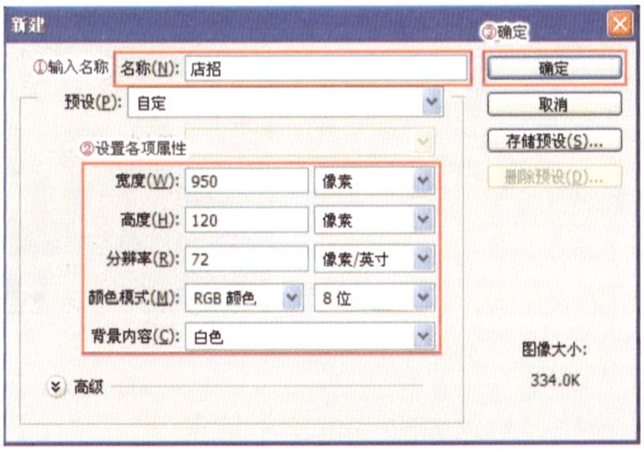

图3-16 新建空白文档

步骤3 在工具箱中单击“前景色”按钮，设置前景色色值为#5ebfef，如图3-17所示。

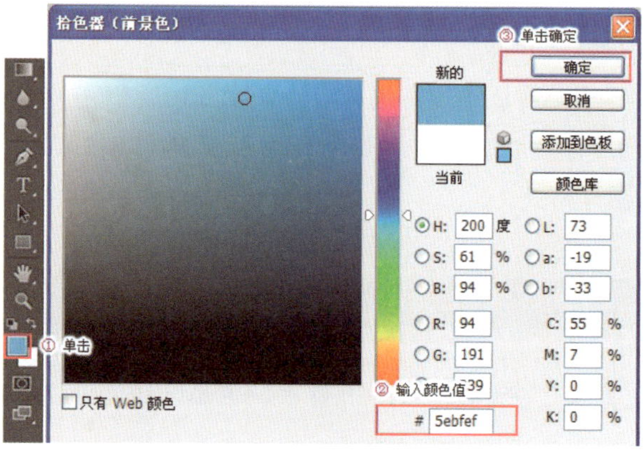

图 3-17 “拾色器（前景色）”对话框

步骤 4 在工具箱中按下“渐变工具”按钮并且停留 2s，在弹出的菜单中单击“油漆桶工具”按钮，在图像上单击鼠标左键填充颜色，如图 3-18 所示。

图 3-18 填充颜色

步骤 5 在工具箱中设置前景色色值为 #fde47f，单击“椭圆工具”按钮，按住【Shift】键的同时利用鼠标左键绘制圆形形状，在“图层”面板中创建“椭圆 1”图层，如图 3-19 所示。

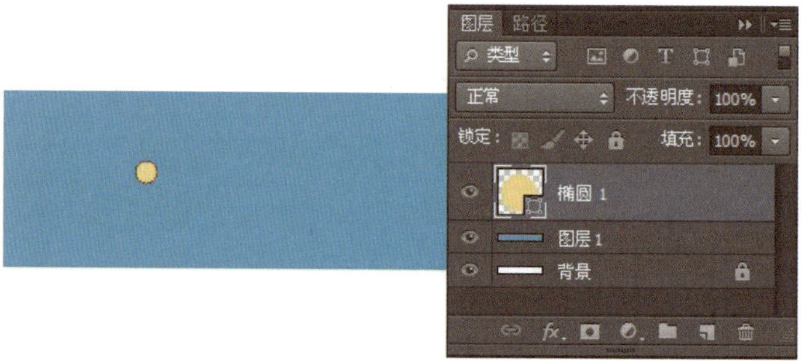

图 3-19 绘制圆形形状

步骤 6 将“椭圆 1”形状移动到如图 3-20 所示位置，重复使用【Ctrl+J】快捷键，复制“椭圆 1”图层，图层上生成“椭圆 1 副本”、“椭圆 1 副本 1”……“椭圆 1 副本 62”，如图 3-20 所示。

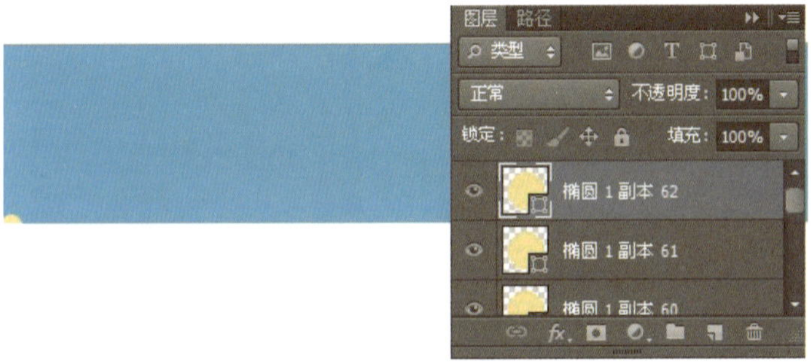

图 3-20 重复使用【Ctrl+J】快捷键

步骤 7 在工具箱中单击“移动工具”按钮，将复制的形状依次向右移动，做成半圆花边形状，如图 3-21 所示。

图 3-21 做成半圆花边形状

步骤 8 在工具箱中单击“圆角矩形工具”按钮，设置工具选项栏参数，形状描边颜色值为 #ffffff，形状描边宽度为 1 点，形状描边类型为虚线，如图 3-22 所示。

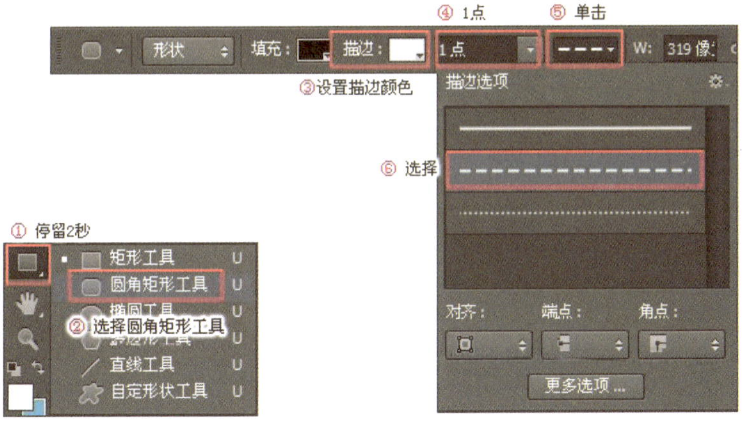

图 3-22 设置工具选项栏参数

步骤 9 单击鼠标左键在图像上绘制圆角矩形形状，在“图层”面板中创建“圆角矩形 1”图层，如图 3-23 所示。

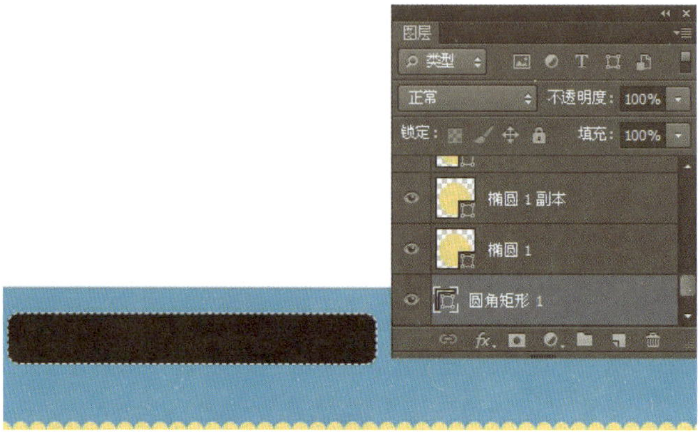

图 3-23　绘制圆角矩形形状

步骤 10　在选中“圆角矩形 1”图层的前提下，在“图层”面板中单击“添加图层样式” 按钮，在弹出的下拉菜单中选择“渐变叠加”样式，如图 3-24 所示。

步骤 11　在弹出的对话框中单击“渐变”下拉列表框，打开“渐变编辑器”对话框，如图 3-25 所示。

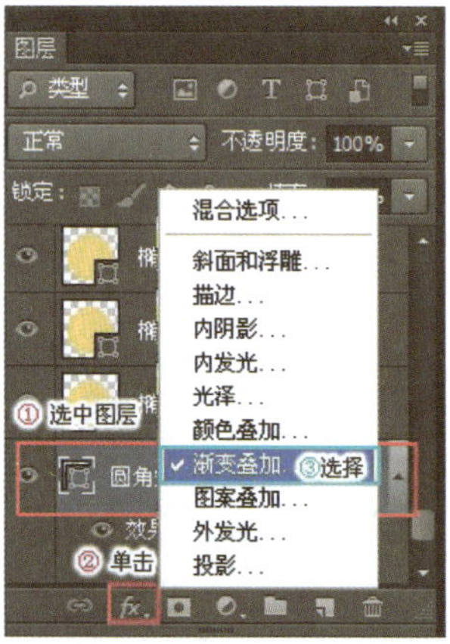

图 3-24　选择“渐变叠加”样式

图 3-25　单击“渐变”下拉列表框

步骤 12　添加自定义渐变，设置渐变条上的色值分别为 #f9c345、#fde98a、#f9c345，如图 3-26 所示。

步骤 13　在工具箱中单击“文字工具” 按钮，分别输入文字内容“婴幼儿优质奶粉”和“HEALTHY&CUTE BABIES GROW UP”，如图 3-27 所示。

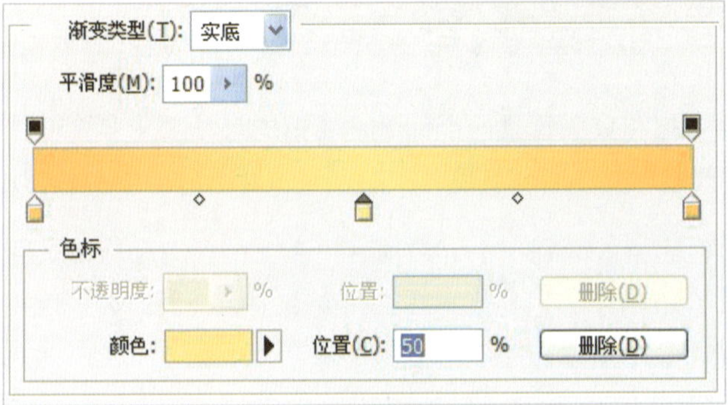

图 3-26　设置渐变条上的色值

图 3-27　输入文字内容

步骤 14　把抠好的商品图片拖动到图像上，并移动到如图 3-28 所示位置。

图 3-28　把商品图片拖动到图像上

步骤 15　把下载好的卡通图片拖动到图像上，并移动到适当的位置，完成最终设计，并且将图像存储为 JPG 格式，如图 3-29 所示。

图 3-29　完成最终设计

经验分享

对刚开始接触 Photoshop 的卖家来说，不知道该怎么样布局店招才会让店招更好看一些，这时候可以参考一些好的店招设计，找到类似的素材进行制作。

3.2.3 通栏店招

通栏店招分为店招和页头背景两个部分，店招的尺寸要求是 950 像素 ×120 像素，页头背景的高度尺寸要求 150 像素，宽度没限制，页头背景大小不可以超过 200KB。

常规店招和通栏店招的区别在于：常规店招在上传到淘宝店铺页面后，店招两侧成白色空白显示，如图 3-30 所示；通栏店招在上传到淘宝店铺页面后，店招两侧会根据设计的效果进行显示，如图 3-31 所示。

图 3-30　常规店招

图 3-31　通栏店招

根据两张图片可以看出，常规店招和通栏店招相差的就是页头背景，所以只需要根据之前设计的常规店招制作相应的页头背景就可以了。店招上传到淘宝页面的时候必须与导航条相匹配，才会使店招看上去更加舒服，因此，在制作页头背景的时候，也需要根据导航条的颜色进行制作，具体操作步骤如下所示。

步骤 1　执行“文件→新建”命令，新建一个 60 像素 ×150 像素的空白文档，如图 3-32 所示。

步骤 2　在常规店招的“图层”面板里，双击“背景”图层进行解锁，把“背景”图层转换成“图层 0”图层，如图 3-33 所示。

步骤 3　在常规店招的“图层”面板里，按住【Ctrl】键的同时，利用鼠标左键选中“图层 0”、“椭圆 1”、“椭圆 1 副本”、“椭圆 1 副本 2”和“椭圆 1 副本 3”5 个图层，如图 3-34 所示。

步骤 4　在工具箱中单击“移动工具”按钮，按住鼠标左键向页面背景图像中拖曳，并将拖动的图像移动至如图 3-35 所示的位置。

图 3-32 新建空白文档

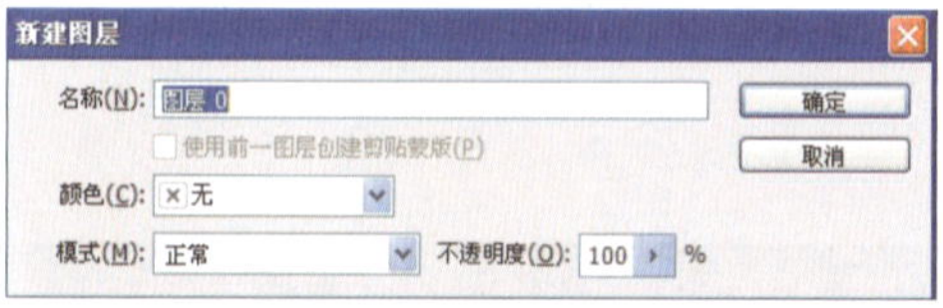

图 3-33 “新建图层”对话框

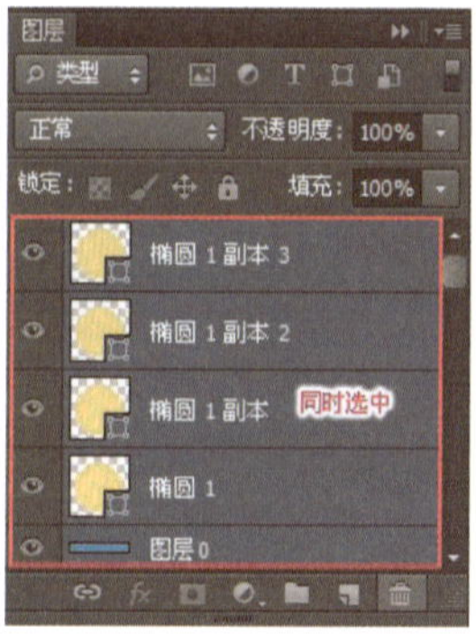

图 3-34 同时选中 5 个图层

图 3-35 拖动图像

步骤 5 在工具箱中单击“矩形选框工具”按钮，在工具选项栏中设置选框工具的样式为固定大小、宽度为 60 像素、高度为 30 像素，如图 3-36 所示。

步骤 6 根据步骤 5 的操作，设置好矩形选框工具的固定大小后，在页头图像正下方单击鼠标左键，如图 3-37 所示。

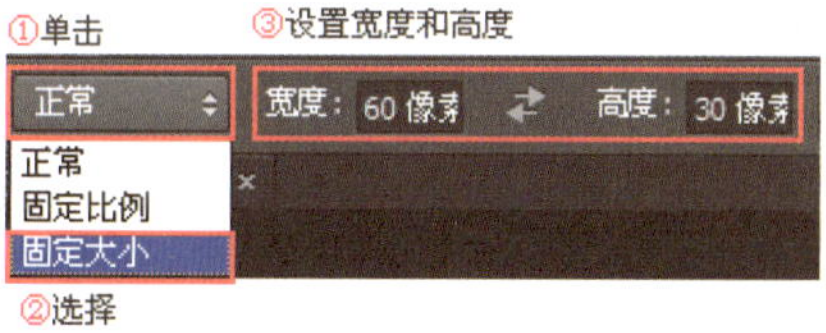

图 3-36 矩形选框工具参数设置

图 3-37 在页头背景图像正下方单击

步骤 7 这时在图像上会出现矩形选框的选区，在“图层”面板中单击“创建新图层”按钮，生成“图层 2”图层，如图 3-38 所示。

步骤 8 设置前景色色值为 #d7ac4e（根据导航条的颜色设置颜色值），单击“油漆桶工具”按钮，为矩形选框填充颜色完成最终设计，并将图片存储为 JPG 格式，如图 3-39 所示。

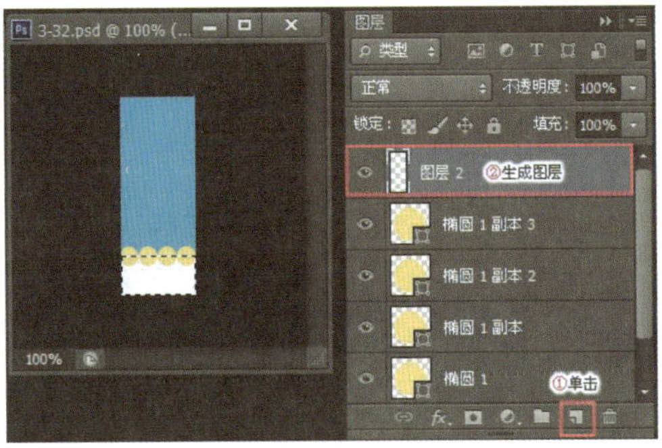

图 3-38 创建新图层

图 3-39 完成最终设计

3.2.4 上传店招到店铺中

已经学习了店招的制作步骤，下面要对做好的店招进行上传，让店招在淘宝店铺上显示才达到了制作店招的最终目的。

具体操作步骤如下。

步骤 1 打开“卖家中心”页面，在“店铺管理”中选择“图片空间”命令，把店招图片上传到图片空间中，上传好的效果如图 3-40 所示。

图 3-40 上传店招图片

步骤 2 回到“卖家中心”页面，在“店铺管理”中选择“店铺装修”命令，如图 3-41 所示。

图 3-41 选择“店铺装修”命令

步骤 3 进入“店铺装修”页面，用鼠标划过店招，会在店招的右上角出现“编辑”按钮，如图 3-42 所示。

图 3-42 出现“编辑”按钮

步骤 4 单击“编辑”按钮，在弹出的对话框中选中“自定义招牌”单选项，进入“自定义招牌”编辑器，如图 3-43 所示。

图 3-43 “自定义招牌”编辑器

步骤 5 在“自定义招牌”编辑器中单击“插入图片空间图片”按钮，这时可以在图片空间中选择已上传的店招图片，单击“插入”按钮，插入图片后单击“完成”按钮，如图 3-44 所示。

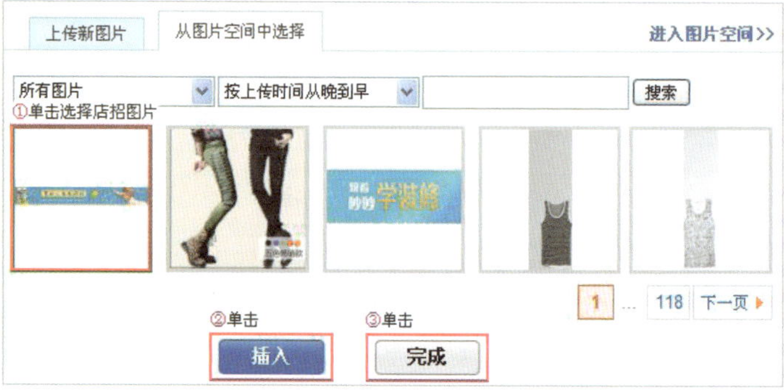

图 3-44　选择已上传的店招图片

步骤 6　通过步骤 5 的操作，店招图片就会在编辑器中显示，单击“保存”按钮对店招进行存储，如图 3-45 所示。

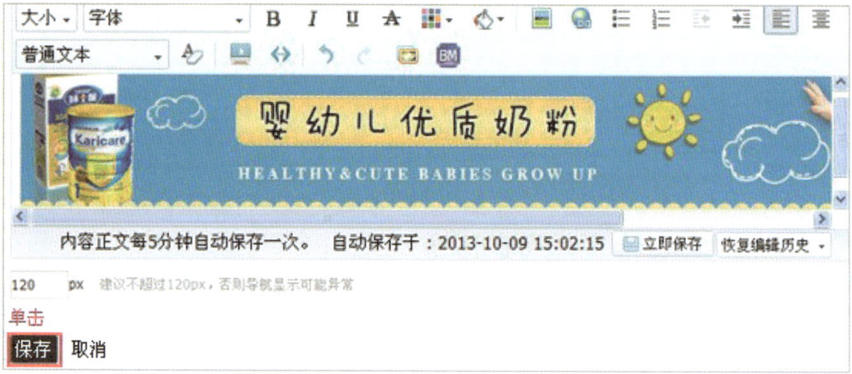

图 3-45　保存店招

步骤 7　在旺铺专业版中选择“页面装修”命令，如图 3-46 所示。

图 3-46　选择“页面装修”命令

步骤 8　在“页面装修”页面单击“页头”按钮，如图 3-47 所示。

步骤 9　在“页头”选项卡中对页头背景图进行设置，单击“更换图片”按钮，根据路径找到对应图片进行上传，背景显示设置为横向平铺，背景对齐设置为居中，设置成功后单击“应用到所有页面”按钮，如图 3-48 所示。

图 3-47 单击“页头”按钮

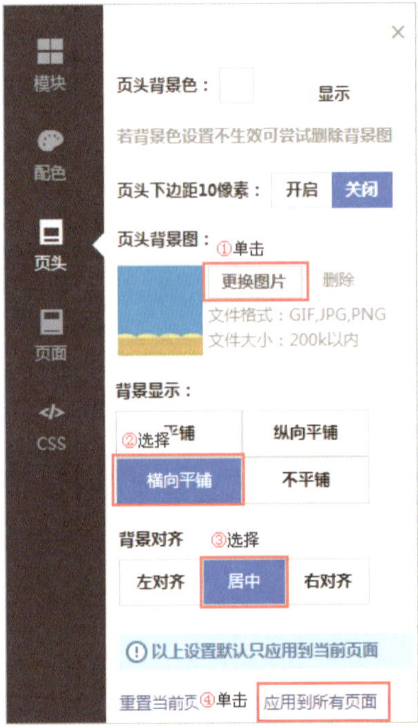

图 3-48 “页头”选项卡

步骤 10 保存好后，单击右上角“发布”按钮，如图 3-49 所示。

图 3-49 单击“发布”按钮

步骤 11 发布成功后，店招才会显示在淘宝店铺页面上，买家才会浏览到你的杰作，最终效果图如图 3-50 所示。

图 3-50 最终效果图

经验分享

（1）在插入好图片后要检查下，图片的前边是否有空格，如果有空格用键盘上的【Delete】键进行删除，这样店招与页头背景才会完全衔接在一起，不会出现白色缝隙。（2）在制作花边时，可以让花边颜色与导航条颜色一致，这会使店招与导航条融为一体，如图 3-51 所示。

图 3-51　将花边颜色与导航条颜色设置为一致

3.3　打造精美公告栏

公告栏是买家了解店铺动态和活动信息的重要窗口。在这里你可以通过展示各种别出心裁的活动博得买家的注意力，以增加店铺人气，从而带动消费增长。所以说公告栏在淘宝店铺中是不可或缺的元素。

3.3.1　在显著位置添加公告栏

在现实生活中，我们会发现每个小区、学校、企业都有自己的公告栏，有的摆放在小区门口，有的摆放在校园的道路两旁，这些小小的公告栏都发挥着自己的作用。淘宝店铺的公告栏跟我们生活中的公告栏的功能是相同的，需要摆放在买家可以注意到的位置。

在淘宝中由于大部分店铺页面都过长，因此，要让买家对你的活动信息产生重复记忆，需要在店铺页面“上、中、下”3 个位置进行设置，如图 3-52 所示。

“上”指的就是设置在店招的下方。现在很多卖家的店铺都使用全屏海报，为了店铺美观起见，也可以把公告栏设置在全屏海报的下方。让买家进入店铺后在第一时间了解店铺的动态。

“中”指的就是整体店铺页面的中间部分。可以利用通栏设置在中间位置，也可以利用左侧栏进行设置。

“下”指的就是店铺页尾部分。店铺页尾是在淘宝店铺所有页面都进行展示的模块，设置在页尾部分，使买家无论进入到哪个页面都可以了解你的店铺信息。

图 3-52　店铺页面位置设置

3.3.2 文字公告栏

文字公告栏从字面意义就可以看出来，此类公告是以纯文字的方式显示的，在公告栏中可以添加店铺名称、联系方式、促销信息等，如图 3-53 所示。

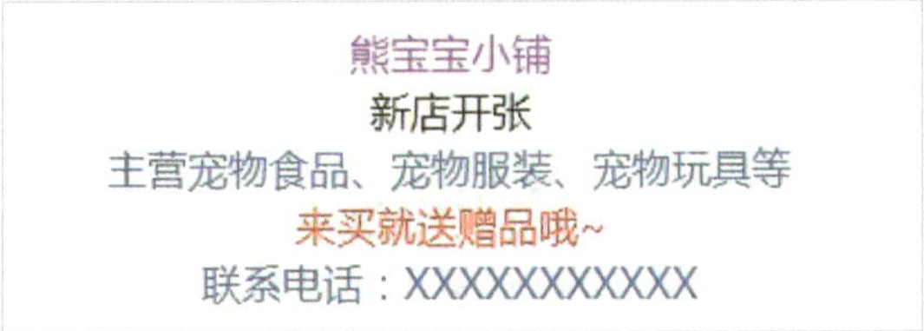
熊宝宝小铺
新店开张
主营宠物食品、宠物服装、宠物玩具等
来买就送赠品哦~
联系电话：XXXXXXXXXXX

图 3-53　文字公告栏

具体操作步骤如下。

步骤 1　进入“店铺装修”页面，单击“模块”按钮，选择“950”模块，如图 3-54 所示。

图 3-54　单击“模块”按钮

步骤 2　在“基础模块”中选择“自定义区”模块，按住鼠标左键的同时向右拖动模块到对应位置，如图 3-55 所示。

图 3-55　添加“自定义区”模块

步骤 3　在“图片轮播”模块的下方会出现“自定义区”模块，如图 3-56 所示。

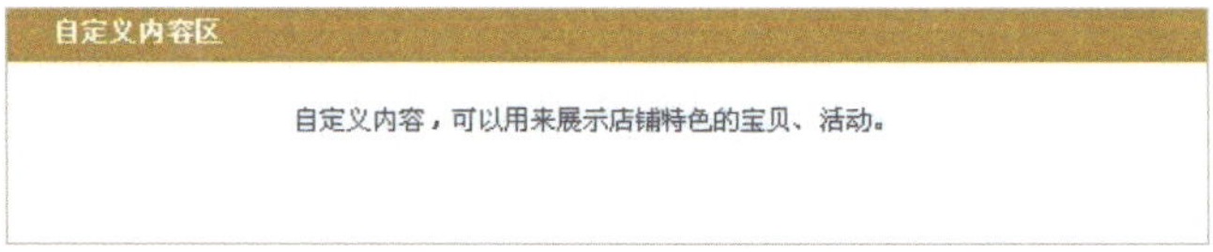

图 3-56　“自定义区”模块

步骤 4　将鼠标移至“自定义区”模块上，单击右上角的“编辑”按钮，如图 3-57 所示。

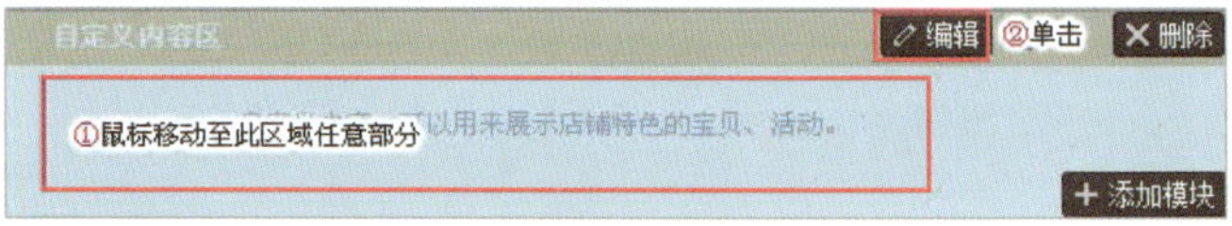

图 3-57　单击“编辑”按钮

步骤 5　在弹出的编辑器中输入文字信息，按【Enter】键可另起一行输入文字，如图 3-58 所示。

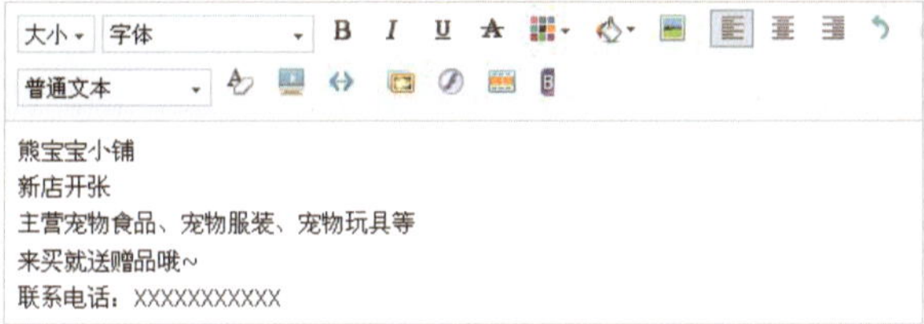

图 3-58 输入文字信息

步骤 6 选中文字信息，单击“大小”下拉按钮更改文字的字号，单击“字体”下拉按钮更改文字类型，如图 3-59 所示。

图 3-59 选中文字信息

步骤 7 选中需要强调的文字，单击“文本颜色”按钮，更改文字颜色，如图 3-60 所示。

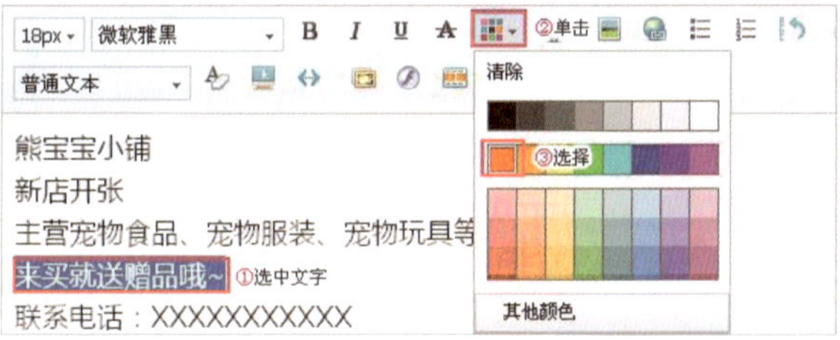

图 3-60 更改文字颜色

步骤 8 选中所有文字，单击“居中对齐”按钮更改文字对齐方式，如图 3-61 所示。

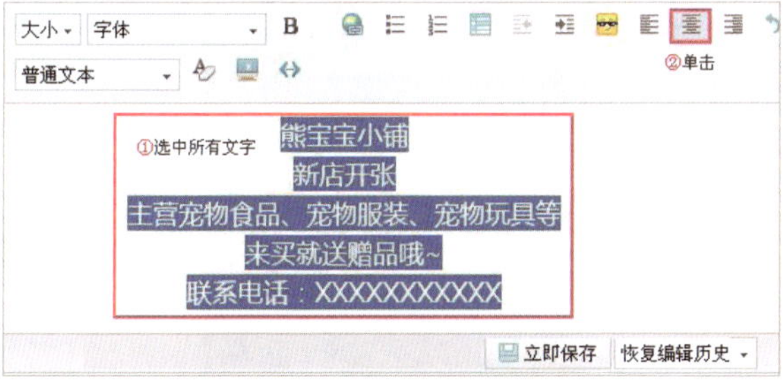

图 3-61 更改文字对齐方式

步骤 9 编辑完毕，单击“确定”按钮，对公告信息进行保存，单击“发布”按钮，使文字信息展示在店铺中，展示效果如图 3-53 所示。

3.3.3 图片公告栏

图片公告栏比文字公告栏醒目，吸引买家注意的概率也会提高，在淘宝店铺页面展示效果更加美观，如图 3-62 所示。

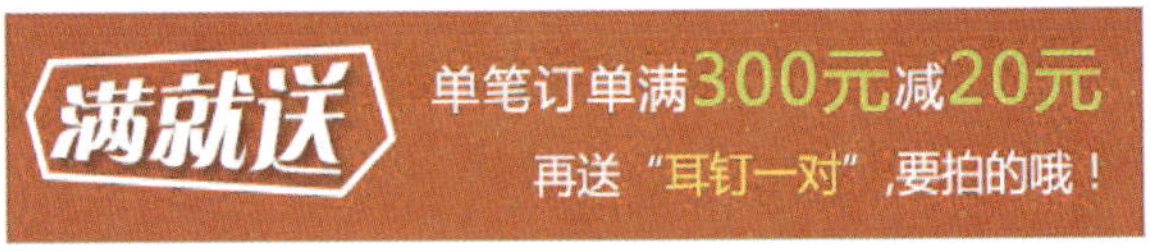

图 3-62 图片公告栏

具体操作步骤如下。

步骤 1 执行“文件→新建”命令，新建一个 950 像素 ×190 像素的空白文档，如图 3-63 所示。

图 3-63 新建空白文档

步骤 2 在“图层”面板里双击“背景”图层进行解锁，把“背景”图层转换成“图层 0”图层，如图 3-64 所示。

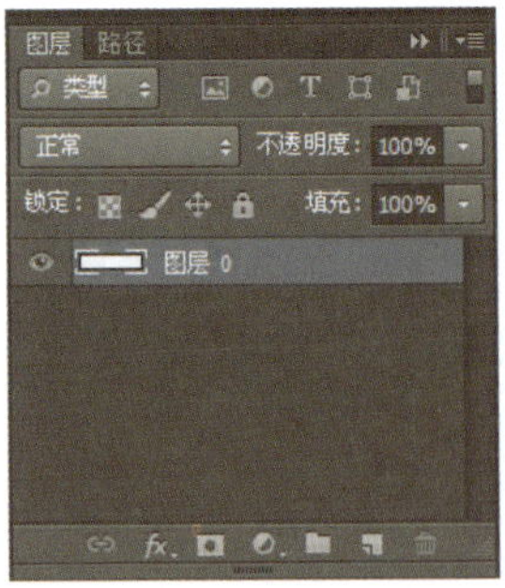

图 3-64 把“背景”图层转换成“图层 0”图层

步骤 3 在工具箱中单击“前景色”按钮，设置色值为 #c52120，单击“油漆桶工具”按钮，在图像上单击鼠标左键填充颜色，如图 3-65 所示。

图 3-65 填充颜色

步骤 4 在工具箱中单击“钢笔工具”按钮，设置工具选项栏参数，填充颜色值为 #c52120、描边颜色值为 #ffffff、描边大小为 3 点、描边选项为直线，如图 3-66 所示。

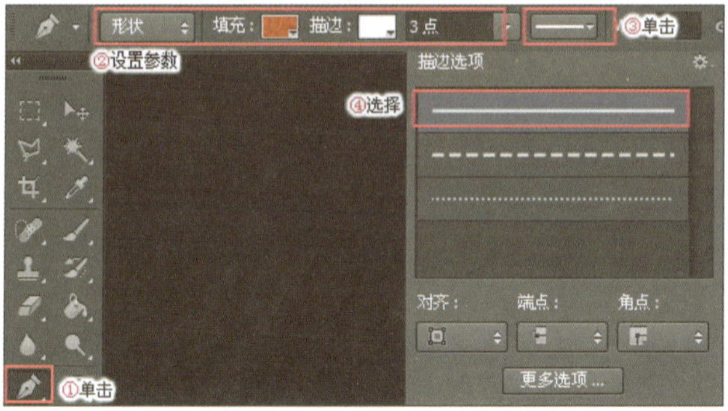

图 3-66 设置“钢笔工具”选项栏参数

步骤 5 在图像中用“钢笔工具”绘制自定义形状，绘制好的效果如图 3-67 所示。

图 3-67 绘制自定义形状

步骤 6 在工具箱中单击“文字工具”按钮，设置工具选项栏参数，字体系列为方正粗倩、字体大小为 47 像素、消除锯齿的方法为浑厚、文本颜色值为 #ffffff，设置如图 3-68 所示。

步骤 7 将鼠标移至图像上，单击鼠标左键输入文字内容，如图 3-69 所示。

图 3-68　设置“文字工具”选项栏参数

图 3-69　输入文字内容

步骤 8　选中“满就送”文字内容，在工具选项栏中单击“创建文字变形”按钮，如图 3-70 所示。

图 3-70　单击“创建文字变形”按钮

步骤 9　在弹出的“变形文字”对话框中设置变形文字参数，如图 3-71 所示，设置各项参数后单击“确定”按钮。

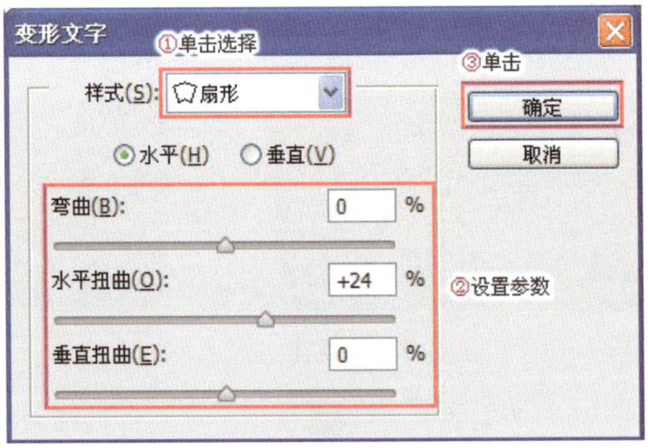

图 3-71　“变形文字”对话框

步骤 10　根据步骤 9 的操作，文字会变形。然后在工具箱中单击“文字工具”按钮，输入其他文字内容，选中需要强调的文字，更改文字大小和颜色，如图 3-72 所示。

图 3-72 设置需要强调的文字

步骤 11 可以进一步美化图片，选中“满就送”文字，在“字符”面板中单击“反斜体工具” 按钮，使文字更加有推进感，如图 3-73 所示。

图 3-73 使用“反斜体工具”

步骤 12 选中“满就送”文字图层，在“图层”面板中单击“添加图层样式” 按钮，在弹出的下拉菜单中选择“投影”样式，如图 3-74 所示。

步骤 13 在弹出的“投影”样式的图层样式对话框中，设置“结构”区域中的不透明度为 29%，如图 3-75 所示。

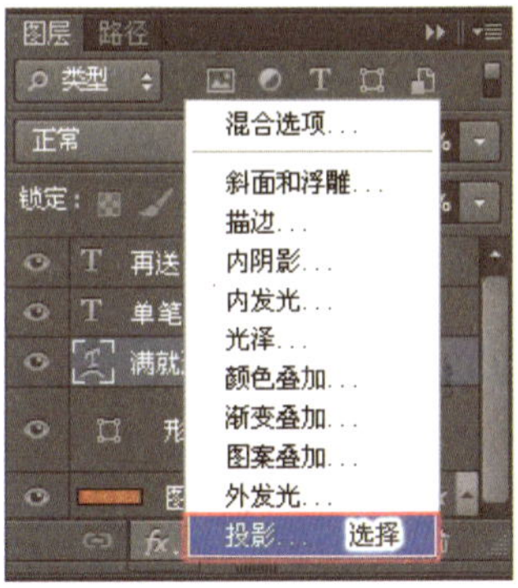

图 3-74 选择“投影”样式

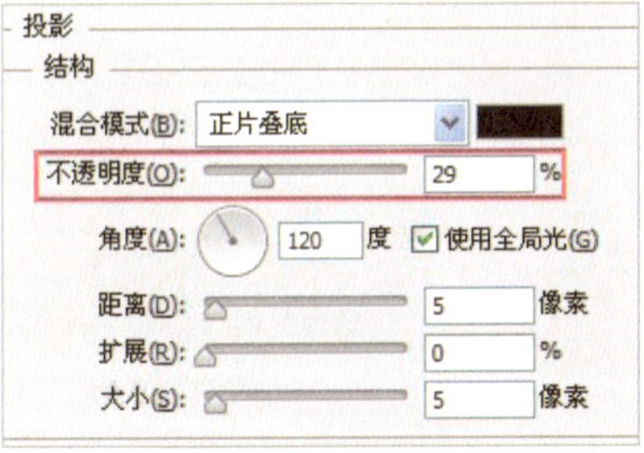

图 3-75 设置不透明度

步骤 14 根据**步骤 13** 的操作，图片公告栏就做好了，使用【Ctrl+S】快捷键将图像存储为 JPEG 格式，最终效果图如图 3-76 所示。

图 3-76　最终效果图

步骤 15　打开“卖家中心”页面，在“店铺管理”中选择“图片空间”命令，把公告图片上传到图片空间中，上传好的效果如图 3-77 所示。

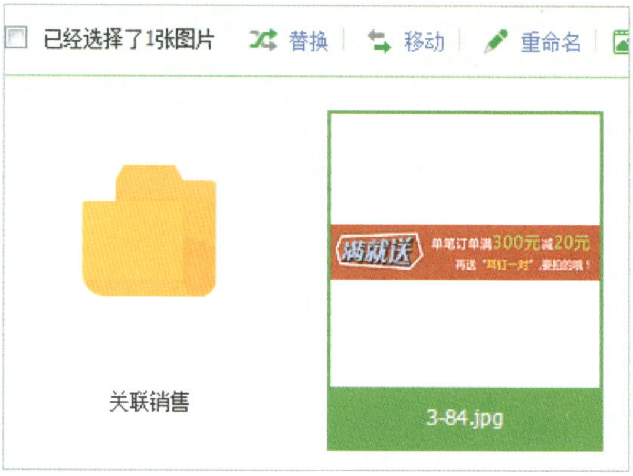

图 3-77　上传效果

步骤 16　在“店铺装修”页面中添加“自定义区”模块，在编辑器中单击“插入图片空间图片”按钮，如图 3-78 所示。

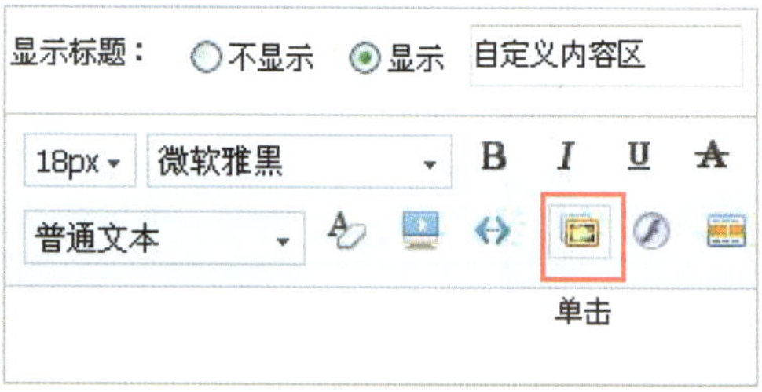

图 3-78　插入图片空间图片

步骤 17　根据插入店招的步骤插入公告图片，最后要单击“保存”和“发布”按钮，在淘宝页面的最终展示效果如图 3-62 所示。

3.3.4 动态公告栏

动态公告栏是在图文公告栏的基础上，利用各种动态的特效使公告栏中需要强调的文字更加醒目，如 3.3.3 节中制作的图文公告栏中的“满就送”文字，为了使其文字更加醒目，可以为文字添加动态效果，也就是所谓的动态公告栏，操作步骤如下所示。

步骤 1 在“图层”面板中，选中“满就送”图层，使用两次快捷键【Ctrl+J】来复制图层，在“图层”面板中生成“满就送 副本”和“满就送 副本 2”图层，如图 3-79 所示。

步骤 2 在“图层”面板中，选中“满就送 副本”图层，单击“添加图层样式” fx 按钮，在弹出的下拉菜单中选择“颜色叠加”样式，如图 3-80 所示。

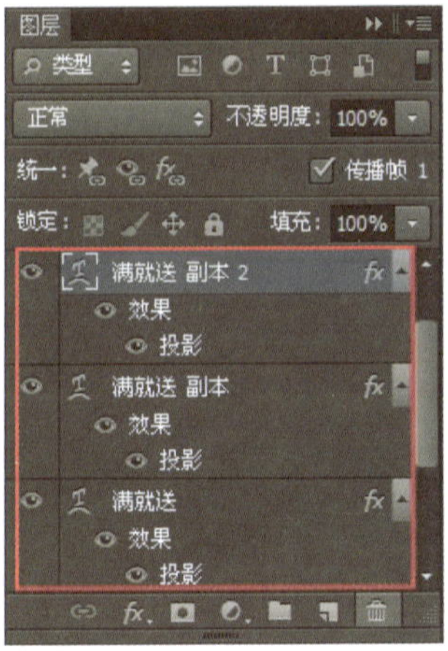

图 3-79 复制图层两次

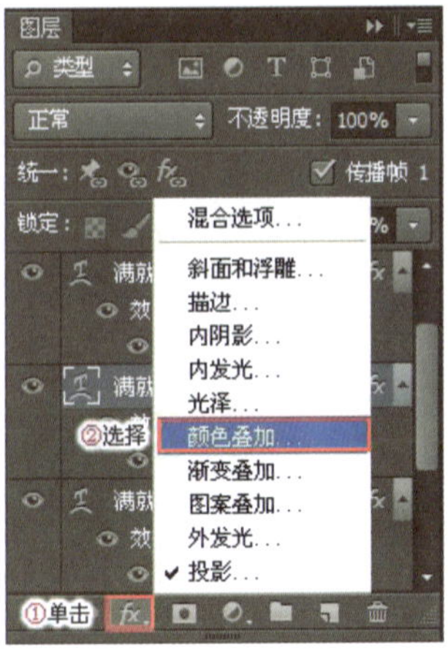

图 3-80 选择“颜色叠加”样式

步骤 3 在弹出的“颜色叠加”样式的图层样式对话框中，设置颜色值为 #fffcb1，如图 3-81 所示。

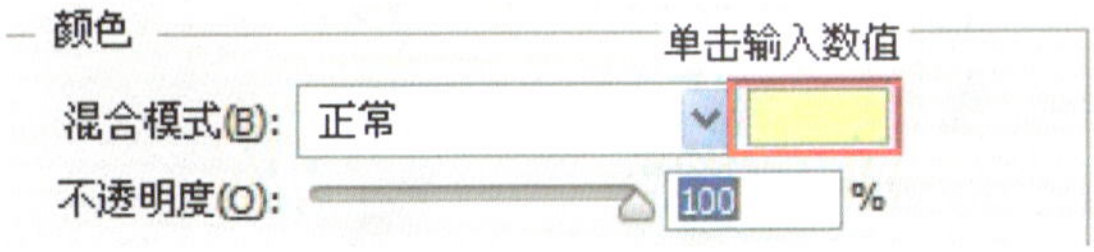

图 3-81 设置颜色值

步骤 4 在“图层”面板中，选中“满就送 副本 2”图层，重复步骤 2 和步骤 3，设置颜色值为 #afc7ff，如图 3-82 所示。

图 3-82　重复设置颜色值

步骤 5　执行"窗口→时间轴"命令，打开"时间轴"面板，如图 3-83 所示。

图 3-83　"时间轴"面板

步骤 6　在面板中单击两次"复制所选帧"按钮，复制第 1 帧，生成第 2 帧和第 3 帧，如图 3-84 所示。

图 3-84　复制所选帧

步骤 7　在"时间轴"面板中选中第 1 帧后，在"图层"面板中将"满就送 副本"和"满就送 副本 2"图层隐藏，单击"指示图层可见性"按钮隐藏图层，如图 3-85 所示。

步骤 8　以此类推，在"时间轴"面板中选中第 2 帧后，在"图层"面板中将"满就送"和"满就送 副本 2"图层隐藏；在"时间轴"面板中选中第 3 帧后，在"图层"面板中将"满就送"和"满就送 副本"图层隐藏。

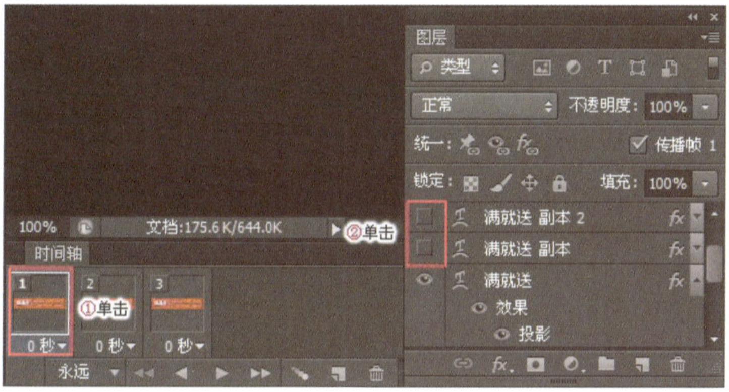

图 3-85 隐藏图层

步骤 9 设置好后，在“时间轴”面板中单击“选择帧延迟时间” 0 秒 按钮，分别设置动画时间为 0.1 秒 / 帧，如图 3-86 所示。

图 3-86 设置动画时间

步骤 10 根据**步骤 9** 的操作，在“时间轴”面板中可查看已经创建的 3 帧动画，每帧中的图像都有变化，单击“播放动画” ▶ 按钮，在图像窗口中可以浏览闪烁变化的文字动画效果，如图 3-87 所示。

图 3-87 播放动画

步骤 11 执行“文件→存储为 Web 和设备所用格式”命令，在弹出的“存储为 Web 所用格式”对话框中选择 GIF 格式，保存设置的动画效果，如图 3-88 所示。

步骤 12 单击“存储”按钮，在弹出的“将优化结果存储为”对话框中选择存储路径，设置完毕后单击“保存”按钮，如图 3-89 所示。

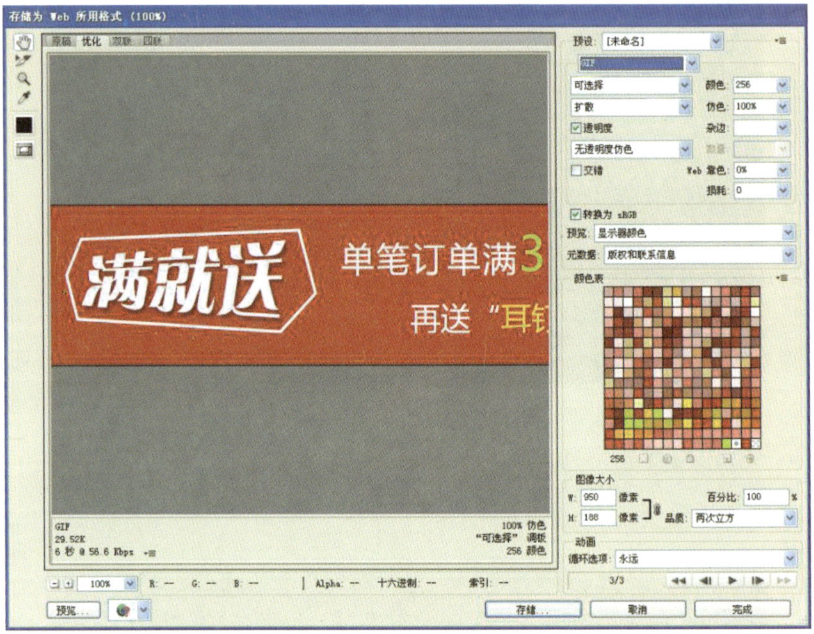

图 3-88　选择 GIF 格式

图 3-89　存储优化结果

步骤 13　根据**步骤 12** 的操作，将弹出提示对话框，在对话框中单击“确定”按钮即可将设置的动画进行保存，如图 3-90 所示。

步骤 14　将动态图片上传到“店铺装修”页面，单击“发布”按钮后就可以观看到动态效果。

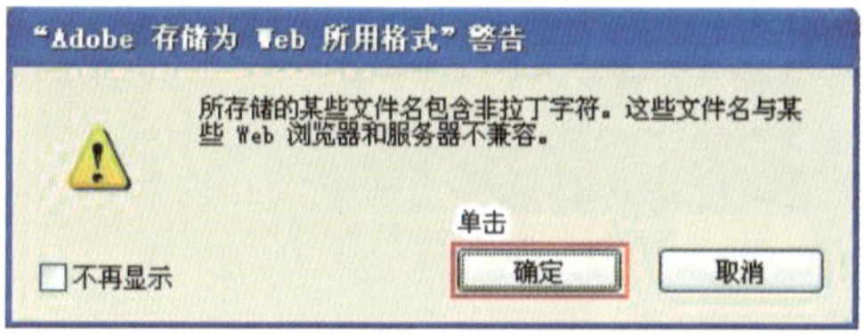

图 3-90 提示对话框

经验分享

（1）帧延迟的时间决定了动画的动态效果；（2）如果要使文字的动画效果更明显，可以加大每帧之间文字颜色的反差效果。

3.4 图片轮播模块

图片轮播模块是所有店铺中不可或缺的基本元素，卖家利用图片轮播模块不但可以缩短页面的长度，还可以重点强调店铺的主图商品。

3.4.1 不同轮播图的尺寸要求

轮播图的尺寸要求与店铺布局是紧密关联的，淘宝系统轮播模块的高度在 100 像素至 600 像素以内（包括 100 像素和 600 像素），宽度要根据尺寸进行制作，全屏轮播图为 1500 像素（全屏轮播图需要购买模板才可以拥有），通栏轮播图为 950 像素，左侧轮播图为 190 像素，右侧轮播图为 750 像素，如图 3-91 所示。

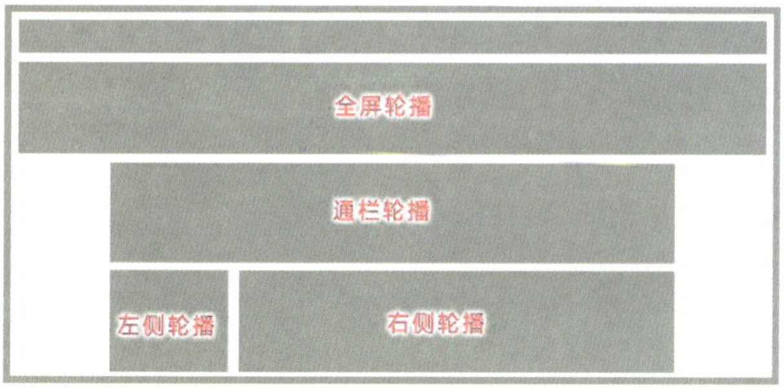

图 3-91 不同轮播图的尺寸

3.4.2 添加轮播模块的方法

在淘宝默认的系统模块中直接带有通栏轮播模块，也就是 950 轮播模块。那么如果装修后台没有该模块，该如何添加呢？

具体操作步骤如下。

步骤 1 从“卖家中心”进入“店铺装修”页面，单击“模块”按钮，选择“950”模块，如图 3-92 所示。

图 3-92 单击“模块”按钮

步骤 2 在“基础模块”中选择“图片轮播”模块，按住鼠标左键的同时向右拖动模块到对应位置，添加“图片轮播”模块，如图 3-93 所示。

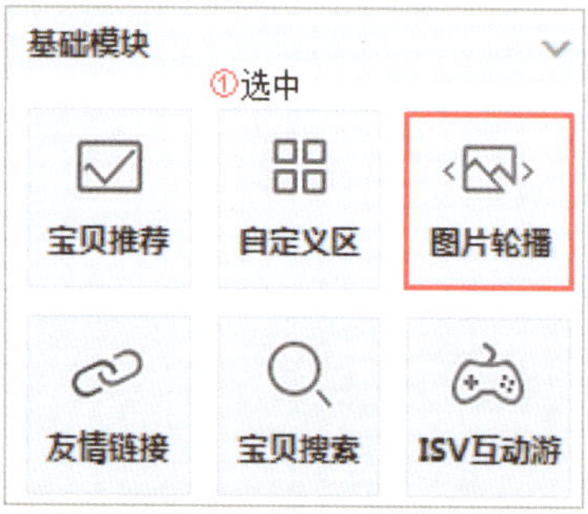

图 3-93 添加“图片轮播”模块

步骤 3 将鼠标移动至“图片轮播”模块上，单击右上角的“编辑”按钮，如图 3-94 所示。

步骤 4 在弹出的“图片轮播”对话框中，单击“添加”按钮，最多可以添加 5 组图片轮播，如图 3-95 所示。

步骤 5 单击“插入图片空间图片”  按钮，从图片空间里选择想要插入的图片，单击“插入”按钮即可，如图 3-96 所示。

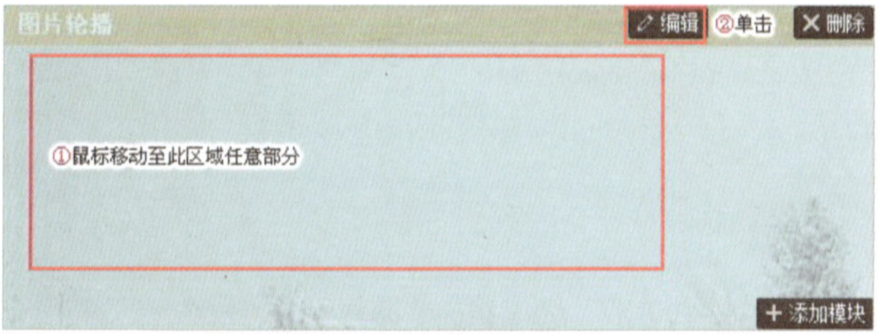

图 3-94 单击“编辑”按钮

图 3-95 “图片轮播”对话框

图 3-96 插入图片

步骤 6 插入图片后，会在“图片地址”文本框中显示图片地址，单击“保存”按钮，完成添加“图片轮播”模块的步骤，如图 3-97 所示。

图 3-97　完成添加“图片轮播”模块

步骤 7　重复**步骤 4** 至**步骤 5**，插入其他图片至轮播模块，插入两张以上图片才会出现轮播效果，如图 3-98 所示。

图 3-98　出现轮播效果

经验分享

图片地址是指商品轮播等图片的地址，如“图片空间”中的“链接”地址。链接地址是指具体的展示地址，如商品链接地址、自定义页面地址等。

3.4.3　轮播模块的功能

在添加轮播模块以后，需要根据轮播图片的尺寸对轮播模块进行设置，才不会出现图片显示不完整或者图片出现空白的情况，如图 3-99 所示。

图 3-99　图片显示不完整

那么图片轮播模块到底有什么功能呢？

功能1 移动图片。插入图片后，单击上下键头按钮可以调整图片的所在位置，如图3-100所示。

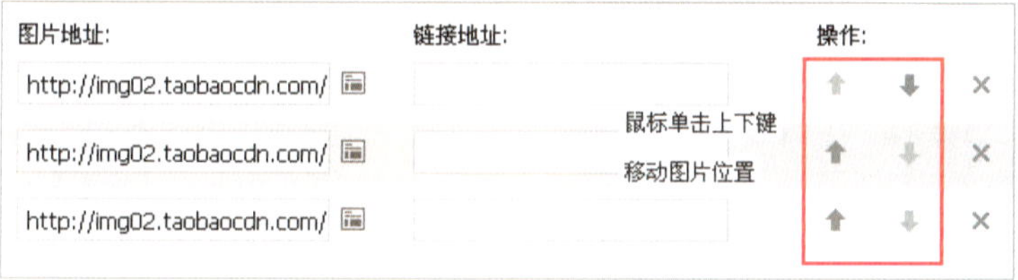

图 3-100 移动图片

功能 2 删除图片。单击“删除”按钮，可以对添加好的图片进行删除，如图 3-101 所示。

图 3-101 删除图片

功能 3 显示 / 隐藏标题。单击“显示设置”选项卡，在显示的页面中设置是否显示标题。选中“不显示”单选项，如图 3-102 所示。而选中“显示”单选项可以更改标题文字信息，如图 3-103 所示。

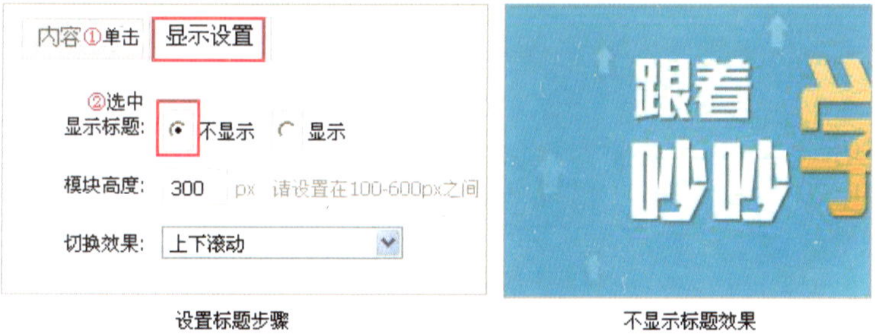

图 3-102 不显示标题

功能 4 设置模块高度。单击“显示设置”选项卡，在显示的页面中设置模块高度，高度设置在 100 像素至 600 像素之间（包括 100 像素和 600 像素）。如果已知海报高度尺寸，根据海报尺寸设置最佳，如图 3-104 所示。

设置标题步骤

显示标题效果

图 3-103 更改标题文字并显示

图 3-104 设置模块高度

功能 5 设置切换效果。单击“显示设置”选项卡，在显示的页面中设置切换效果，如图 3-105 所示。

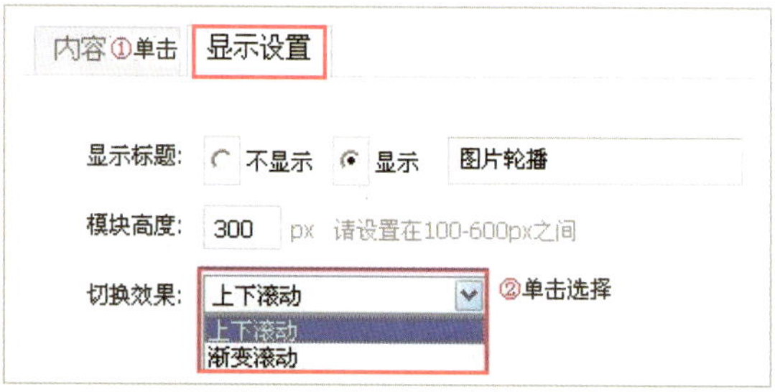

图 3-105 设置切换效果

经验分享

同一组轮播海报图的高度尺寸和宽度尺寸统一，轮播效果才会更完美。

第4章 店铺装修的辅助模块

4.1 商品分类模块

商品分类模块是淘宝店铺卖家最常用的一个功能模块。在旺铺专业版中商品分类有两个前台显示模块：默认商品分类模块和横向商品分类模块，它们的分类信息是由商品关键词组成的。买家进入店铺后，在多项分类信息中搜索自己想要寻找的商品信息。因此，清晰的分类信息是买家选择对应商品的直达通道，只有通道设置正确，才会满足买家最终的购物需求。

4.1.1 默认商品分类模块

默认商品分类模块包括分类管理和宝贝分类两个功能。

设置“分类管理”功能，操作步骤如下。

步骤 1 进入“卖家中心”页面，在“店铺管理”中选择“宝贝分类管理”命令，如图 4-1 所示。

图 4-1 选择“宝贝分类管理”命令

步骤 2 根据**步骤 1** 的操作进入“商品分类”页面，如图 4-2 所示。

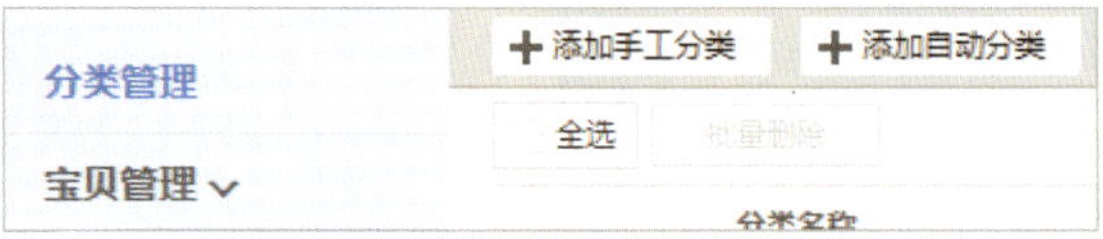

图 4-2　“商品分类”页面

步骤 3　单击“添加手工分类”按钮，在弹出的对话框中输入分类名称“上装”，如图 4-3 所示。

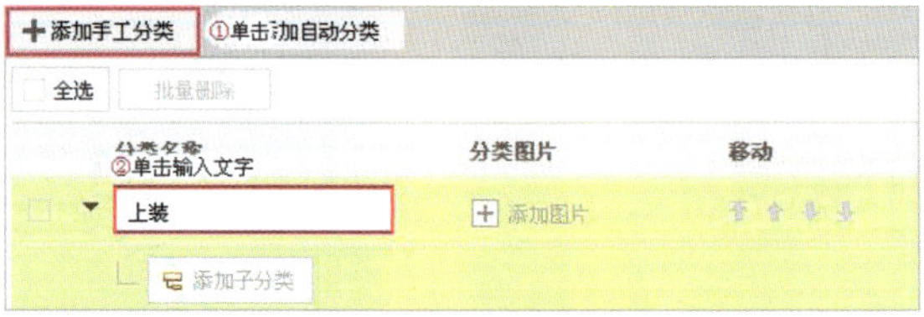

图 4-3　输入分类名称

步骤 4　单击“添加子分类”按钮，根据分类信息内容添加所属子分类名称“衬衫”、“T 恤”、“卫衣”等，如图 4-4 所示。

图 4-4　添加子分类名称

步骤 5　重复操作**步骤 3** 和**步骤 4**，陆续为店铺添加所需分类和子分类信息，如图 4-5 所示。

图 4-5　重复添加所需分类和子分类信息

步骤 6 设置好后，单击右上角的“保存更改”按钮，对分类信息进行保存，如图 4-6 所示。保存成功后，会自动跳转回“商品分类”页面，如图 4-7 所示。

图 4-6 保存分类信息

图 4-7 自动跳转

步骤 7 这时可以对已经设置好的分类进行进一步编辑，单击“添加图片”按钮，如图 4-8 所示。

图 4-8 单击“添加图片”按钮

步骤 8 在弹出的对话框中添加分类图片。添加分类图片有两种形式：直接添加网络图片或者插入图片空间图片，根据自己所需选择其中一种方式进行添加，如图 4-9 所示。

图 4-9 选择需要的方式进行添加

步骤 9 成功添加分类图片后就会点亮“分类图片”图标，如图 4-10 所示。

图 4-10 点亮“分类图片”图标

步骤 10 针对添加好的分类图片信息可以上下移动，4 个箭头的功能分别为：移至顶端、移至上一分类、移至下一分类和移至底端，如图 4-11 所示。

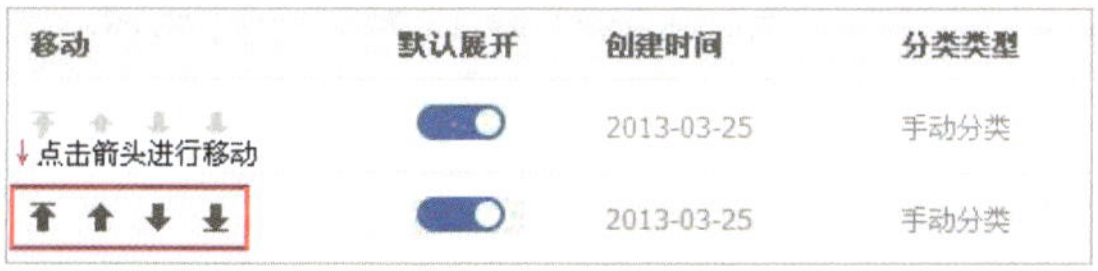

图 4-11 4 个箭头的功能

步骤 11 对已经添加好的商品分类，单击“默认展开”按钮，会在首页呈现不同的展开效果，如图 4-12 所示。

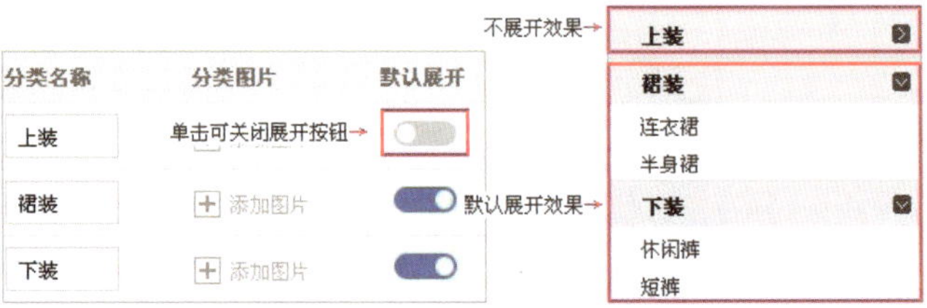

图 4-12 不同的展开效果

步骤 12 这是最重要的一步，添加、更改、删除商品分类信息都需要重新进行保存。单击右上角的“保存更改”按钮，对分类信息进行保存。保存成功后，单击左上角的“页面装修”按钮，进入“页面装修”页面，对商品分类进行发布，这时店铺首页的分类信息才会与更改后的信息同步，如图 4-13 所示。

图 4-13 对商品分类进行发布

经验分享

添加分类图片的宽度设置在 160 像素为最佳尺寸，高度虽不限制，但不建议超过 100 像素。

设置“宝贝分类”功能，操作步骤如下。

步骤 1 在“商品分类”页面，单击“宝贝管理”按钮，进入“宝贝管理”设置页面，如图 4-14 所示。

图 4-14 “宝贝管理”设置页面

步骤 2 在“宝贝分类”设置页面勾选对应的商品，拖动滚动条，在同一页面可以勾选多个商品，如图 4-15 所示。

图 4-15 勾选对应的商品

步骤 3 单击“批量分类”按钮，把勾选的商品添加到所属分类后，单击“应用”按钮，如图 4-16 所示。

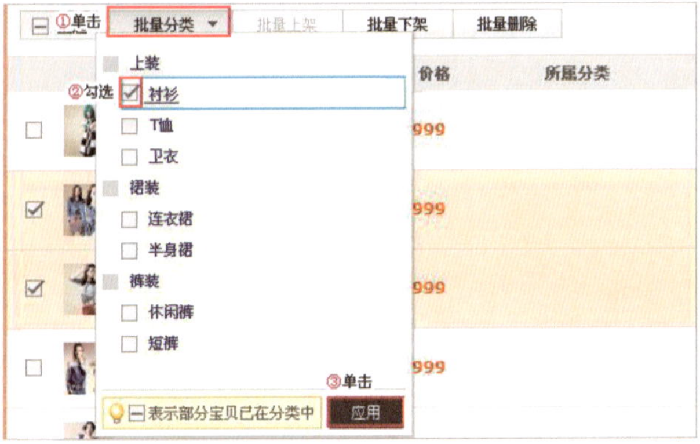

图 4-16 添加商品到所属分类

步骤 4 根据步骤 3 的操作，商品所属分类列表中会出现对应的分类内容，如图 4-17 所示。

图 4-17 “所属分类”列表会出现对应的分类内容

步骤 5 重复**步骤 2** 和**步骤 3**，可以将商品添加到多个所属分类，如图 4-18 所示。

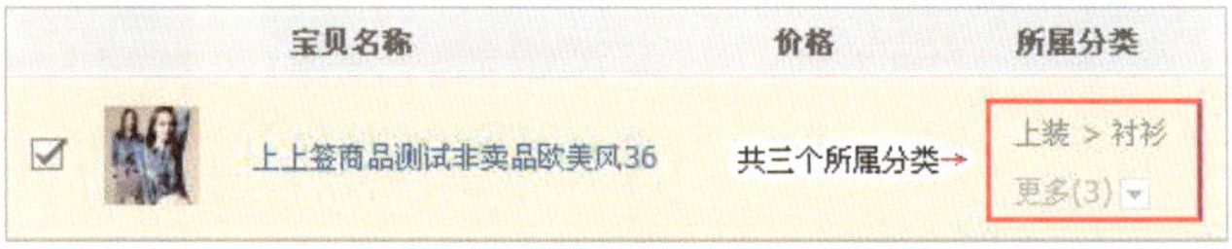

图 4-18　添加商品到多个所属分类

步骤 6 如果将商品错误分类，可以单击“所属分类”下拉按钮，在弹出的下拉列表中删除错误分类信息，如图 4-19 所示。

图 4-19　删除错误分类信息

步骤 7 商品分类后，可以单击左侧导航条中的分类查看商品分类是否正确，如图 4-20 所示。

步骤 8 分类设置完毕，进入“店铺装修”页面，对商品分类进行发布即可，默认商品分类模块最终效果如图 4-21 所示。

图 4-20　查看商品分类是否正确

图 4-21　默认商品分类模块最终效果

4.1.2　横向商品分类模块

横向商品分类模块只可以添加在 950 模块布局中，可以自由添加要展示的分类及子分类信息，设置步骤如下。

步骤 1 回到“卖家中心”页面，在“店铺管理”中选择“店铺装修”命令，如图 4-22 所示。

步骤 2 在“模块”中选择“950”尺寸，打开“设计师模块”栏目，添加“宝贝分类”模块，如图 4-23 所示。

图 4-22 选择“店铺装修”命令

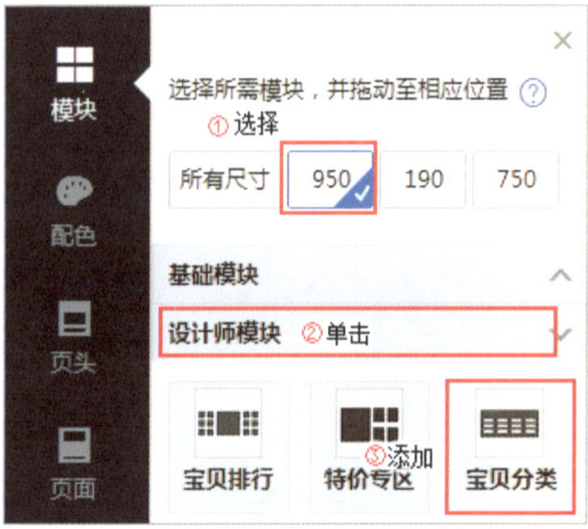

图 4-23 添加“宝贝分类”模块

步骤 3 将鼠标移至“图片轮播”模块上，单击右上角的“编辑”按钮，如图 4-24 所示。

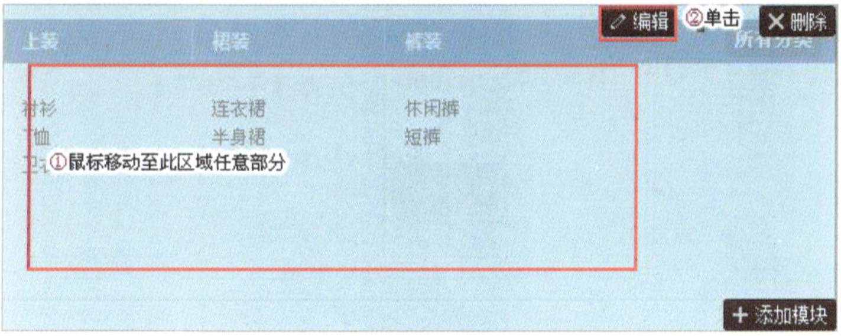

图 4-24 单击“编辑”按钮

步骤 4 在弹出的对话框中，单击“分类选择”按钮，如图 4-25 所示。

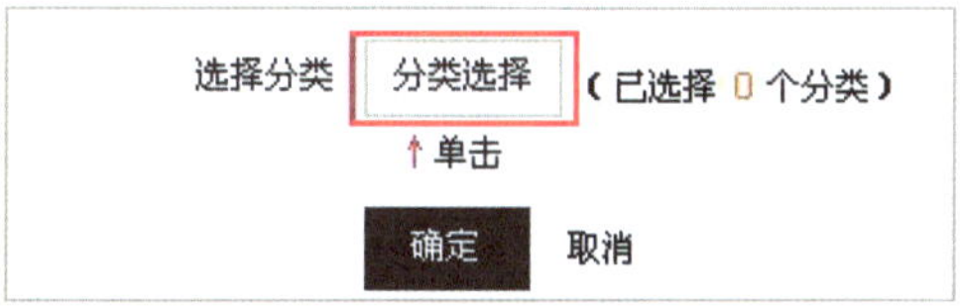

图 4-25 单击“分类选择”按钮

步骤 5　在弹出的“类目选择”对话框中，勾选想要在横向商品分类模块中显示的分类信息，单击“保存”按钮，如图 4-26 所示。

图 4-26　“类目选择”对话框

步骤 6　根据**步骤 5** 的操作，分类信息会在“宝贝设置”对话框中显示（已选择 7 个分类），证明操作成功，单击“确定”按钮即可，如图 4-27 所示。

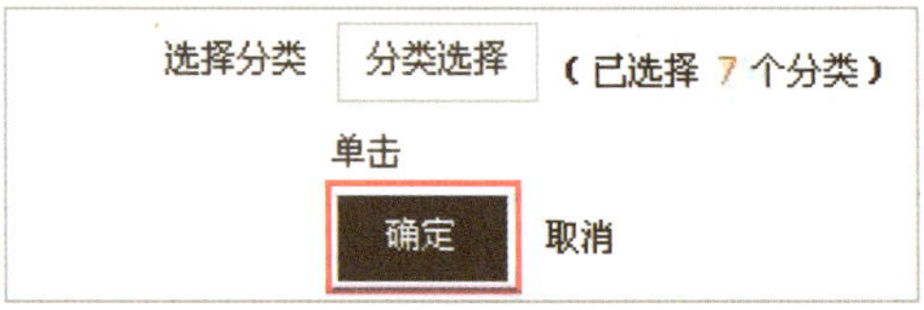

图 4-27　显示分类信息

步骤 7　横向商品分类模块最终显示效果如图 4-28 所示。

图 4-28　最终显示效果

4.2 导航模块

淘宝店铺导航模块是买家访问店铺的快捷通道。

4.2.1 认识旺铺专业版导航条

导航条可以方便买家从一个页面跳转到另一个页面，查看店铺的各类商品及信息。因此，提供有条理的导航能够保证更多页面被访问，使店铺中更多的商品信息、活动信息被买家发现，尤其是买家从宝贝详情页进入到其他页面，如果缺乏导航条的指引，将极大地影响店铺转化率。所以，一个好的导航条应该囊括以下信息：所有分类、首页、信用评价、活动先知道、品牌故事、帮助中心等重要内容，如图 4-29 所示。

图 4-29 导航条

4.2.2 在导航条上添加分类

设置好商品分类信息后，同样可以在导航条上添加分类信息，引导买家购物方向。具体操作步骤如下。

步骤 1 进入“店铺装修”页面，单击导航条右上角的“编辑”按钮，如图 4-30 所示。

图 4-30 单击“编辑”按钮

步骤 2 打开“导航”对话框，单击“导航设置”中的“添加”按钮，如图 4-31 所示。

步骤 3 在弹出的“宝贝分类”页面中，勾选想要在导航条中显示的分类信息，选好后，单击“确定”按钮，如图 4-32 所示。

步骤 4 成功添加宝贝分类后，单击“确定”按钮。“导航设置”页面中会显示对应的分类信息，如图 4-33 所示。

图 4-31　单击“添加”按钮

图 4-32　勾选分类信息

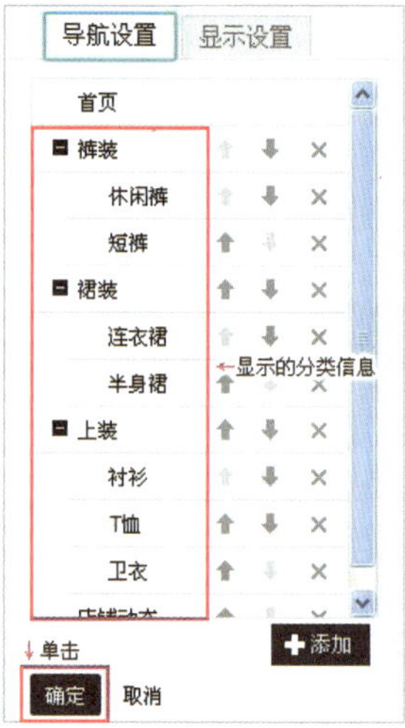

图 4-33　显示分类信息

步骤 5　添加宝贝分类信息到导航条的效果，如图 4-34 所示。

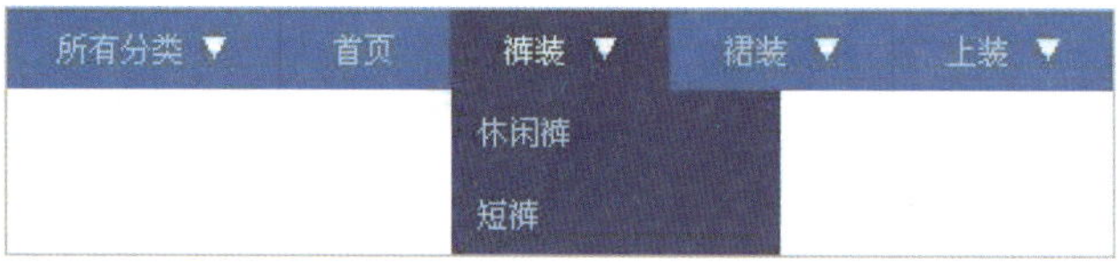

图 4-34　导航条显示效果

4.2.3　自定义导航页面

自定义导航页面用于展示促销活动、个性栏目、官方预置内容及设计师个性内容等，并在导航条上显示，让买家时刻关注店内动态。

具体操作步骤如下。

步骤 1 在“导航设置”页面中单击“添加”按钮，如图 4-35 所示。

图 4-35 单击“添加”按钮

步骤 2 在弹出的对话框中单击“页面”选项卡，单击“添加自定义页面”按钮，如图 4-36 所示。

图 4-36 单击“添加自定义页面”按钮

步骤 3 进入“新建页面”对话框，输入新建页面的各项信息（注意：页面名称不能超过 10 个字），单击“保存”按钮，如图 4-37 所示。

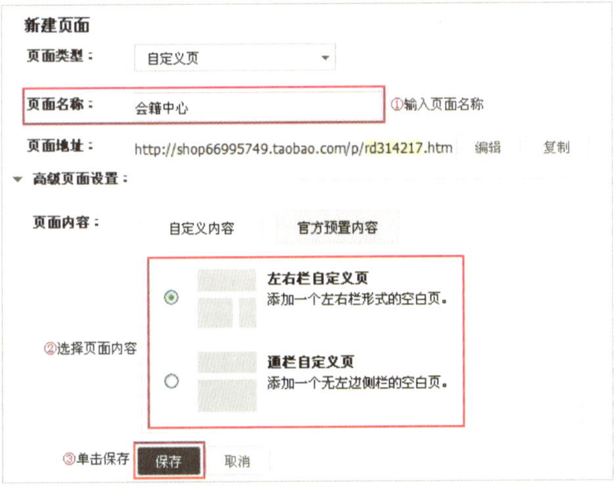

图 4-37 “新建页面”对话框

步骤 4 设置成功，返回到“页面”选项卡，勾选新建的“会籍中心”复选框，单击“确定”按钮，如图 4-38 所示。

图 4-38 勾选“会籍中心”复选框

步骤 5 重复**步骤 3** 至**步骤 4**，添加其他自定义页面，单击“发布”按钮，在首页显示效果如图 4-39 所示。

图 4-39 首页显示效果

经验分享

导航不能删除，高度不能低于 30 像素；自定义页面不支持设计师模块。

4.2.4 管理导航内容

管理导航内容包括移动导航区域上的内容顺序、删除导航区域上的内容、隐藏 / 展开两侧导航条。

1. 如何移动导航区域上的内容顺序

具体操作步骤如下。

步骤 1 进入“店铺装修”页面，单击导航条右上角的“编辑”按钮，单击“导航设置”选项卡，如图 4-40 所示。

步骤 2 在“导航设置”选项卡中，单击上下箭头按钮即可调整导航内容的顺序，如图 4-41 所示。

图 4-40 单击“导航设置”选项卡

图 4-41 上下移动导航内容

2. 如何删除导航区域上的内容

在“导航设置”选项卡中，单击“删除”按钮即可删除相应的导航内容，如图 4-42 所示。

图 4-42 删除导航内容

3. 如何隐藏 / 展开超出 950 像素宽度的导航条

具体操作步骤如下。

步骤 1 在旺铺专业版中单击“页面装修”按钮，如图 4-43 所示。

图 4-43 单击“页面装修”按钮

步骤 2 在“页面装修”页面单击“页面”按钮，如图 4-44 所示。

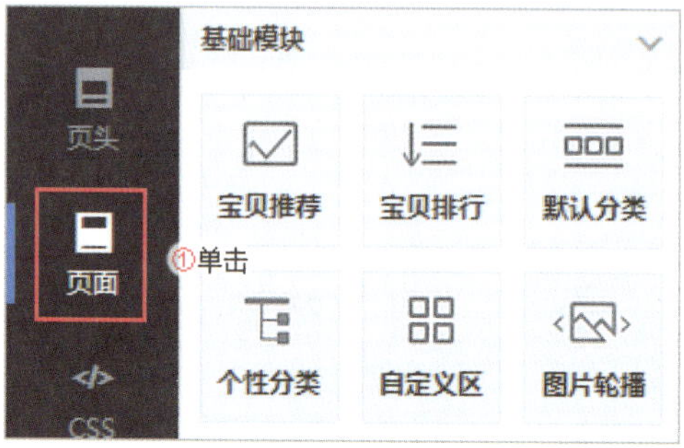

图 4-44 单击“页面”按钮

步骤 3 在“页面”选项卡中对页面背景图进行设置，单击“删除”按钮即可隐藏两侧导航条；单击“重置”按钮即可展开两侧导航条，如图 4-45 所示。

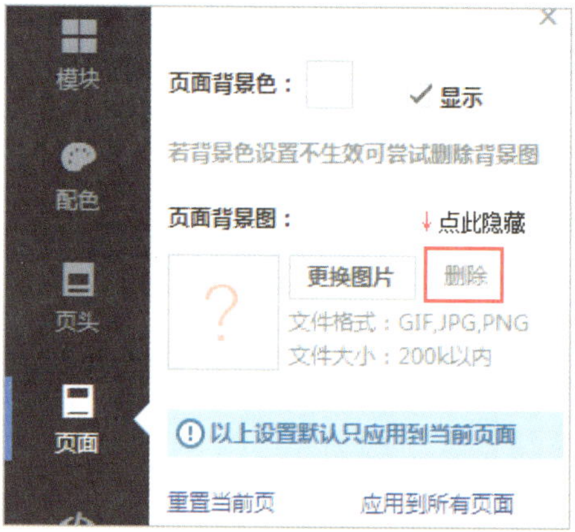

图 4-45 隐藏 / 展开两侧导航条

经验分享

导航区域需要放置店铺最重要的信息，最多可以添加 12 项一级内容，建议不超过 7 项。

4.3 友情链接模块

友情链接模块是店铺影响力扩大的必经途径，通过其他人的店铺为自己的店铺带来免费流量的同时达到宣传店铺的效果。

4.3.1 认识友情链接

旺铺专业版的友情链接模块不仅可以添加文字链接，还可以添加图片链接。但是，在淘宝的整个页面中，只可以出现一个友情链接模块，其大小可以是 190 像素，也可以是 950 像素。在友情链接模块中，除了可以添加淘宝店铺的链接地址，还可以添加天猫、一淘、聚划算、嗨淘、支付宝、阿里巴巴、新浪微博、人人网、豆瓣小站和网易微博等的链接地址。

4.3.2 添加友情链接模块

根据自己的店铺所需添加友情链接模块，在通栏中可添加 950 友情链接模块；在左侧栏中可添加 190 友情链接模块，操作步骤如下所示。

步骤 1 进入“店铺装修”页面，单击“模块”按钮，如图 4-46 所示。

图 4-46 单击“模块”按钮

步骤 2 在“模块”选项卡中，展开“基础模块”栏目，添加“友情链接”模块，如图 4-47 所示。

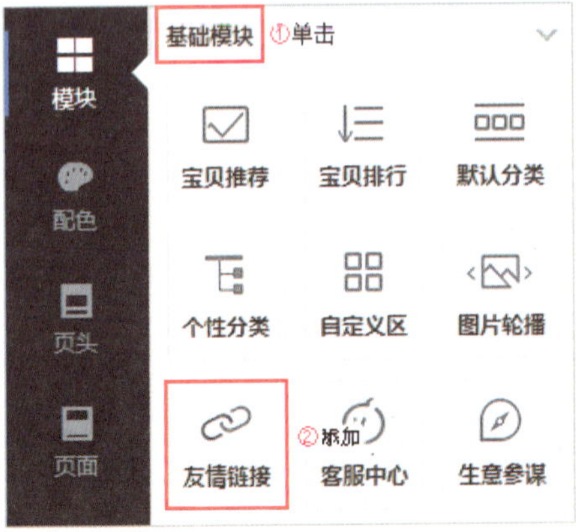

图 4-47 添加“友情链接”模块

步骤 3 190 友情链接模块添加效果如图 4-48 所示，950 友情链接模块添加效果如图 4-49 所示。

图 4-48 190 友情链接模块添加效果

图 4-49 950 友情链接模块添加效果

4.3.3 设置友情链接模块

友情链接模块分为文字和图文两种展现形式，下面分别进行介绍。设置文字展现形式的友情链接模块，具体操作步骤如下。

步骤 1 进入“店铺装修”页面，单击友情链接模块上的“编辑”按钮，如图 4-50 所示。

步骤 2 打开“内容设置”选项卡，在“链接类型”中选中“文字”单选项，如图 4-51 所示。

图 4-50 单击“编辑”按钮

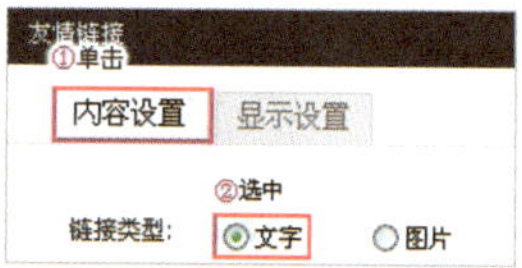

图 4-51 选中“文字”单选项

步骤 3 根据提示填写对应的文字信息即可，如图 4-52 所示。

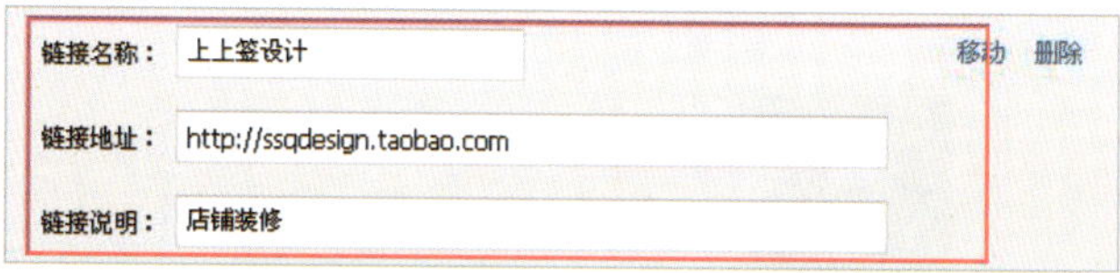

图 4-52 填写对应的文字信息

步骤 4 单击“添加”按钮，可以添加多个友情链接信息，如图 4-53 所示。

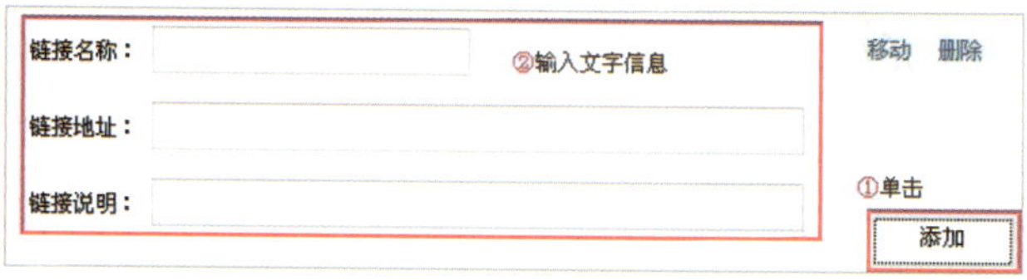

图 4-53 可以添加多个文字展现形式的友情链接

步骤5 添加完毕，单击“保存”按钮，文字展示形式的友情链接在首页显示效果如图4-54所示。

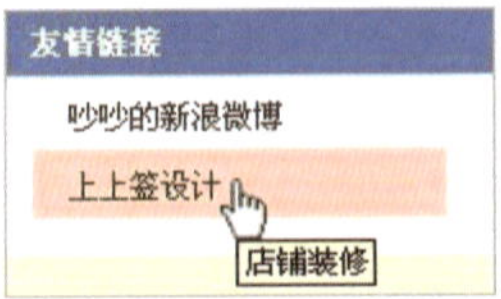

图 4-54 文字展现形式的友情链接

设置图文展现形式的友情链接模块，具体操作步骤如下。

步骤 1 进入“店铺装修”页面，单击友情链接模块上的“编辑”按钮，如图 4-50 所示。

步骤 2 打开“内容设置”选项卡，在“链接类型”中选中“图片”单选项，如图 4-55 所示。

图 4-55 选中“图片”单选项

步骤 3 单击“插入图片空间图片”按钮，在弹出的“图片空间”对话框中选择要插入的图片，图片尺寸为 180 像素 ×30 像素，如图 4-56 所示。

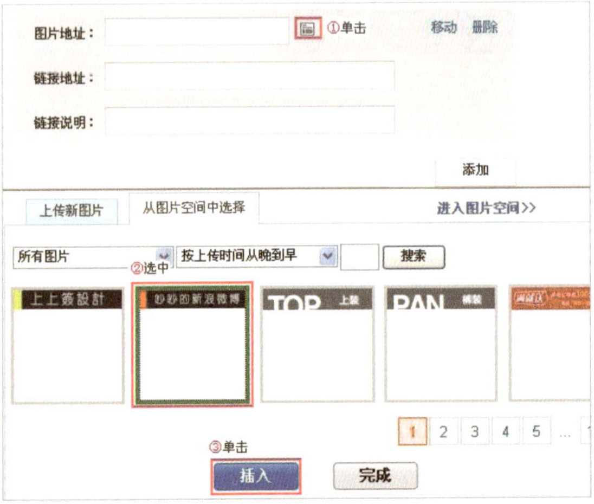

图 4-56 插入图片

步骤 4 插入图片后会显示图片的地址，表明成功插入图片，然后根据文字信息填写其他相关文字内容，如图 4-57 所示。

图 4-57 填写其他相关文字内容

步骤 5 单击"添加"按钮，可以添加多个图文展现形式的友情链接，如图 4-58 所示。

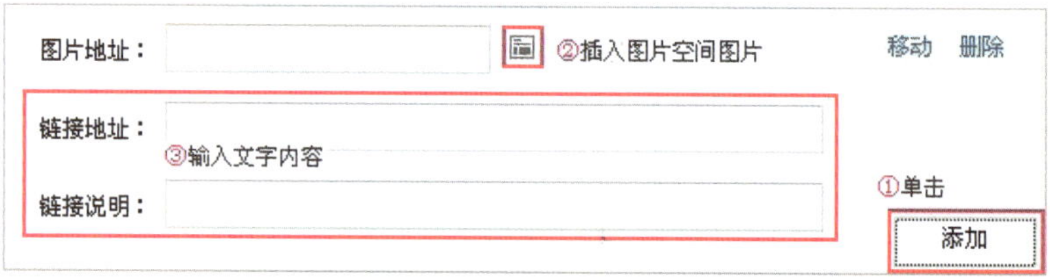

图 4-58 可以添加多个图文展现形式的友情链接

步骤 6 全部添加好后，单击"保存"按钮，图文展现形式的友情链接在首页显示效果如图 4-59 所示。

图 4-59 图文展现形式的友情链接

4.4 收藏模块

收藏模块是为了方便买家再次购物直接从收藏的店铺中找到自己的店铺而设置的，收藏信息在店铺中也是很常见的，通常在首页的店招上、左侧的模块中、淘宝店铺的各个页面的不同位置都可以看到，如图 4-60 所示。

图 4-60 收藏模块

4.4.1 制作收藏图片

在这里要制作的收藏图片，是淘宝中最常用的左侧收藏图片，可以添加到淘宝店铺不同页面的左侧栏，它的宽度尺寸为 190 像素，高度虽然不限制，但是不建议做得太高，会影响首页的美观。

具体操作步骤如下。

步骤 1 执行“文件→新建”命令，新建一个 190 像素 ×200 像素的空白文档，如图 4-61 所示。

步骤 2 在“图层”面板中，单击“创建新图层”按钮创建“图层 1”图层，如图 4-62 所示。

图 4-61 新建空白文档

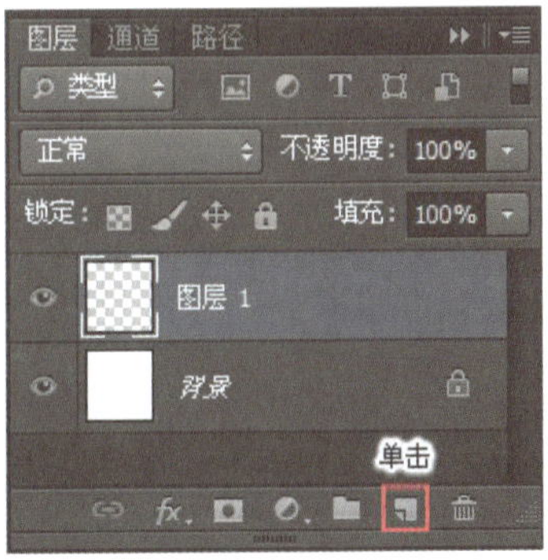

图 4-62 创建“图层 1”图层

步骤 3　在工具箱中单击“矩形选框工具”按钮，在文档下方绘制矩形选框，如图 4-63 所示。

步骤 4　设置前景色色值为 #db2011，在工具箱中单击“油漆桶工具”按钮，为矩形选框填充颜色，填充成功后，按【Ctrl+D】快捷键取消选区，如图 4-64 所示。

图 4-63　绘制矩形选框

图 4-64　为矩形选框填充颜色

步骤 5　在工具箱中单击“圆角矩形工具”按钮，设置工具选项栏参数，填充颜色值为 #ffffff、描边颜色值为 #cccccc、描边大小为 1 点、描边选项为直线、半径为 8 像素，如图 4-65 所示。

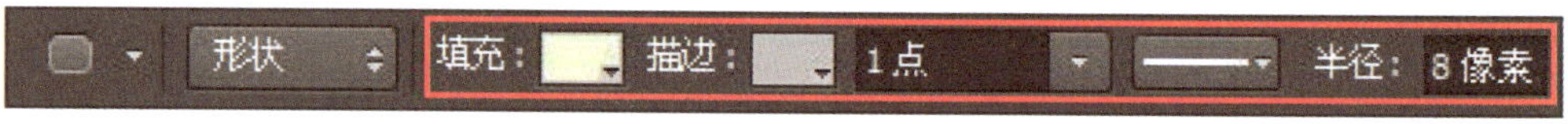

图 4-65　设置工具选项栏参数

步骤 6　根据步骤 5 的操作，在文档上绘制圆角矩形形状，如图 4-66 所示。

步骤 7　在工具箱中单击“文字工具”按钮，分别输入以下文字内容：“吵吵小店”、“用心为顾客服务”、“100%”、“正品”、“100%”、“保障”、“收藏本店”和“立减一元”，并按照图中位置排列，如图 4-67 所示。

步骤 8　在“图层”面板中，选中“用心为顾客服务”文字图层，单击“添加图层样式”按钮，在弹出的下拉菜单中选择“渐变叠加”样式，如图 4-68 所示。

步骤 9　在弹出的“渐变叠加”样式的图层样式对话框中，单击渐变条，打开“渐变编辑器”对话框，如图 4-69 所示。

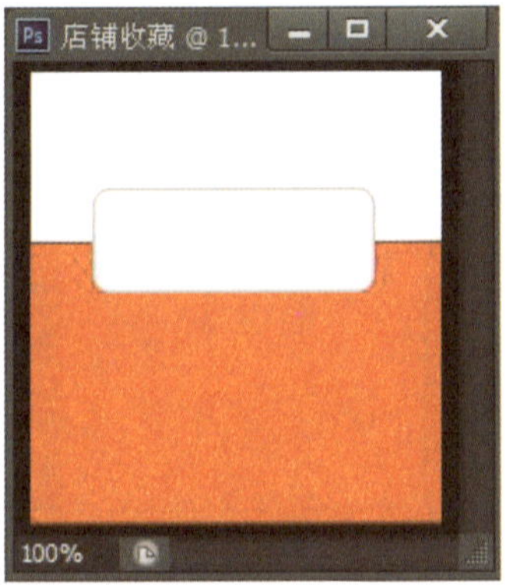

图 4-66 绘制圆角矩形形状

图 4-67 输入内容并排列

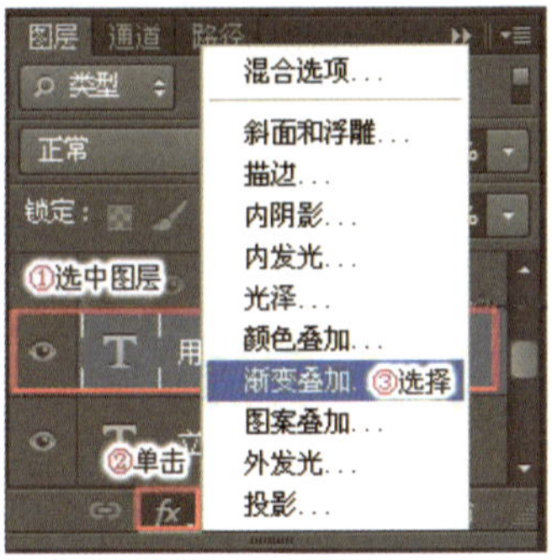

图 4-68 选择“渐变叠加”样式

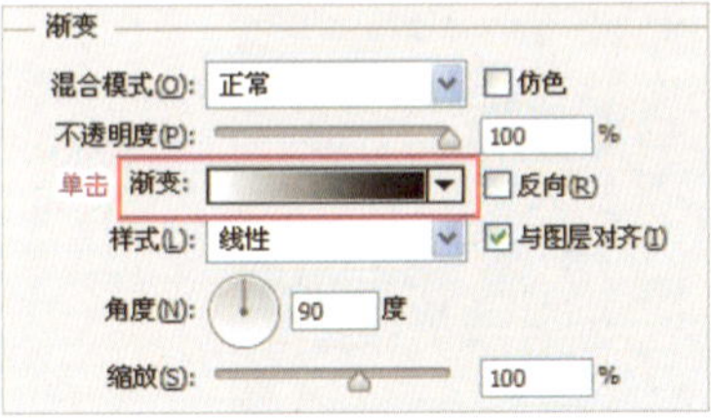

图 4-69 “渐变叠加”样式的图层样式对话框

步骤 10 在“预设”区域下选择“紫、绿、橙渐变”样式，单击“确定”按钮，如图 4-70 所示。

图 4-70 选择“紫、绿、橙渐变”样式

步骤 11 根据步骤 10 的操作，文字“用心为顾客服务”会出现渐变效果，如图 4-71 所示。

步骤 12 重复步骤 8 至步骤 10，分别为两个“100%”字样添加“渐变叠加”样式中的“黄、紫、橙、蓝渐变”效果，如图 4-72 所示。

步骤 13 在“图层”面板中，选中“吵吵小店”文字图层，按【Ctrl+J】快捷键，在“图层”面板中生成“吵吵小店 副本”图层，并选中它，如图 4-73 所示。

图 4-71　出现渐变效果

图 4-72　添加“黄、紫、橙、蓝渐变”效果

步骤 14　在“编辑”菜单中执行“变换→垂直翻转”命令，如图 4-74 所示。

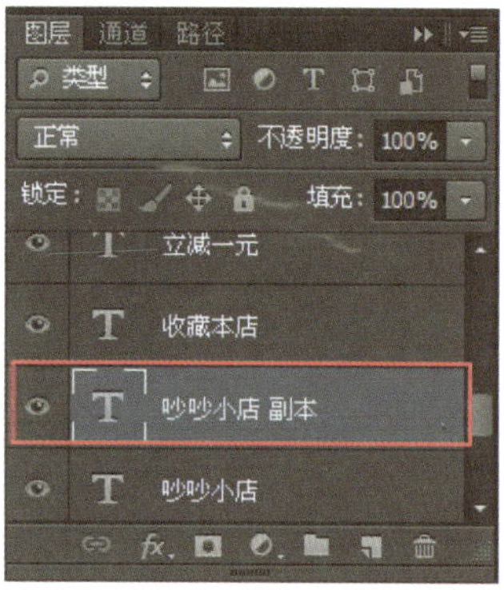

图 4-73　生成“吵吵小店 副本”图层

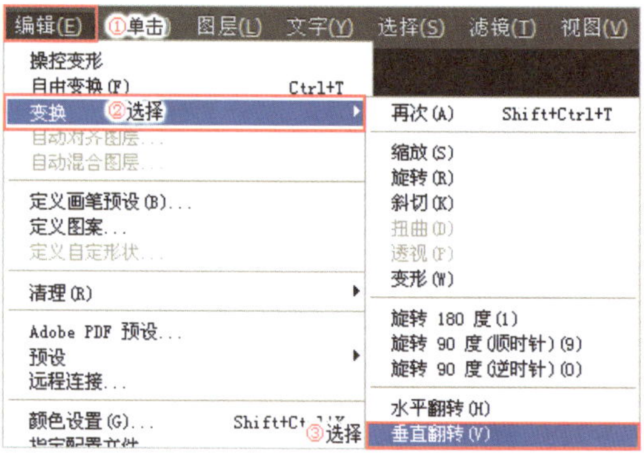

图 4-74　执行“变换→垂直翻转”命令

步骤 15　将“吵吵小店 副本”图像移动至“吵吵小店”图像下方，如图 4-75 所示。

步骤 16　在“图层”面板中，选中“吵吵小店 副本”图层后单击鼠标右键，在弹出的快捷菜单中执行“栅格化文字”命令，如图 4-76 所示。

步骤 17　在工具箱中单击“橡皮擦工具”按钮，在工具选项栏中单击打开“画笔预设”选取器，设置画笔大小为 125 像素、画笔硬度为 0%，如图 4-77 所示。

步骤 18　单击鼠标左键，在“吵吵小店 副本”图像上来回涂抹，并擦去图像下半部，使其呈现倒影效果，如图 4-78 所示。

步骤 19　在“图层”面板中，选中“吵吵小店 副本”图层，降低其不透明度至 70%，如图 4-79 所示。

图 4-75 移动“吵吵小店副本”图像

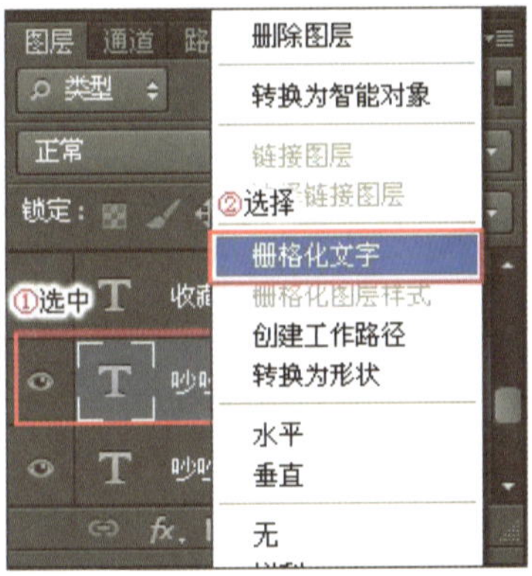

图 4-76 执行“栅格化文字”命令

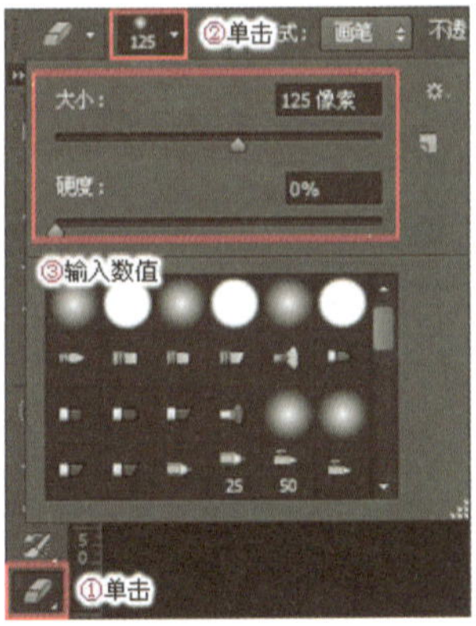

图 4-77 “画笔预设”参数设置

图 4-78 呈现倒影效果

步骤 20 根据**步骤 19** 的操作，完成左侧收藏图片的最终制作效果，如图 4-80 所示。

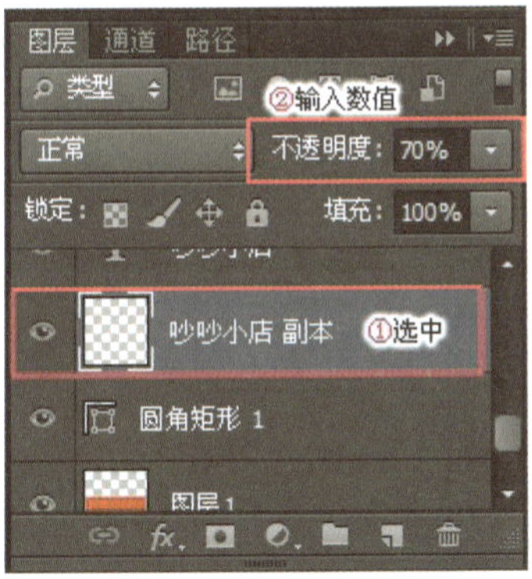

图 4-79 降低不透明度至 70%

图 4-80 最终制作效果

步骤 21　最后将图像保存为 JPEG 格式。

经验分享

可以根据动态公告栏的制作方法将“收藏本店”4个字做成动态效果，吸引买家的注意力。

4.4.2　添加收藏模块

添加收藏模块不能只是在收藏模块中插入图片，还需要为图片添加一段代码，这样买家在单击的时候才能弹出收藏对话框。

具体操作步骤如下。

步骤 1　将收藏图片上传到图片空间，上传效果如图 4-81 所示。

步骤 2　进入“店铺装修”页面，单击“模块”按钮，如图 4-82 所示。

图 4-81　上传效果

图 4-82　单击“模块”按钮

步骤 3　在“模块”选项卡中，展开“基础模块”栏目，添加“自定义区”模块，如图 4-83 所示。

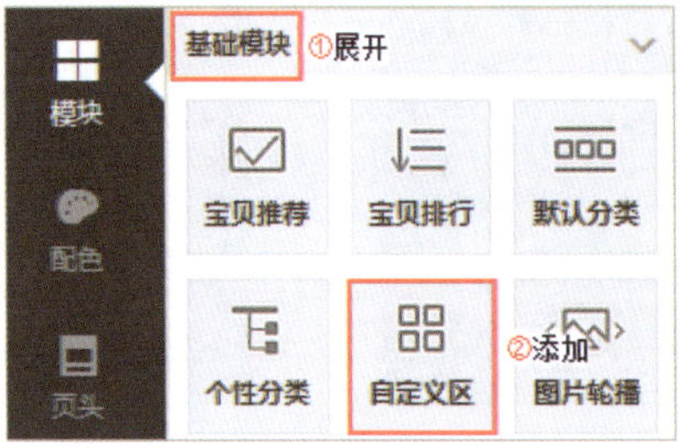

图 4-83　添加“自定义区”模块

步骤 4 将鼠标移动至“自定义区”模块上，单击“编辑”按钮，如图 4-84 所示。

步骤 5 弹出“自定义区”编辑器，单击“源码”按钮，如图 4-85 所示。

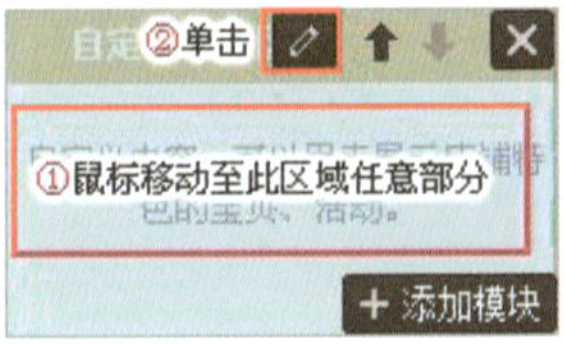

图 4-84 单击“编辑”按钮

图 4-85 单击“源码”按钮

步骤 6 在进入“源码”编辑界面后输入以下代码（代码需在英文输入法状态下输入），如图 4-86 所示。

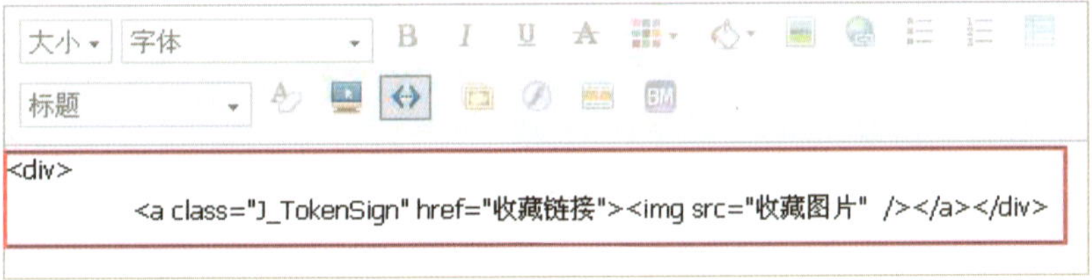

图 4-86 输入代码

步骤 7 输入代码后，需要将代码中的“收藏链接”字样用链接地址替换，打开自己的店铺首页，用鼠标单击右上角的“收藏”下拉按钮，如图 4-87 所示。

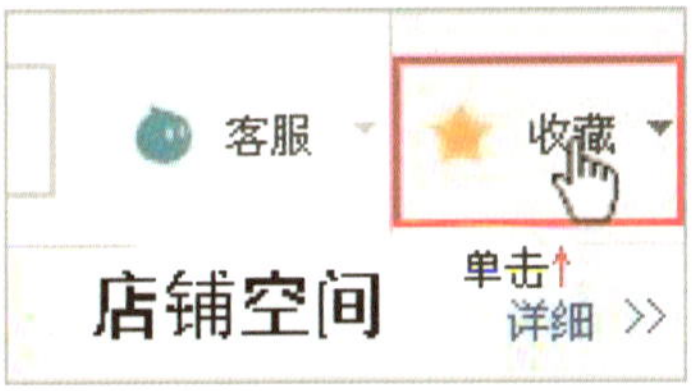

图 4-87 单击“收藏”下拉按钮

步骤 8 弹出收藏面板，使用鼠标右键单击“立即收藏”按钮，在弹出的快捷菜单中选择“属性”命令，如图 4-88 所示。

步骤 9 弹出“属性”对话框，单击以“http://favorite.taobao.com”开头的链接地址，使用【Ctrl+A】快捷键全选链接地址，使用【Ctrl+C】快捷键复制链接地址，复制成功后直接关闭“属性”对话框，如图 4-89 所示。

图 4-88　选择“属性”命令

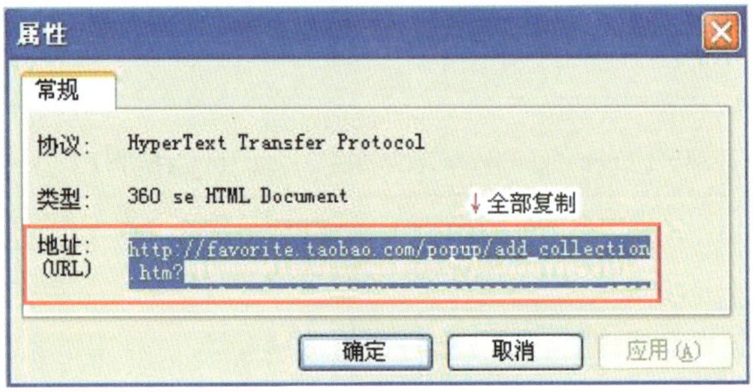

图 4-89　复制链接地址

步骤 10　返回到“源码”编辑界面，选中“收藏链接”4 个字，注意不要选中其他符号，如图 4-90 所示。

图 4-90　选中“收藏链接”4 个字

步骤 11　使用【Ctrl+V】快捷键粘贴链接地址，用链接地址替换“收藏链接”文字，如图 4-91 所示。

步骤 12　替换好“收藏链接”文字后，开始替换“收藏图片”文字，在“图片空间”中单击“复制链接”按钮，如图 4-92 所示。

图 4-91 替换“收藏链接”文字

图 4-92 单击“复制链接”按钮

步骤 13 返回到“源码”编辑界面，选中“收藏图片”4 个字，使用【Ctrl+V】快捷键粘贴图片地址，如图 4-93 所示。

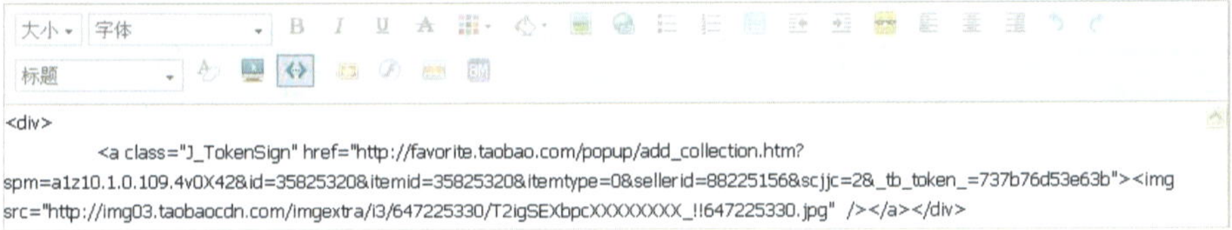

图 4-93 替换“收藏图片”文字

步骤 14 在“显示标题”区域中选中“不显示”单选项，如图 4-94 所示。

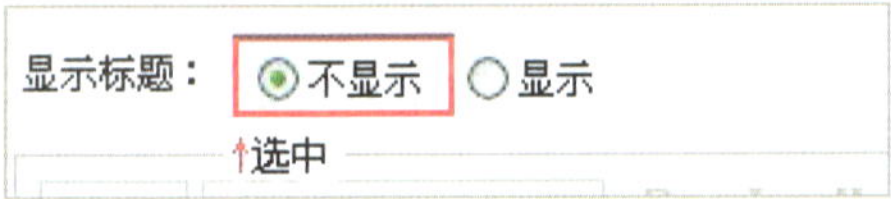

图 4-94 选中“不显示”单选项

步骤 15 根据**步骤 14** 的操作，单击“确定”按钮保存收藏模块，然后单击“发布”按钮，可以在首页查看收藏模块的最终效果，如图 4-95 所示。

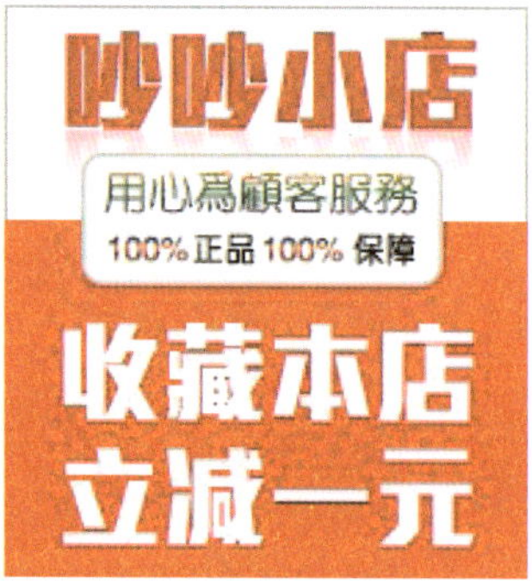

图 4-95　收藏模块的最终效果

经验分享

收藏模块的制作不要单纯只写“收藏本店”字样，需要多加一些诱惑性的字眼，比如说“收藏就送礼品”、“收藏立减一元” 等。

4.5　搜索模块

搜索模块在买家想要定位搜索商品信息时起到了至关重要的作用。

4.5.1　认识搜索模块

搜索模块让买家可以通过输入关键词、价格范围来搜索店内商品。通常在首页店招的下方、左侧栏、页尾等不同位置都可以看到。搜索模块是比较单一化的，不可更改其外观设置，只有购买装修市场模板，美观程度才会有所变化。搜索模块的主要功能就是方便买家快速定位所需商品信息，例如，输入“￥20 - ￥50”，那么在店铺中搜索出来的商品价格范围就是在 20 元至 50 元之间的，包括 20 元和 50 元的商品，如图 4-96 所示。

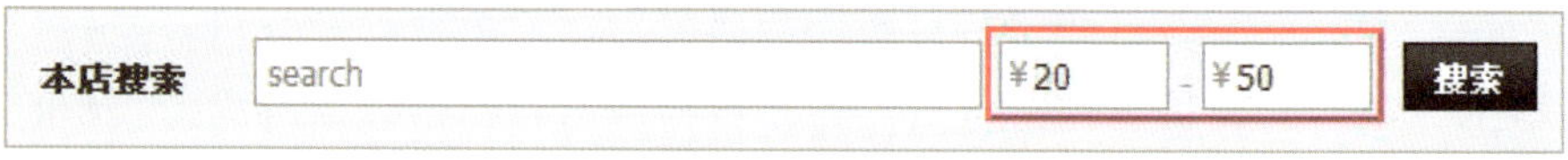

图 4-96　搜索模块

4.5.2 设置搜索模块内容

了解搜索模块后，该如何添加并且设置搜索模块的内容呢？具体操作步骤如下。

步骤 1 进入“店铺装修”页面，单击“模块”按钮，如图 4-97 所示。

步骤 2 在“模块”选项卡中，展开“基础模块”栏目，添加“宝贝搜索”模块，如图 4-98 所示。

图 4-97 单击“模块”按钮

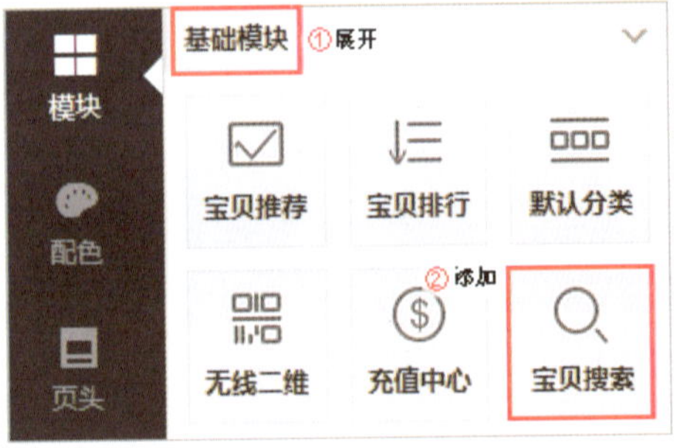

图 4-98 添加“宝贝搜索”模块

步骤 3 将鼠标移动至“搜索店内宝贝”模块上，单击右上角的“编辑”按钮，弹出“搜索店内宝贝”对话框，根据文字提示输入信息，单击“保存”按钮，如图 4-99 所示。

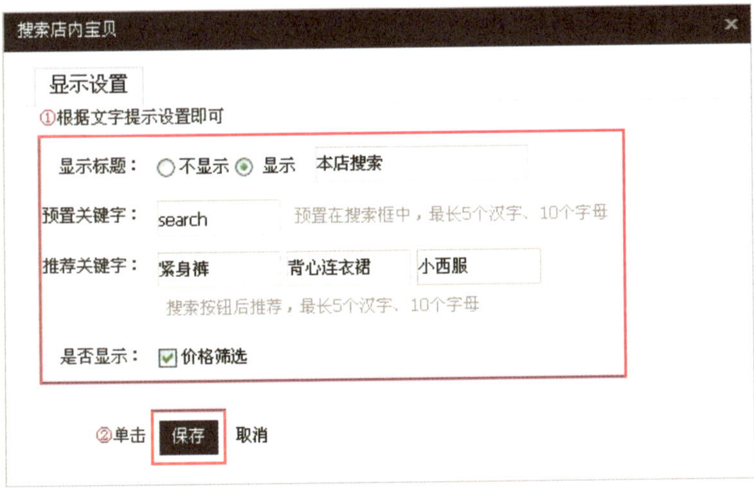

图 4-99 根据文字提示输入信息

步骤 4 根据步骤 3 的操作，单击“发布”按钮，在首页的显示效果如图 4-100 所示。

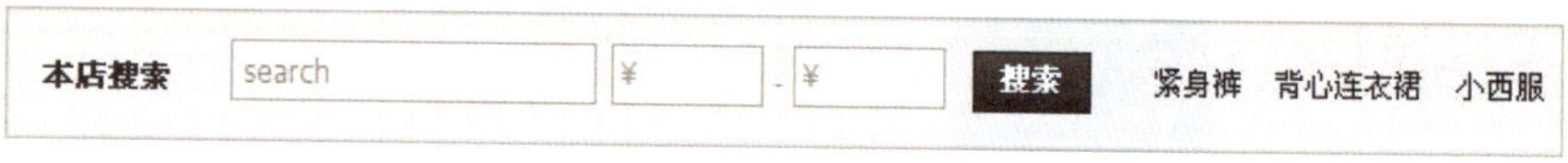

图 4-100　首页显示效果

经验分享

注意“推荐关键字”要根据店内的实际情况进行填写。例如，商品标题中包含“日韩女装”字样，这里就不要写“日韩风格女装”，否则买家是搜索不到的。

第5章 店铺装修的营销功能

5.1 客服无处不在

客服是买家咨询商品信息以及与卖家沟通的重要途径。旺铺专业版中除了设置基础客服模块，还设置了顶端客服模块和悬浮客服模块，并且可以出现在店铺首页、列表页、自定义等页面。客服模块多处显示，提升了买家购物的便捷性。

5.1.1 设置子账号/E客服

子账号也称E客服，是淘宝网及天猫提供给卖家的一体化员工账号服务。卖家通过对员工子账号的统一配置管理，实现员工客服旺旺分流、角色权限分工、操作统一监控等功能。根据卖家信用等级，可以获赠相应数量的子账号，赠送的子账号可以使用1年。子账号有很多细节化的功能，在此只对设置子账号功能进行简单讲解，想要进一步了解可以到淘宝网服务中心进行查询。设置子账号的步骤如下。

步骤1 进入“卖家中心”页面，在“店铺管理”下执行“子账号管理”命令，如图5-1所示。

步骤2 第一次进入“子账号管理”页面时，会显示“您还未领取或订购子账号，请先领取或订购子账号服务”字样，如图5-2所示。

步骤3 在基础版区域内，单击“领取”按钮，领取子账号，如图5-3所示。

步骤4 弹出“领取基础版”对话框，仔细阅读子账号基础版服务协议后，勾选“我已阅读并同意子账号基础版服务协议”复选框，然后单击“确定”按钮，如图5-4所示。

图 5-1 执行“子账号管理”命令

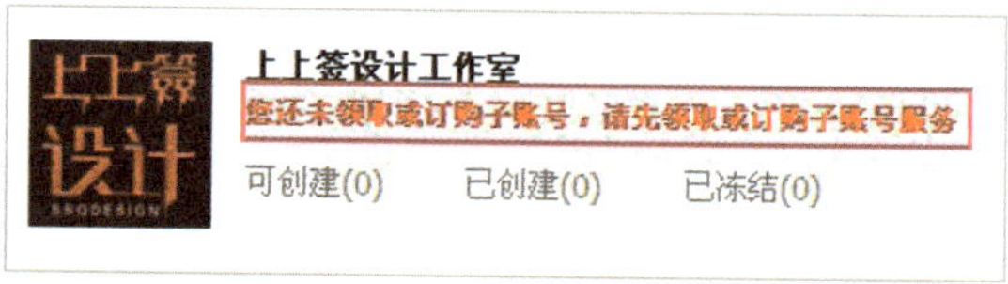

图 5-2 显示提示信息

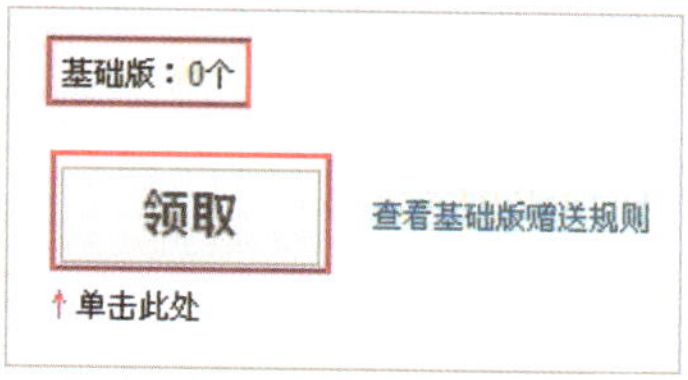

图 5-3 单击“领取”按钮

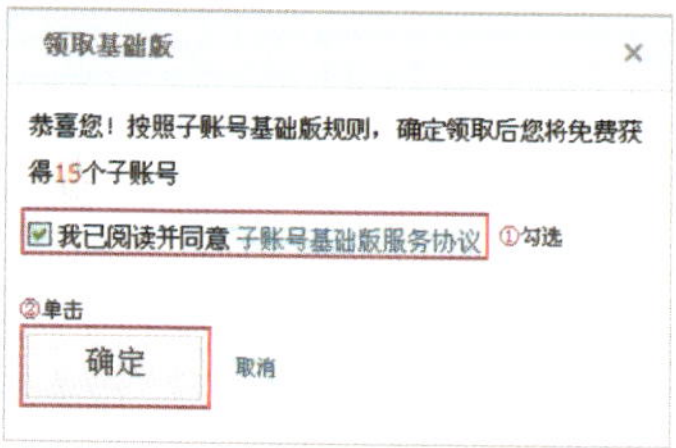

图 5-4 “领取基础版”对话框

步骤 5 领取成功后，单击“员工授权”按钮，进入“员工授权”页面，如图 5-5 所示。

步骤 6 在“员工授权”页面中，单击“角色管理”按钮，如图 5-6 所示。

图 5-5 单击“员工授权”按钮

图 5-6 单击“角色管理”按钮

步骤 7 弹出“体验默认角色”对话框，单击“不用了，我知道如何使用”按钮，如图 5-7 所示。

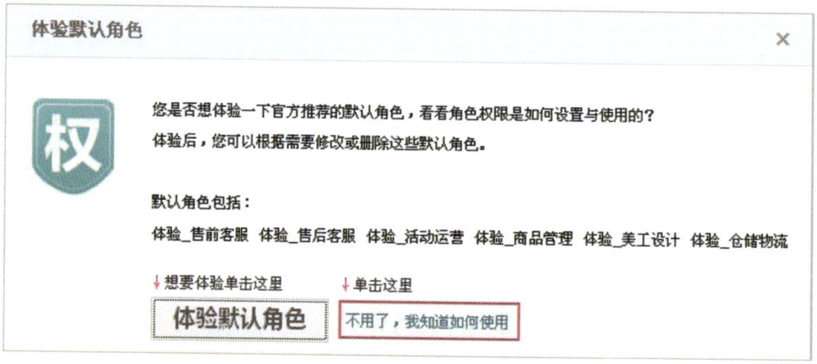

图 5-7 “体验默认角色”对话框

步骤 8 单击“新建”按钮，在弹出的面板中输入“售前”文字，如图 5-8 所示。

步骤 9 双击“售前”文字，进入“权限总览”设置页面，如图 5-9 所示。

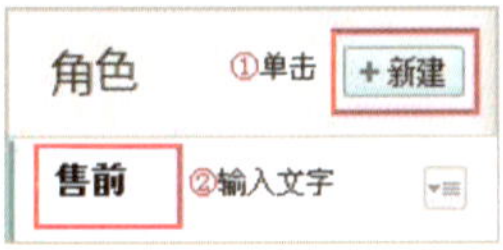

图 5-8 输入“售前”文字

图 5-9 进入“权限总览”设置页面

步骤 10 在“权限总览”设置页面，单击右侧的“编辑”按钮，如图 5-10 所示。

图 5-10 单击“编辑”按钮

步骤 11 进入“官方功能”设置页面，勾选想要授权给售前子客服的权限，单击“保存”按钮，如图 5-11 所示。

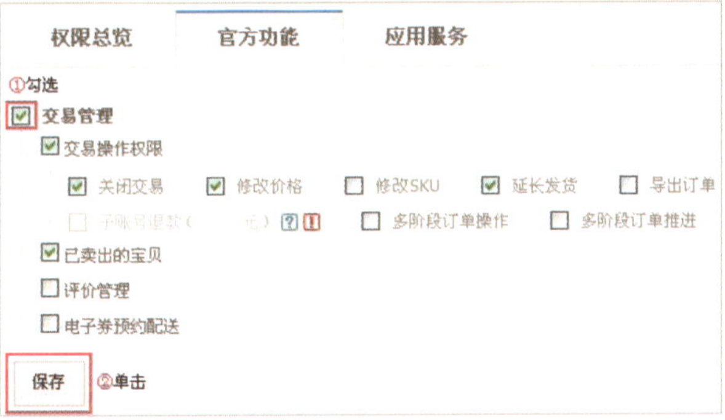

图 5-11 “官方功能”设置页面

步骤 12 设置好后，单击“组织管理”按钮，进入“组织管理”页面，如图 5-12 所示。

图 5-12 单击“组织管理”按钮

步骤 13 单击“部门”面板中的“客服”部门，如 5-13 所示。

步骤 14 进入“客服”部门设置页面，单击“新建员工”按钮，如图 5-14 所示。

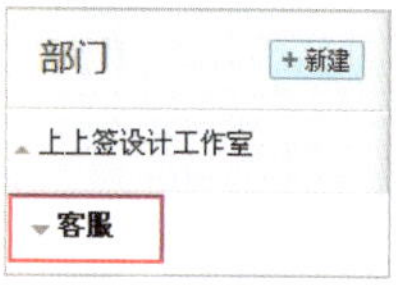

图 5-13 单击“客服”部门

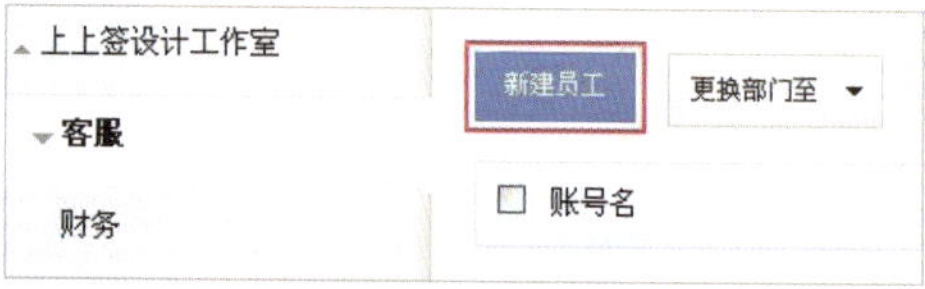

图 5-14 单击“新建员工”按钮

步骤 15 在弹出的对话框中，根据文字提示填写对应的信息，* 号为必填内容，其他可以选填。在“使用角色授权”下勾选“售前”复选框，那么该子账号就被赋予售前的所有权限；子账号的名称均为你的旺旺 ID：XX（XX 为你可以填入的名称），全部填写完毕后，将页面拖动到最下方，单击“确认提交”按钮，如图 5-15 所示。

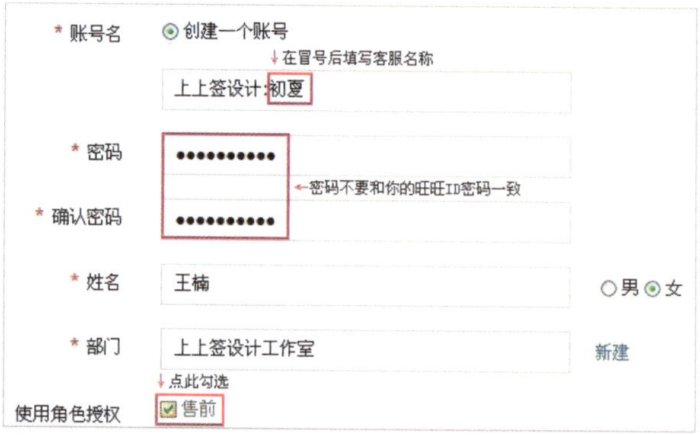

图 5-15 根据文字提示填写对应信息

步骤 16 重复**步骤** 6 至**步骤** 15，创建所需子账号。

步骤 17 在首页单击“旺旺分流”按钮，进入“旺旺分流”设置页面，如图 5-16 所示。

步骤 18 在“旺旺分流”设置页面，单击“分流启动”按钮，如图 5-17 所示。

图 5-16 单击“旺旺分流”按钮

图 5-17 单击“分流启动”按钮

步骤 19 在“分流启动”设置页面，单击“分流状态”下的启动按钮，将子客服的状态更改为分流状态，如图 5-18 所示。

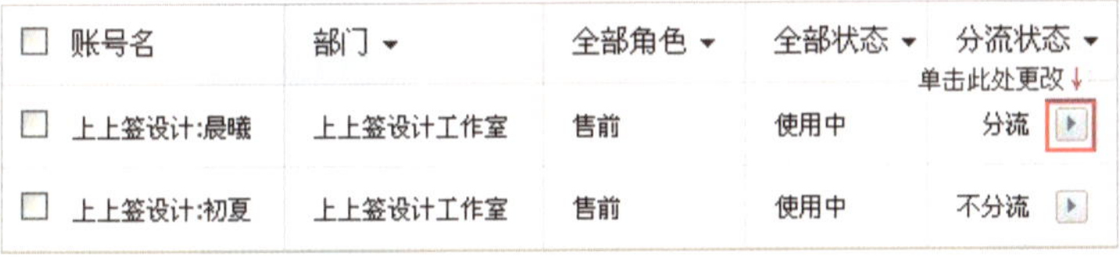

图 5-18　更改为分流状态

经验分享

子账号的名称创建好以后是不能更改的，建议子账号名称最好具有特点。可以使用星座的名称来命名子账号，也可以用花的名称，这样子账号名称不但有新意，还让买家容易记忆，一举两得。只有分流状态的子账号，才能收到买家的旺旺信息。

5.1.2　添加左侧客服中心

左侧客服中心的添加是提高与买家沟通的重要操作，在不同页面添加左侧客服中心，会提升买家点击客服的行为，而买家对商品进行咨询，就会提高购买的概率。在左侧客服中心模块中，不仅可以添加客服头像，还可以添加卖家的工作时间、联系方式和旺旺分组信息。具体操作步骤如下。

步骤 1　从进入“店铺装修”页面，单击“模块”按钮，如图 5-19 所示。

图 5-19　单击“模块”按钮

步骤 2　在“模块”选项卡中，展开“基础模块”栏目，添加“客服中心”模块，如图 5-20 所示。

步骤 3　将鼠标移动至“客服中心”模块上，单击“编辑”按钮，如图 5-21 所示。

步骤 4　弹出“客服中心”对话框，设置工作时间，单击下拉按钮根据自己的实际工作时间进行设置。如果不想在“客服中心”模块上显示工作时间，取消勾选“显示”复选框即可，如图 5-22 所示。

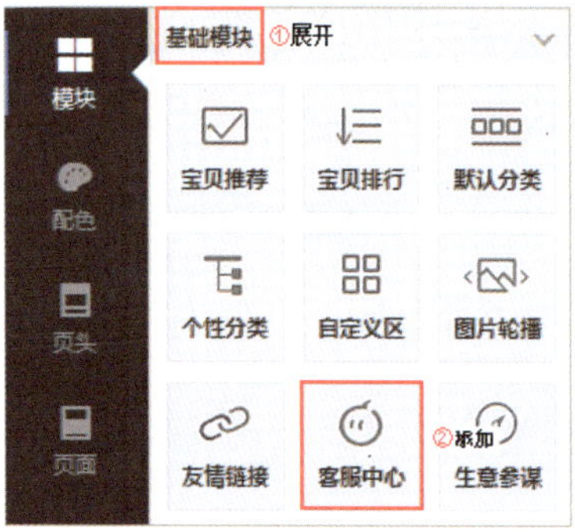

图 5-20　添加“客服中心”模块

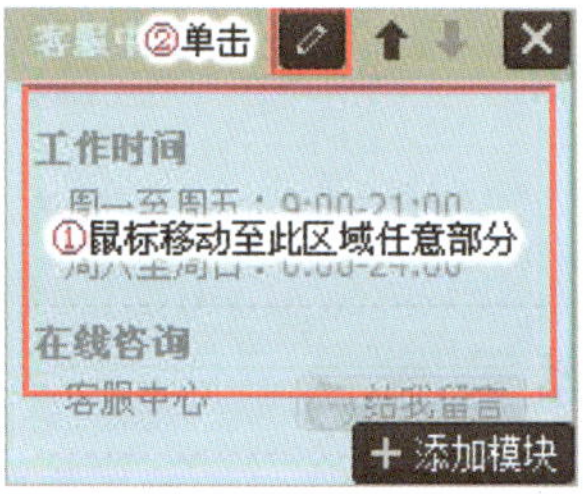

图 5-21　单击“编辑”按钮

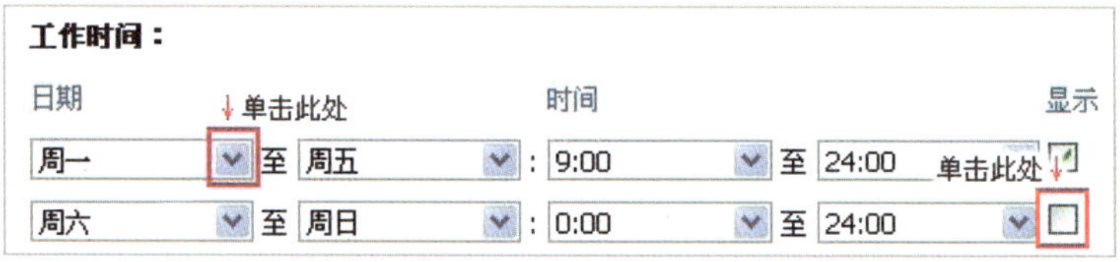

图 5-22　设置工作时间

步骤 5　单击“E 客服管理”文字链接，跳转到“旺旺分流”设置页面，如图 5-23 所示。

图 5-23　单击“E 客服管理”文字链接

步骤 6　在“旺旺分流”设置页面，单击“分流组”右侧的“新建”按钮，输入“售前”文字，如图 5-24 所示。

步骤 7　根据**步骤 6** 分别新建“售前”、“售后”和“查单”3 个分流组，如图 5-25 所示。

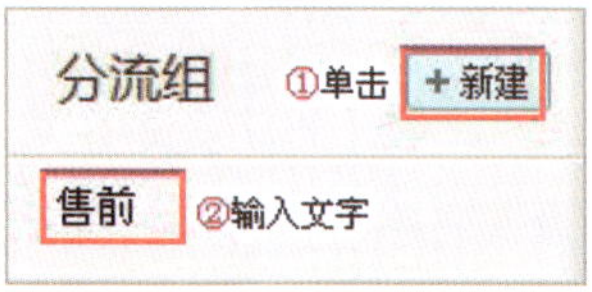

图 5-24　输入“售前”文字

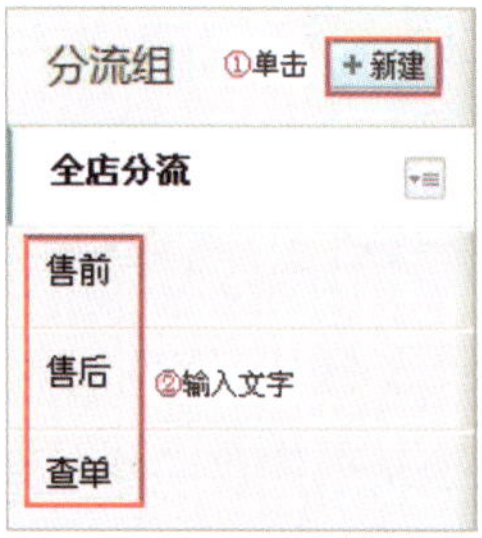

图 5-25　新建 3 个分流组

步骤 8　将鼠标放置在其中一个子客服的“分流方式”框内，单击“修改”链接，修改分流方式，如图 5-26 所示。

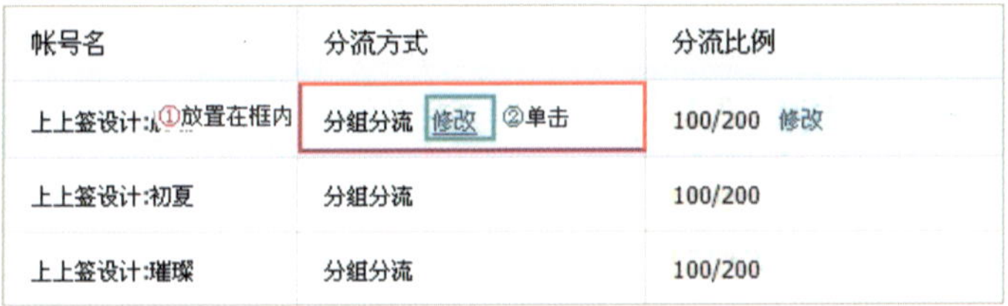

图 5-26　修改分流方式

步骤 9　在弹出的“修改分流方式”对话框中，选中“只参加分组分流”单选项，在“分流所在组”下拉列表框中选择“售前”选项，如图 5-27 所示。

步骤 10　设置好后单击“确定”按钮，根据**步骤 8** 和**步骤 9** 更改其他客服分流所在组。全部设置好后，单击“同步到店铺”按钮，如图 5-28 所示。

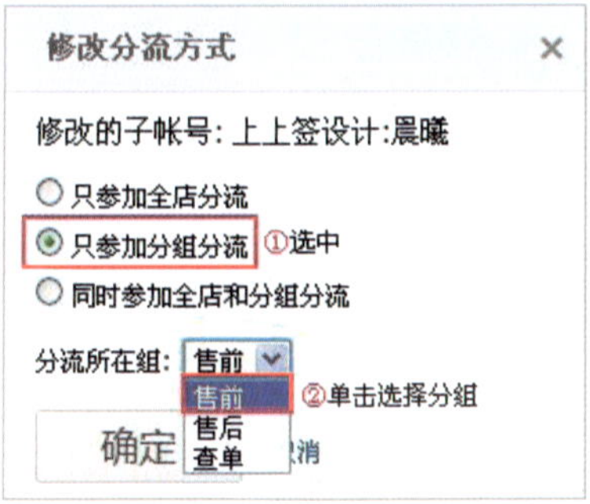

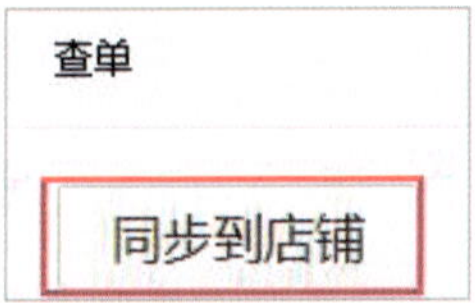

图 5-27　“修改分流方式”对话框　　图 5-28　单击“同步到店铺”按钮

步骤 11　返回“店铺装修”页面，按【F5】键刷新页面，重新打开“客服中心”对话框，可以看到设置的分组显示在对话框内，如图 5-29 所示。

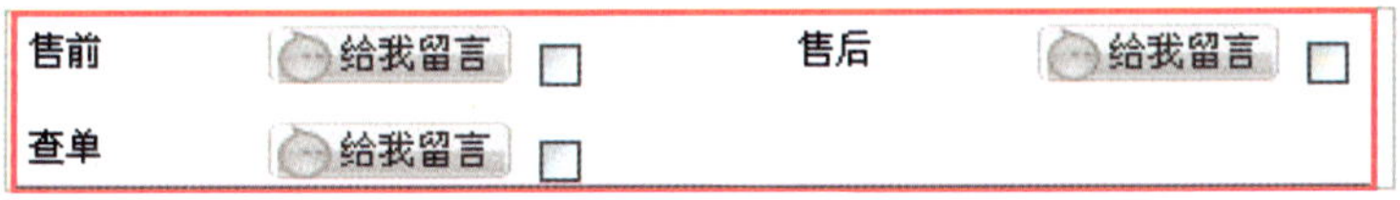

图 5-29　分组显示

步骤 12　勾选相应的复选框，子账号将在“客服中心”模块中显示，如图 5-30 所示。

步骤 13　根据提示填入联系方式并且勾选相应的复选框，如图 5-31 所示。

图 5-30　勾选相应的复选框

图 5-31　填入联系方式并勾选相应的复选框

步骤 14　设置完毕，单击“保存”按钮，在首页的显示效果如图 5-32 所示。

图 5-32　首页显示效果

经验分享

已开通子账号的可以设置旺旺分组，如售前、售后、查单等；未开通子账号的将无法设置，客服中心上只显示主账号旺旺。开通的子账号必须登录才会显示在线状态，未登录显示离线状态。

5.1.3　悬浮客服的设置

悬浮客服实现了客服无处不在的购物体验，每拖动一次页面，左侧悬浮客服也会跟随到该位置，让买家可以随时咨询了解商品信息。悬浮客服是淘宝官方统一设置的风格，不可以进行更改，在悬浮客服的模块中含有“回顶部”功能，更加方便了买家的操作。悬浮客服的设置跟左侧客服中心的设置相同，不同的是，设置悬浮客服可以同步到页头客服，具体操作如下。

步骤 1 进入“店铺装修”页面，在页面右侧找到悬浮客服模块，将鼠标放置在“悬浮客服”模块上，单击“编辑”按钮，如图 5-33 所示。

步骤 2 弹出“悬浮客服”对话框，根据文字提示信息进行设置后，单击“保存”按钮，如图 5-34 所示。

图 5-33 单击“编辑”按钮

图 5-34 “悬浮客服”对话框

步骤 3 悬浮客服在首页的显示效果，如图 5-35 所示。同步到页头客服显示效果，如图 5-36 所示。

图 5-35 首页显示效果

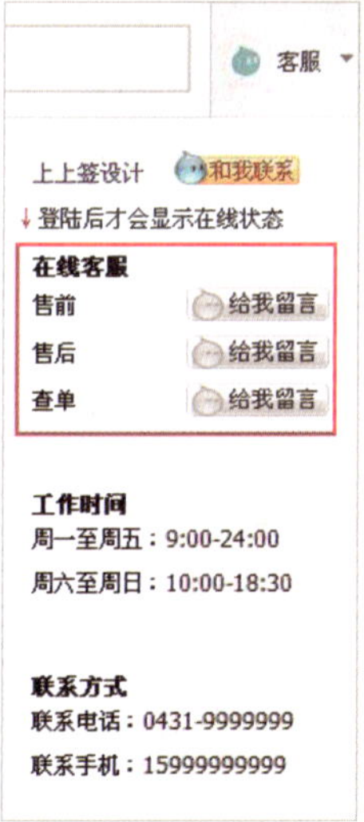

图 5-36 同步到页头客服显示效果

5.1.4 制作客服区

在淘宝中，“客服中心”模块和“悬浮客服”模块的样式都是固定的，大部分卖家想要独特的客服模块，可是又不懂代码，该如何进行制作呢？下面教大家利用淘宝编辑器的“插入表格”按钮制作客服区。

在制作之前，先来学习一下“行”和“列”的概念，如图 5-37 所示。

图 5-37　行和列

首先看下完成后的效果图，如图 5-38 所示。分析模块“行”和“列”的效果图，如图 5-39 所示。

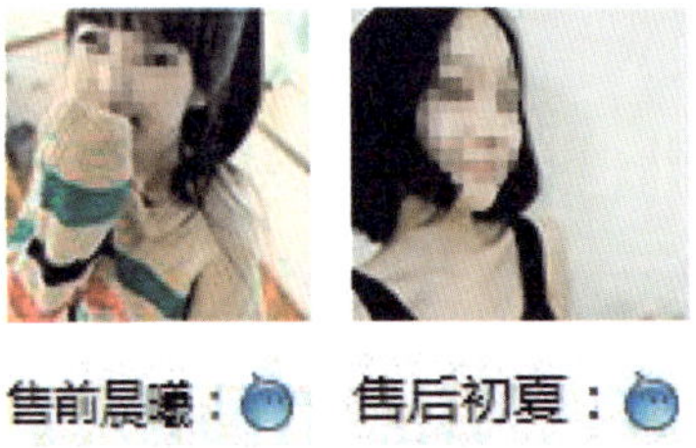

图 5-38　完成后的效果图

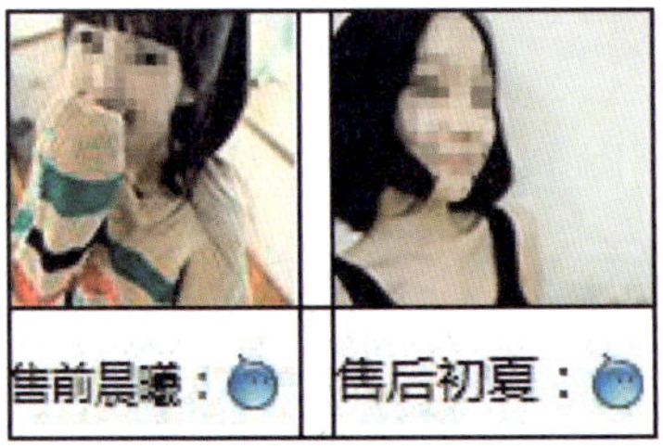

图 5-39　分析模块“行”和“列”的效果图

通过图 5-39 可知，该模块是由 2 行 3 列组成的（在制作模块前，图片与图片之间的空隙也算作 1 行或者 1 列），制作模块具体操作步骤如下。

步骤 1　准备两张 80 像素 ×80 像素的头像图片，上传到图片空间，上传效果如图 5-40 所示。

步骤 2　进入“店铺装修”页面，在左侧栏添加“自定义区”模块，添加效果如图 5-41 所示。

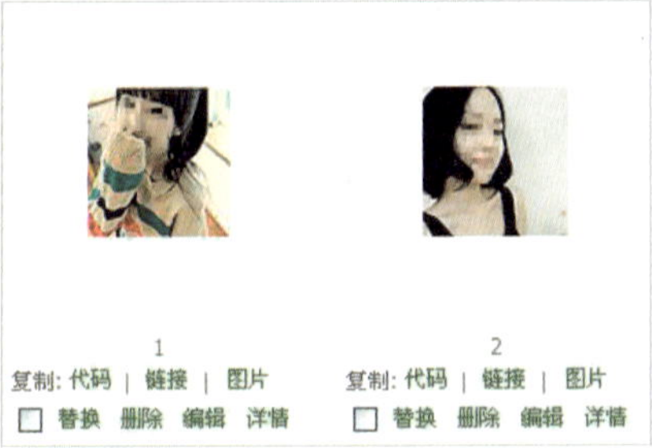

图 5-40 上传两张头像图片

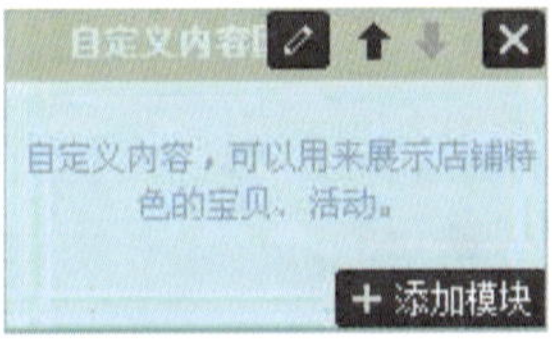

图 5-41 添加“自定义区”模块

步骤 3 单击“自定义区”模块上方的“编辑”按钮，弹出“自定义区”编辑器，更改标题显示方式为不显示，如图 5-42 所示。

图 5-42 选中“不显示”单选项

步骤 4 在编辑器中单击“插入表格”按钮，如图 5-43 所示。

图 5-43 单击“插入表格”按钮

步骤 5 在弹出的“表格”对话框中，设置行数为 2、列数为 3、对齐为中间对齐、边框为 0、勾选“合并边框”复选框、宽度为 190 像素、高度为 120 像素、标题格为无，然后单击“确定”按钮，如图 5-44 所示。

图 5-44 “表格”对话框

步骤 6 根据**步骤 5** 的操作，在编辑器中添加了 2 行 3 列的表格，如图 5-45 所示。

步骤 7 单击 1 行 1 列表格框内部，当有光标在闪动时，单击“插入图片空间图片”按钮，如图 5-46 所示。

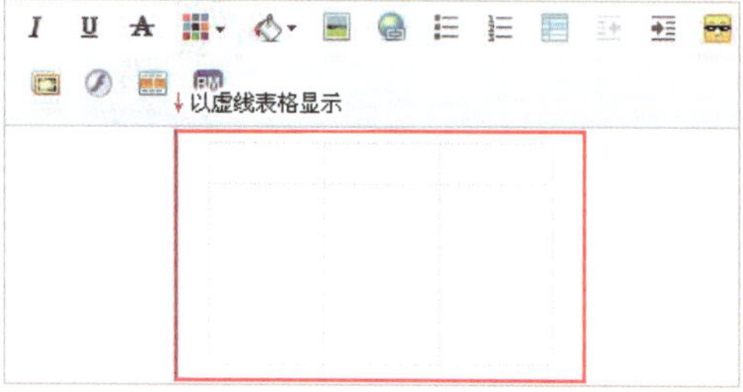

图 5-45 添加 2 行 3 列的表格

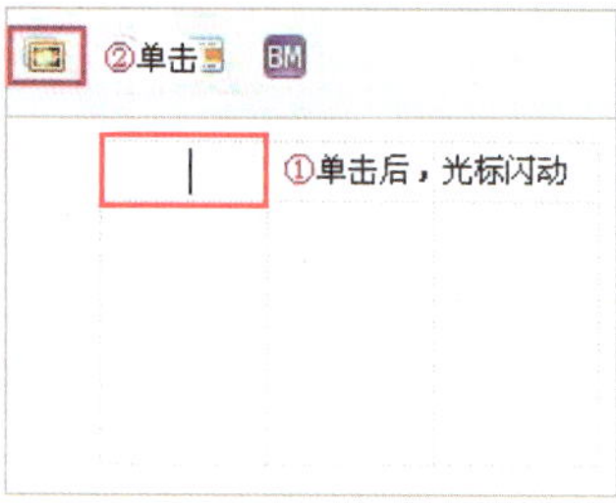

图 5-46 单击“插入图片空间图片”按钮

步骤 8 弹出“图片空间”对话框，选中头像图片，单击“插入”按钮，如图 5-47 所示。

步骤 9 单击 1 行 3 列表格框内部，插入第 2 张头像图片，如图 5-48 所示。

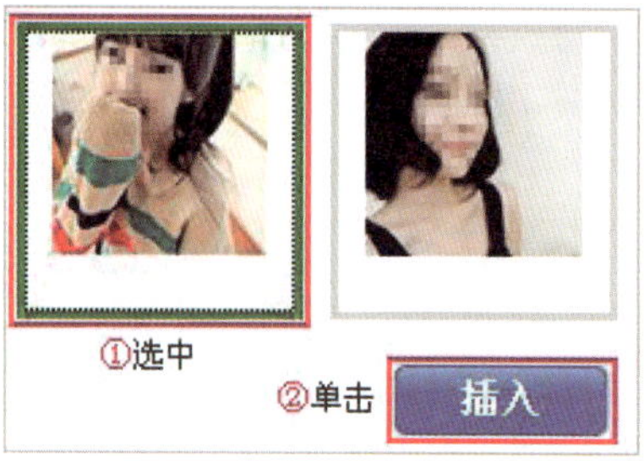

图 5-47 插入第 1 张图片

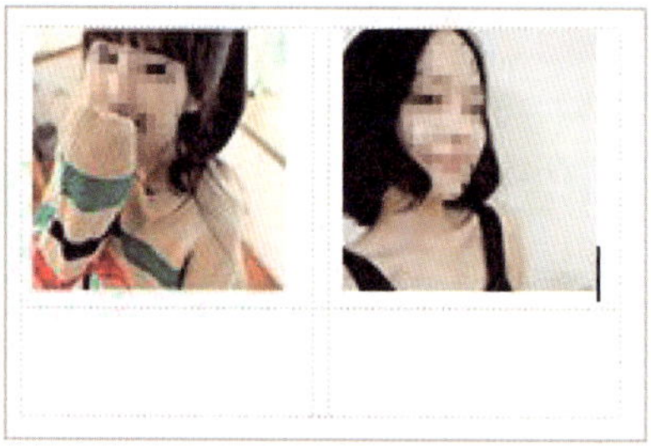

图 5-48 插入第 2 张图片

步骤 10 分别选中第 1 张和第 2 张头像图片，单击“左对齐”按钮，如图 5-49 所示。

步骤 11 分别单击 2 行 1 列表格框和 2 行 3 列表格框内部，在光标闪动后，输入“售前晨曦：”和“售后初夏：”文字内容，如图 5-50 所示。

步骤 12 选中“售前晨曦:”文字内容，更改其文字大小为 14 像素、字体为微软雅黑、文本颜色为黑色，如图 5-51 所示。

步骤 13 同样选中“售后初夏：”更改文字样式，更改效果如图 5-52 所示。

步骤 14 在百度上搜索“旺遍天下”，在搜索内容中找到 2011 版本的旺遍天下网址进入，网址显示效果如图 5-53 所示。

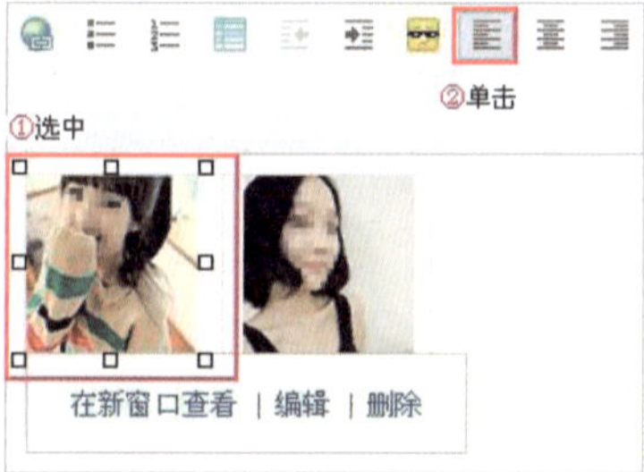

图 5-49 左对齐

图 5-50 输入文字内容

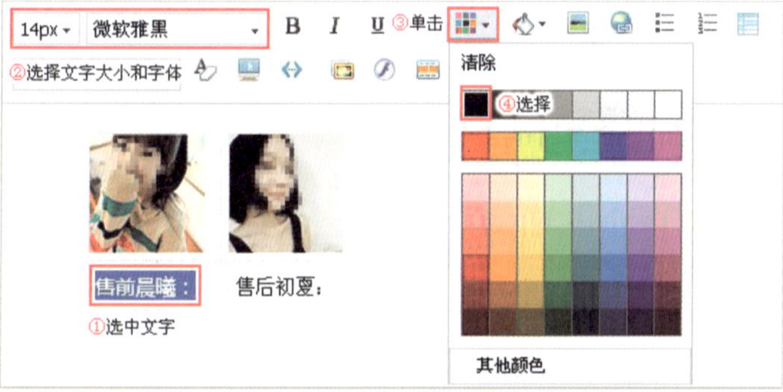

图 5-51 更改“售前晨曦：”文字样式

图 5-52 更改“售后初夏：”文字样式

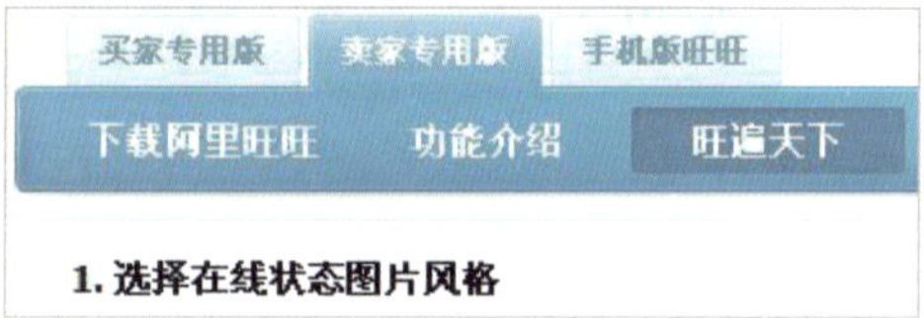

图 5-53 网址显示效果

步骤 15 选中“风格二”单选项，选择在线状态的图片风格，如图 5-54 所示。

图 5-54 选中“风格二”单选项

步骤 16 根据文字提示输入你的对应信息，这里可以输入子账号的旺旺 ID，但是要注意子账号的“:”符号要在英文半角状态下输入，建议直接复制子账号名称，如图 5-55 所示。

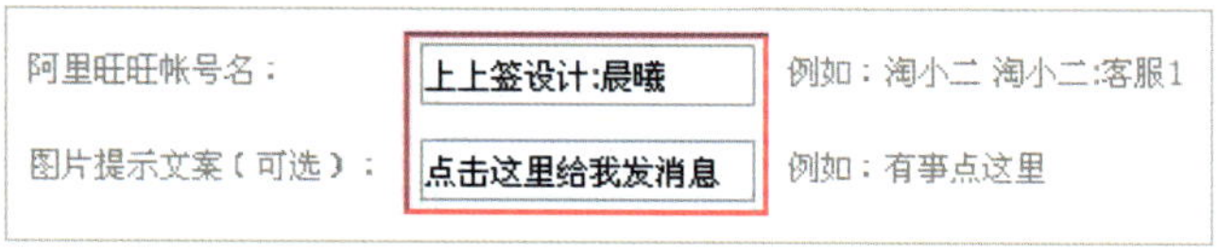

图 5-55 根据文字提示输入对应信息

步骤 17 在“3. 如果是 E 客服主号，可选择亮灯是否需要分流”旁选中“分流”单选项，如图 5-56 所示。

图 5-56 选中“分流”单选项

步骤 18 单击“生成网页代码”按钮，会在文本框内生成代码，单击“复制代码”按钮复制所有代码（部分浏览器需要手动复制），如图 5-57 所示。

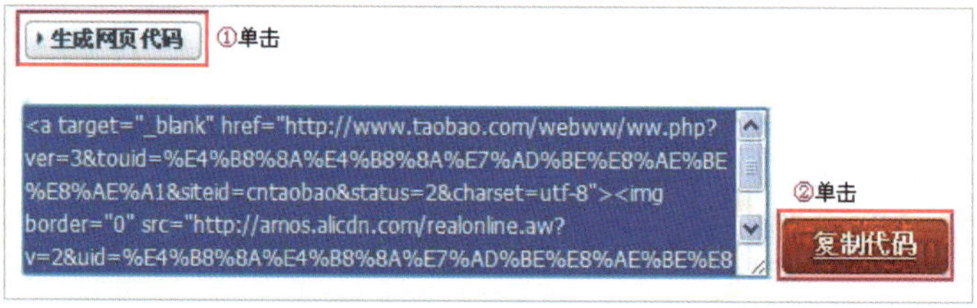

图 5-57 复制所有代码

步骤 19 返回到“自定义区”编辑器，单击“源码”按钮，在出现的代码中找到“售前晨曦:”字样，在冒号后单击鼠标左键，出现闪动光标后使用【Ctrl+V】快捷键粘贴代码，如图 5-58 所示。

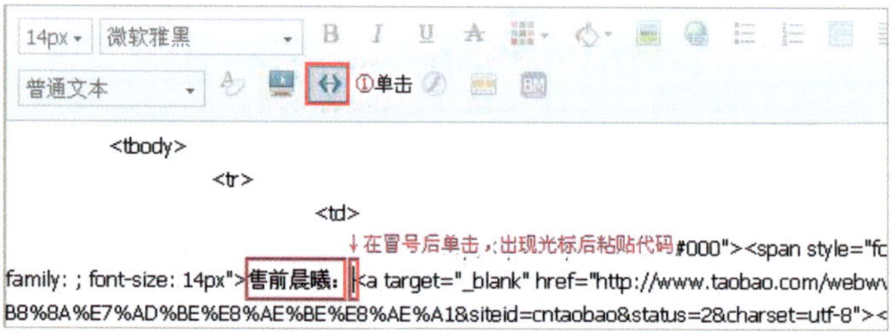

图 5-58 插入“售前晨曦”的代码

步骤 20 按同样的方法，插入“售后初夏”客服的代码，单击“确定”按钮，如图 5-59 所示。

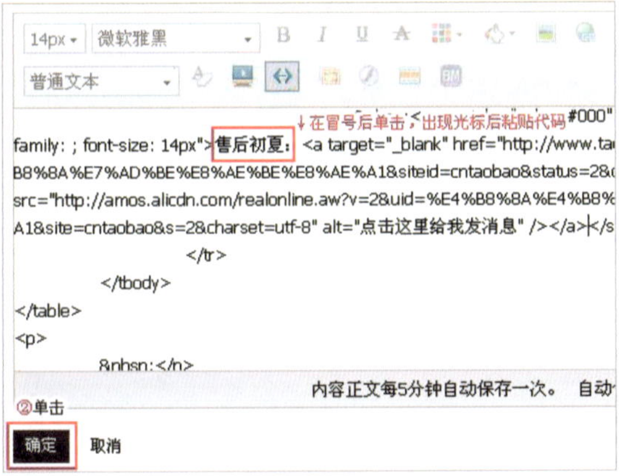

图 5-59 插入“售后初夏”的代码

步骤 21 根据**步骤 20** 的操作，发布后在首页的显示效果如图 5-60 所示。

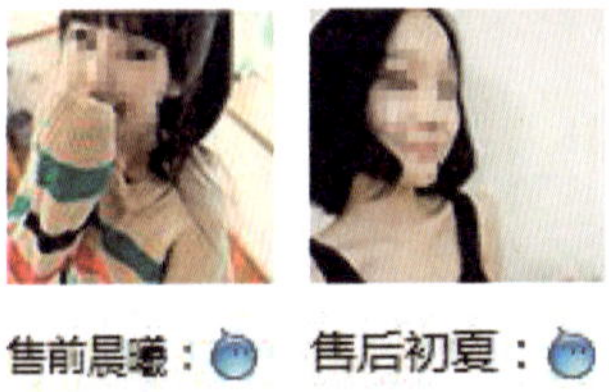

图 5-60 首页显示效果

经验分享

卖家可以根据此方法添加多个分组客服，也可以制作右侧栏、通栏区域的客服模块，制作之前要计算好模块的行和列，根据不同位置模块的尺寸要求设置它的宽度。

5.2 活动的设置

新店招揽顾客的妙招除了推广以外就是在店内设置活动信息，让买家觉得有利可图，才会在信誉低的店铺徘徊从而促成交易。针对活动信息的设置，在“淘宝卖家服务”平台有很多值得我们应用的软件，无论是免费的还是付费的，只要找到合适的服务软件，就可以很好地将商品推广出去。卖家需要针对店铺的特点对症下药，这样才能达到预期的效果。在这里介绍两款常用的服务软件：满就送（减）和团购软件。

5.2.1 满就送（减）

满就送（减）指的是满就送优惠券、满就送礼品、满就送彩票、满就减现金、满就包邮、满就换购等内容，可以任意设置。满就送（减）服务软件不但可以提高店铺购买转化率，从而提升销售笔数，还可以增加商品曝光度，为顾客增添店铺购物乐趣。具体添加步骤如下所示。

步骤 1 进入“卖家中心”页面，在“软件服务”下选择“我要订购”命令，如图 5-61 所示。

步骤 2 进入“淘宝卖家服务”页面，在“搜索”文本框中输入“满就送”文字内容，单击“搜索”按钮，如图 5-62 所示。

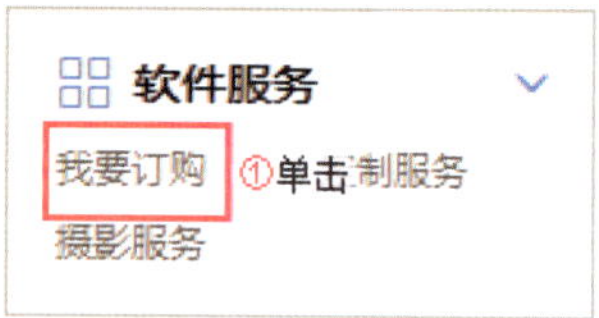

图 5-61 选择“我要订购”命令

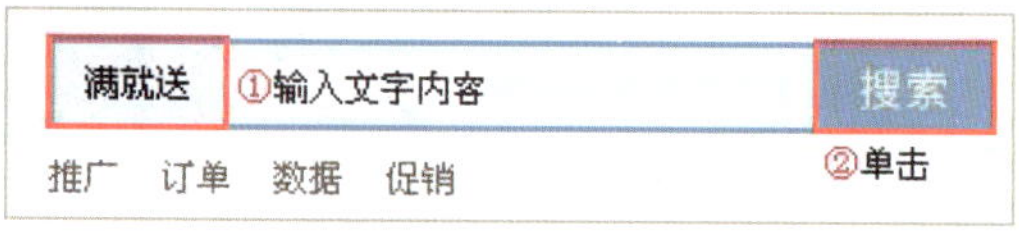

图 5-62 输入文字内容

步骤 3 在弹出的订购软件服务页面，选择有淘宝官方标志的“满就送（减）”服务软件，这款软件是收费的，卖家也可以选择其他免费的满就送软件，如图 5-63 所示。

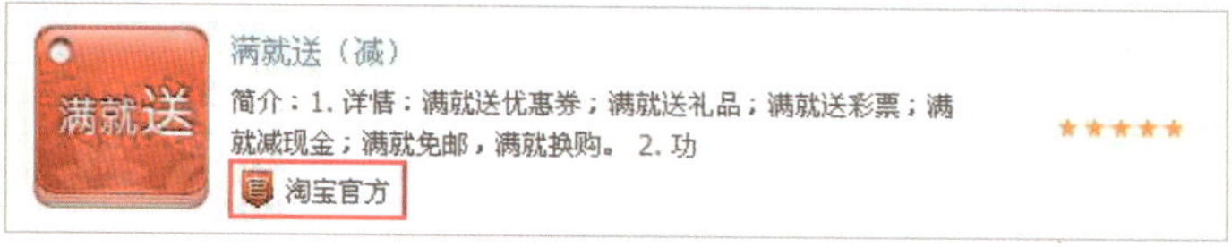

图 5-63 选择“满就送（减）”服务软件

步骤 4 单击“满就送（减）”服务软件进入订购页面，设置订购周期，单击“立即订购”按钮，如图 5-64 所示。

步骤 5 根据提示完成付款流程，付款成功后，单击“我的服务”链接，如图 5-65 所示。

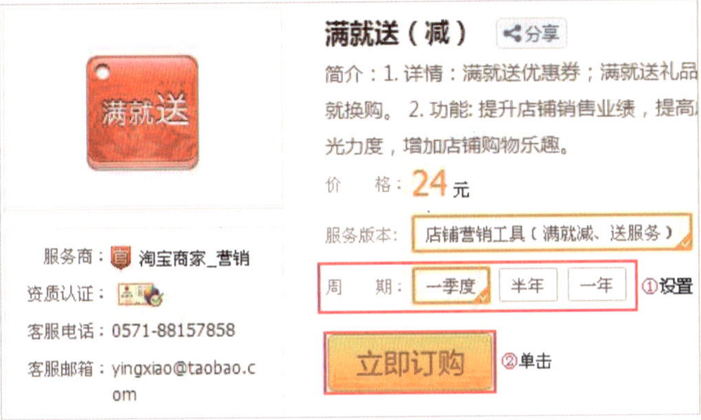

图 5-64 单击“立即订购”按钮

图 5-65 单击“我的服务”链接

步骤 6 在“我的服务”软件管理页面，找到刚订购的“满就送（减）”服务软件，单击“立即使用”按钮，如图 5-66 所示。

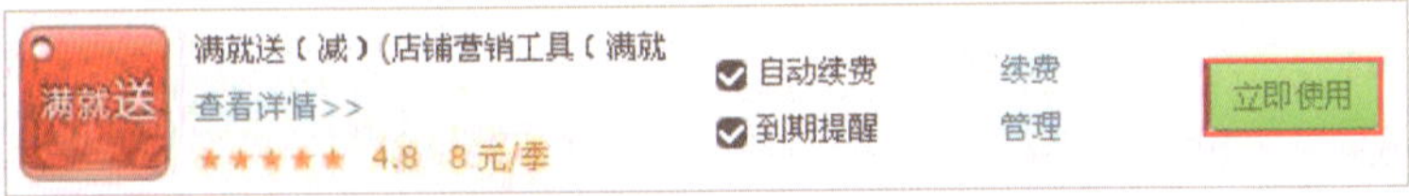

图 5-66 单击“立即使用”按钮

步骤 7 在弹出的页面单击“设置满就送”按钮，如图 5-67 所示。

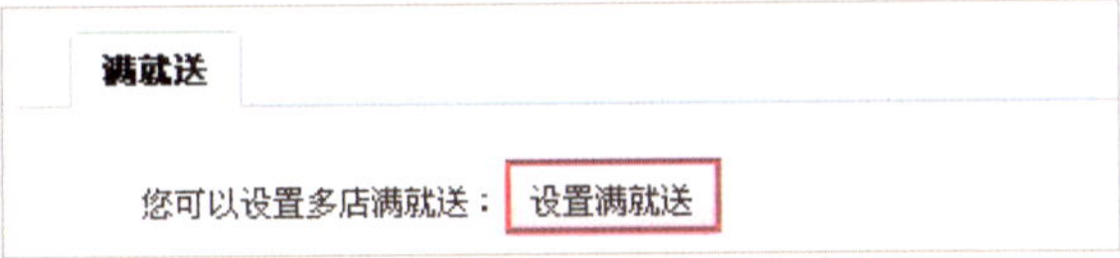

图 5-67 单击“设置满就送”按钮

步骤 8 在“活动信息”页面中进行设置，在“活动店铺”区域中选中“东北特产生态园”单选项，在“活动名称”文本框中输入如“冲皇冠 满百包邮”等字样，单击日期框，设置活动的时间，如图 5-68 所示。

步骤 9 设置优惠方式，其中，“普通优惠”为单级优惠，在“优惠条件”中输入价格，可以勾选“上不封顶”复选框，如图 5-69 所示。

图 5-68 “活动信息”页面设置

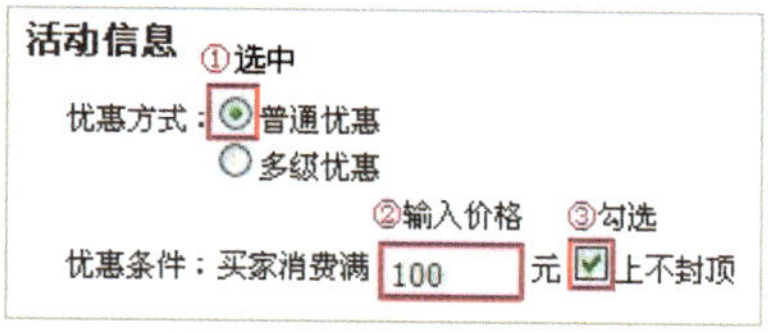

图 5-69 设置优惠方式

步骤 10 在“优惠内容”中如果勾选“免邮”复选框，一定要设置不免邮区域，以免被买家钻空子。单击“不免邮地区”链接，在弹出的对话框中勾选不能够免邮费的地区名称前的复选框，然后单击“确定”按钮，如图 5-70 所示。

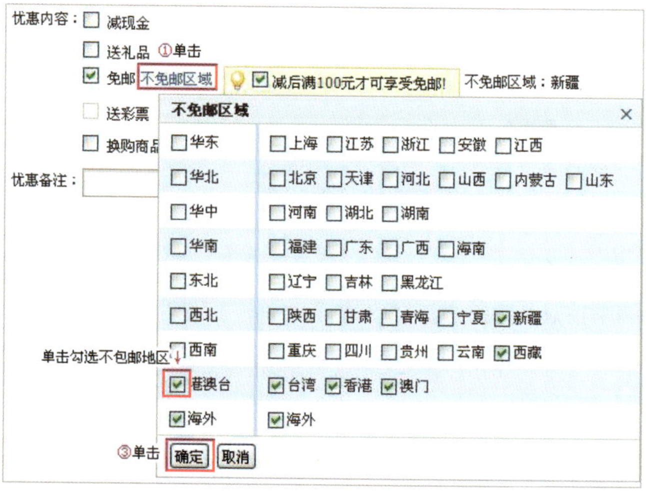

图 5-70 勾选不免邮地区前的复选框

步骤 11 如果勾选“换购商品”复选框，需要在弹出的对话框中单击“参加换购”按钮，选择需要换购的商品，一共可以选 5 件，选择好后，单击“保存设置”按钮，如图 5-71 所示。

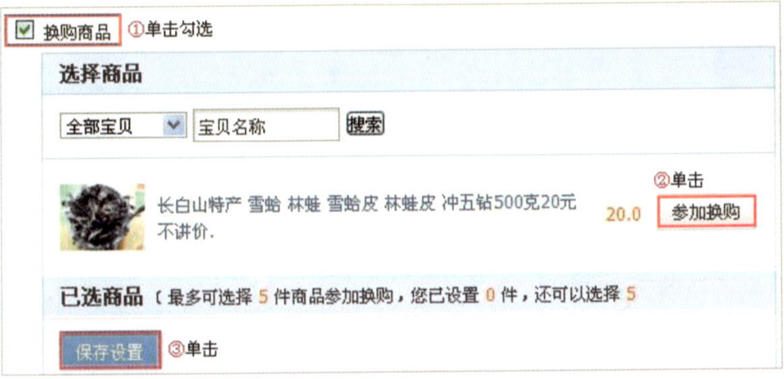

图 5-71 换购商品

步骤 12 设置优惠方式为“多级优惠”，可以添加层级优惠方式，设置的方法跟“普通优惠”设置方法相同。设置成功后，单击“完成设置”按钮，如图 5-72 所示。

图 5-72 完成“多级优惠”设置

步骤 13 跳转到“商家促销”页面，单击“拷贝代码”链接，如图 5-73 所示。

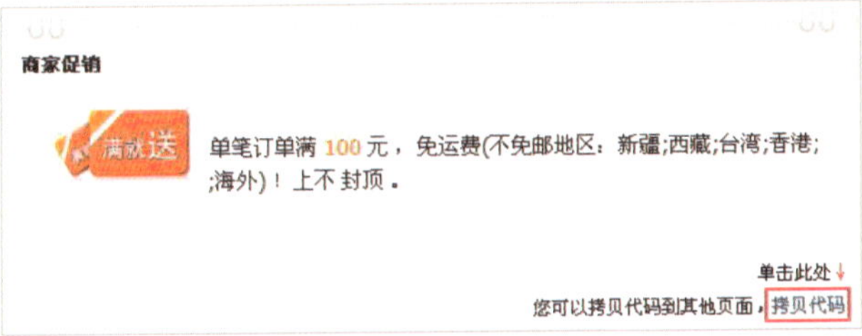

图 5-73 单击“拷贝代码”链接

步骤 14 在弹出的“模块”选项卡页面中，展开“基础模块”栏目，添加“自定义区”模块，如图 5-74 所示。

步骤 15 将鼠标移至“自定义区”模块上，单击“编辑”按钮，如图 5-75 所示。

步骤 16 弹出“自定义区”编辑器，单击“源码”按钮，如图 5-76 所示。

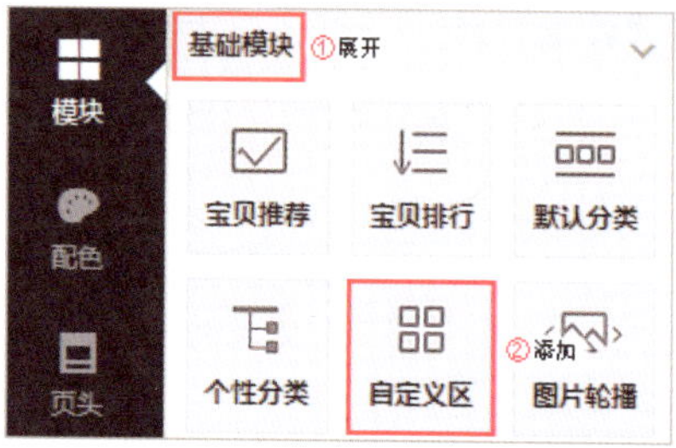

图 5-74　添加“自定义区”模块

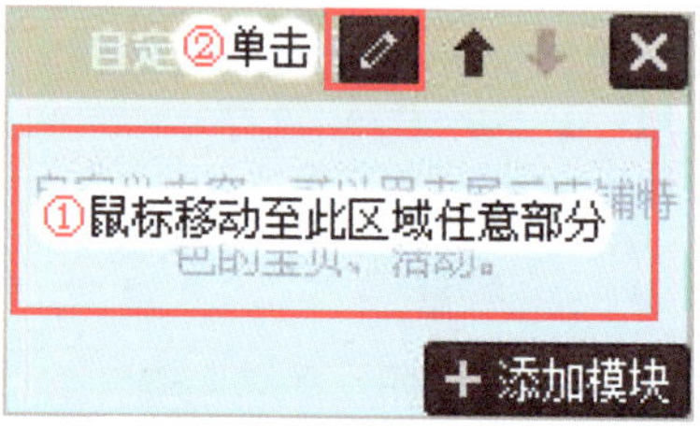

图 5-75　单击“编辑”按钮

步骤 17　在“源码”编辑内容区，使用【Ctrl+V】快捷键粘贴复制的代码，发布后在首页的显示效果，如图 5-77 所示。

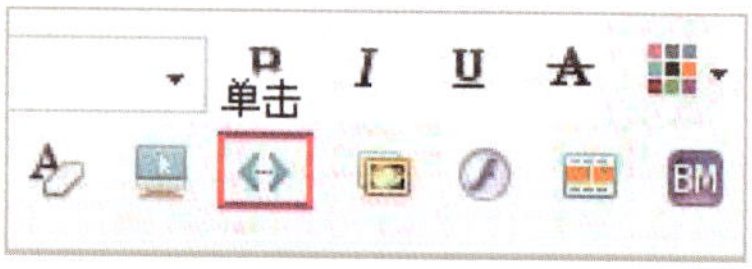

图 5-76　单击“源码”按钮

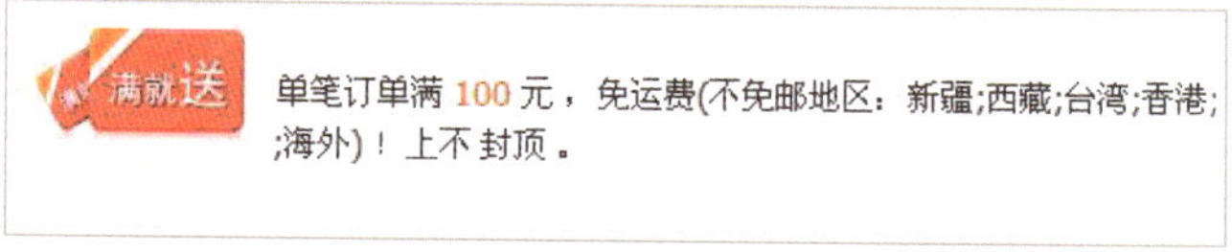

图 5-77　粘贴代码并在首页查看显示效果

5.2.2　店内团购

团购就是团体购物，买家通过参加团购能够获得商品让利，并引起买家对店铺商品的关注度，虽然团购的价格比原来的售价便宜，但是薄利多销的同时能够带来更多的消费群体从而增加收益。“淘宝卖家服务”平台的团购软件也有很多种，买家可以使用体验版后再进行购买。具体添加步骤如下所示。

步骤 1　进入“卖家中心”页面，在“软件服务”下选择“我要订购”命令，如图 5-78 所示。

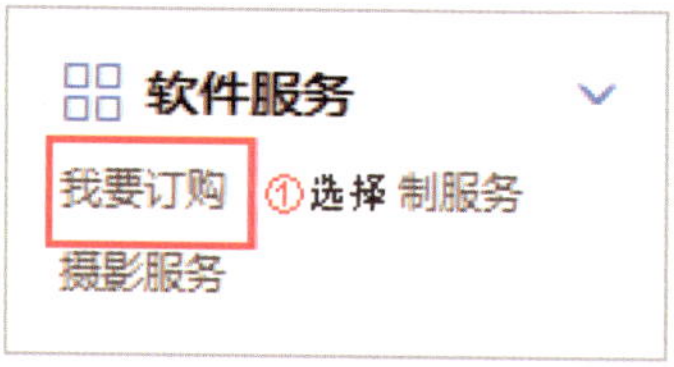

图 5-78　选择“我要订购”命令

步骤 2　进入“淘宝卖家服务”页面，在“搜索”文本框中输入“团购”文字内容，单击“搜索”按钮，如图 5-79 所示。

图 5-79 输入文字内容

步骤 3 单击“促销打折 _ 聚团购”进入到订购页面，订购 7 天体验版服务软件，单击“立即订购”按钮，如图 5-80 所示。

图 5-80 7 天体验版服务软件

步骤 4 订购成功后，在“我的服务”页面里单击“立即使用”按钮，如图 5-81 所示。

图 5-81 单击“立即使用”按钮

步骤 5 在弹出的“授权”对话框中，单击“授权并登录”按钮，如图 5-82 所示。

图 5-82 单击“授权并登录”按钮

步骤 6 跳转到“促销打折 _ 聚团购”管理页面，单击“团购活动”选项卡，单击“点击进行创建”按钮，如图 5-83 所示。

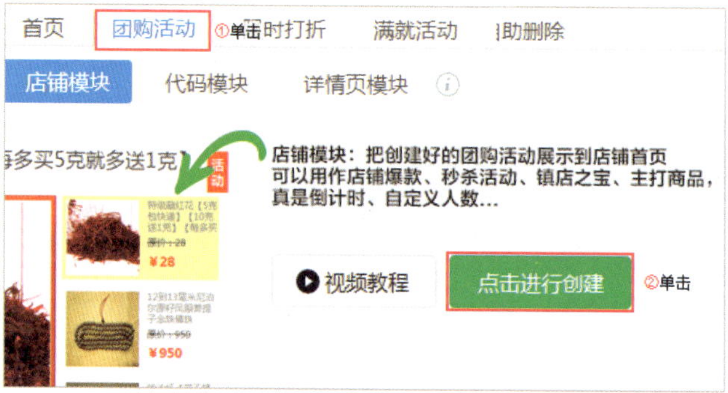

图 5-83 单击“点击进行创建”按钮

步骤 7 根据喜欢的样式选择一款团购模块，如图 5-84 所示。

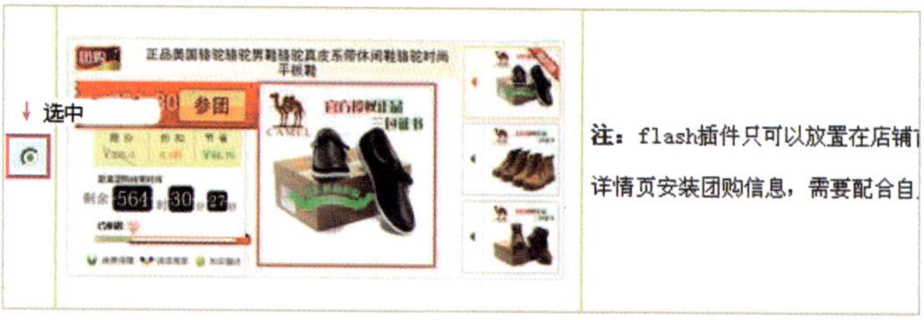

图 5-84 选择一款团购模块

步骤 8 根据文字提示信息，依次设置参加团购的商品信息，注意“初始已卖出数量”不能超过“参团商品总量”，如图 5-85 所示。

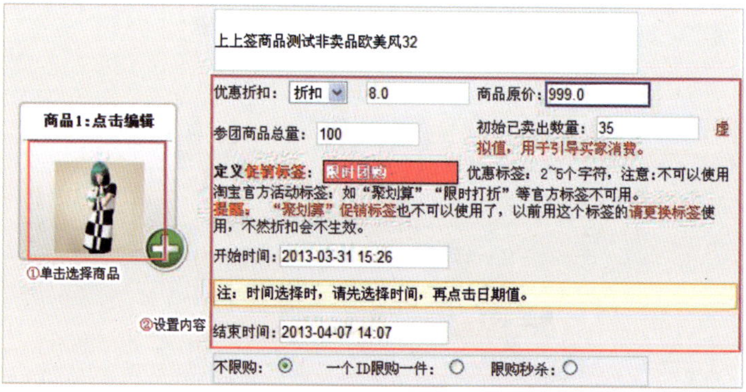

图 5-85 设置参加团购的商品信息

步骤 9 设置好后，拖动滚动条至页面最下方，单击“确认 >> 完成活动创建”按钮，如图 5-86 所示。

步骤 10 根据**步骤 9** 的操作，弹出“提交参团提醒”对话框，单击“确定”按钮，如图 5-87 所示。

图 5-86 单击“确认 >> 完成活动创建”按钮

图 5-87 “提交参团提醒”对话框

步骤 11 进入“店铺装修”页面，在通栏任意模块上单击“模块”按钮，在选项卡中展开“我购买的模块”栏目，添加“促销打折 _ 聚团购”模块，如图 5-88 所示。

图 5-88 添加“促销打折 _ 聚团购”模块

步骤 12 单击“发布”按钮，在首页的显示效果如图 5-89 所示。

图 5-89 首页显示效果

经验分享

“淘宝卖家服务”平台有很多团购模块，部分卖家会跟风选择模块，最好的方法就是先试用体验版预览效果，然后再进行团购模块订购，我在这里选择的团购模块只是其中的一款，并不意味着是最好的一款，随着第三方服务商的入住，会有更好的软件陆续开发出来，卖家要择优订购。

5.3 友好的快递服务展示

网购离不开快递的邮寄，根据快递公司、邮寄重量以及邮寄范围的不同，所产生的快递费用也是不同的，为了让买家更清楚地了解本店所使用的快递公司以及费用说明，需要将这些信息在店铺内展现出来，避免买家因为对默认快递的不满而造成购物的不快。

5.3.1 快递模板的设置

新手卖家在出售商品的时候，总是在运费上亏损，很多卖家反映这是被买家钻空子了。其实，这种所谓的钻空子是可以避免的。只需要设置好快递模板，当买家根据自己的所在地购买不同重量的商品时，快递费用会根据卖家的设置而增减，如图 5-90 所示。

图 5-90 快递费用会根据卖家的设置而增减

如图 5-90 所示，同一价格同一重量的商品，因为买家的邮寄目的地不同，快递模板自动显示物流运费，具体操作步骤如下。

步骤 1 进入“卖家中心”页面，在“物流管理”下选择“物流工具”命令，如图 5-91 所示。

图 5-91 选择“物流工具”命令

步骤 2 进入“物流工具”设置页面，单击“运费模板”下的“新增运费模板”按钮，如图 5-92 所示。

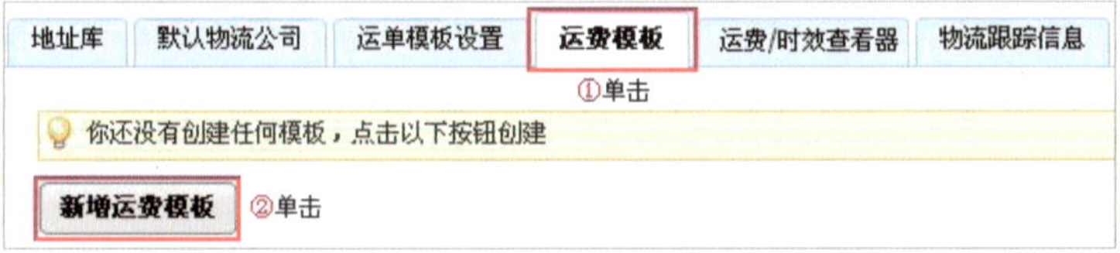

图 5-92 单击“新增运费模板”按钮

步骤 3 在弹出的对话框中，设置模板名称、宝贝地址、发货时间、是否包邮和计价方式等，如图 5-93 所示。

图 5-93 设置相关内容

步骤 4 在“运送方式”下勾选“快递”复选框，根据文字提示设置运费信息，如图 5-94 所示。

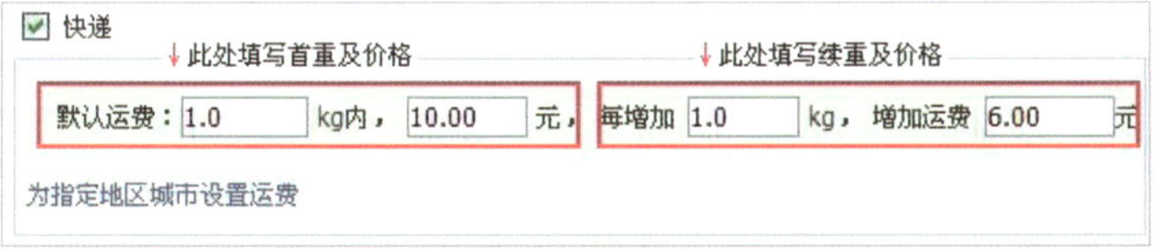

图 5-94 设置运费信息

步骤 5 单击“为指定地区城市设置运费”链接，在弹出的对话框中单击“编辑”按钮，如图 5-95 所示。

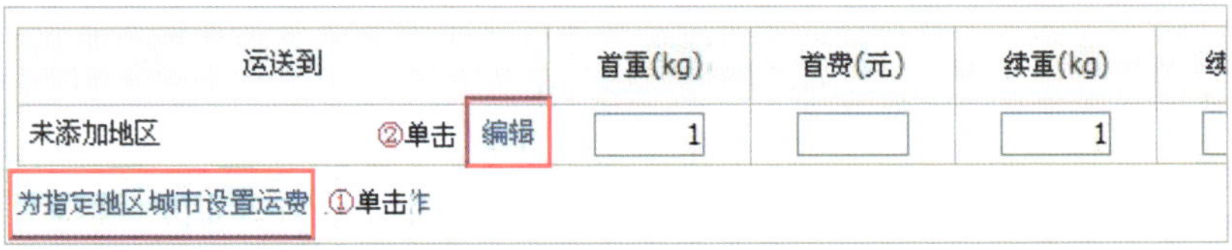

图 5-95　为指定地区城市设置运费

步骤 6　在弹出的对话框中，根据店铺实际情况设置不包邮地区，例如西藏、香港、澳门等地区，然后设置物品首重和续重的运费，单击“确定”按钮，如图 5-96 所示。

图 5-96　设置不包邮地区

步骤 7　重复**步骤 5** 和**步骤 6** 添加所有不包邮地区，单击“保存并返回”按钮，如图 5-97 所示。

申通快递　　最后编辑时间：2013-03-31 22:40 复制模板 | 修改 | 删除

运送方式	运送到	首重(kg)	运费(元)	续重(kg)	运费(元)
快递	全国	1.0	10.00	1.0	6.00
快递	台湾	1.0	100.00	1.0	30.00
快递	云南	1.0	30.00	1.0	15.00
快递	西藏	1.0	25.00	1.0	10.00

图 5-97　添加所有不包邮地区

步骤 8　发布商品时，在“运费”下拉列表框中选择“申通快递”模板即可，如图 5-98 所示。

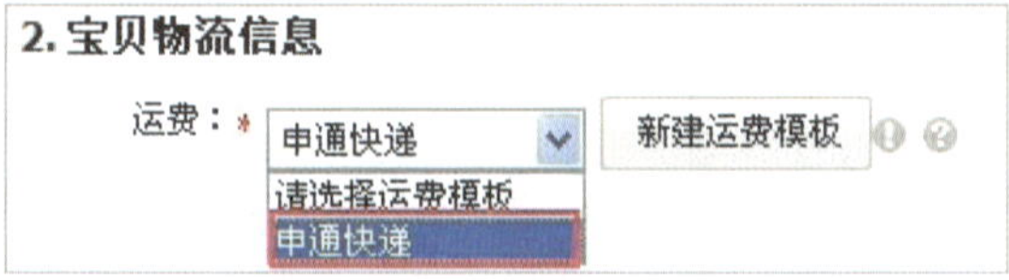
2. 宝贝物流信息
运费：*
申通快递
新建运费模板
请选择运费模板
申通快递

图 5-98 选择“申通快递”模板

经验分享

有关首重、续重以及不包邮地区等问题，详情要咨询快递公司。

5.3.2 制作快递服务展示图

快递服务展示图可以让买家了解店铺的默认发货快递公司，以便买家可以自行调整快递公司，也可以提醒偏远地区买家购买包邮商品时要咨询店内客服等重要信息，如图 5-99 所示。

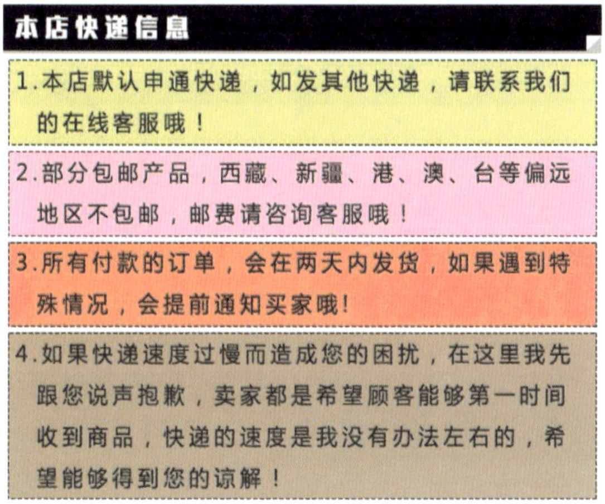
本店快递信息
1.本店默认申通快递，如发其他快递，请联系我们的在线客服哦！
2.部分包邮产品，西藏、新疆、港、澳、台等偏远地区不包邮，邮费请咨询客服哦！
3.所有付款的订单，会在两天内发货，如果遇到特殊情况，会提前通知买家哦!
4.如果快递速度过慢而造成您的困扰，在这里我先跟您说声抱歉，卖家都是希望顾客能够第一时间收到商品，快递的速度是我没有办法左右的，希望能够得到您的谅解！

图 5-99 快递服务展示图

具体操作步骤如下。

步骤 1 执行“文件→新建”命令，新建一个 750 像素 ×600 像素的空白文档，如图 5-100 所示。

步骤 2 在工具箱中单击“矩形工具”按钮，设置工具选项栏参数，填充颜色值为 #c6c6c6、描边样式为无描边，如图 5-101 所示。

图 5-100　新建空白文档

图 5-101　设置工具选项栏参数

步骤 3　根据**步骤 2** 的操作，在文档中绘制矩形形状，如图 5-102 所示。

图 5-102　绘制矩形形状

步骤 4　使用【Ctrl+J】快捷键复制“矩形 1”图层，在“图层”面板中得到“矩形 1 副本”图层并保持选中状态，双击图层缩览图更改其颜色值为 #000000，并将其向上移动 3 个像素，如图 5-103 所示。

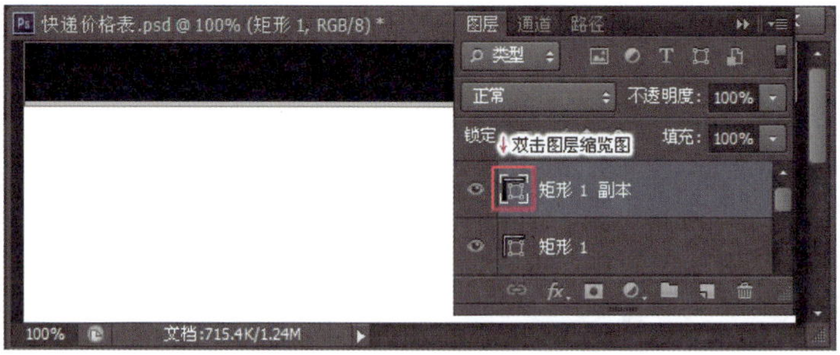

图 5-103　选中“矩形 1 副本”图层并进行设置

步骤 5　在工具箱中单击“矩形工具”按钮，设置工具选项栏参数，填充颜色值为 #ffffff、描边样式为无描边，在文档中再次绘制矩形形状，如图 5-104 所示。

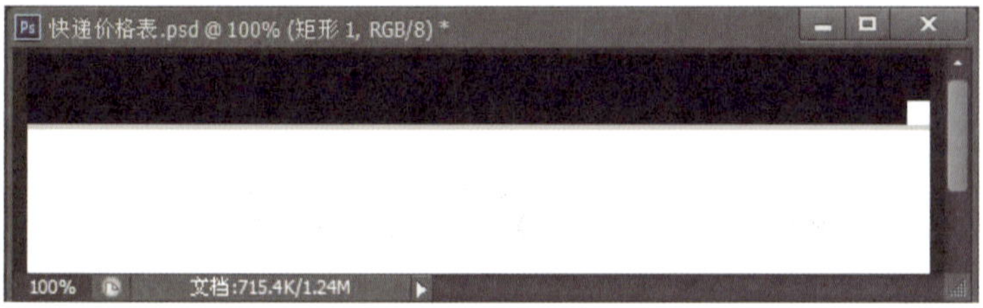

图 5-104　再次绘制矩形形状

步骤 6　在“图层”面板中选中“矩形 2”图层后单击鼠标右键，在弹出的快捷菜单中执行“栅格化图层”命令，如图 5-105 所示。

步骤 7　在工具箱中单击“多边形套索工具”按钮，根据“矩形 2”图层的图像绘制一个三角形，如图 5-106 所示。

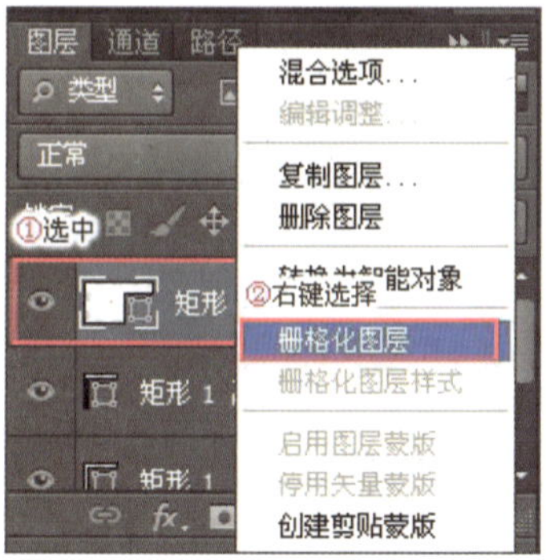

图 5-105　执行“栅格化图层”命令

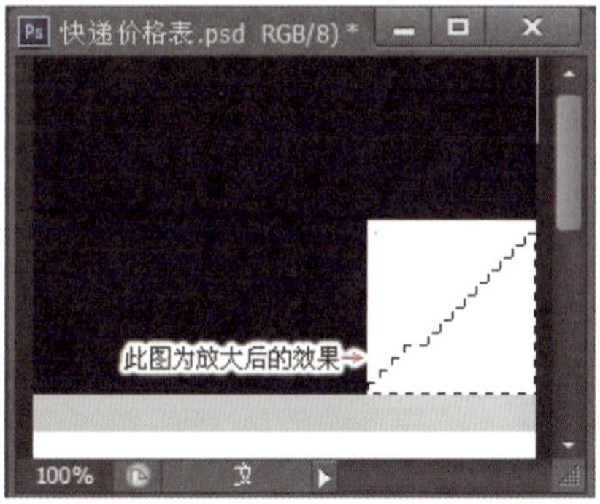

图 5-106　绘制一个三角形

步骤 8　在“图层”面板中单击“创建新图层”按钮，得到“图层 2”图层，设置前景色色值为 #c6c6c6，单击“油漆桶工具”按钮，为“图层 2”图层填充颜色，这样就为黑色矩形形状制作了折页阴影效果，如图 5-107 所示。

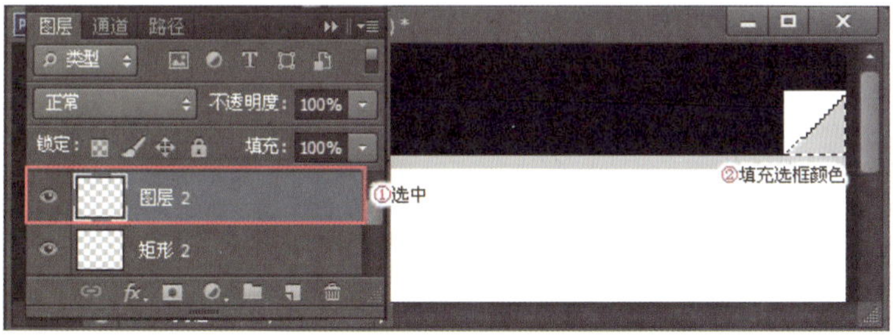

图 5-107　制作折页阴影效果

步骤 9 在工具箱中单击“文字工具”T按钮，输入“本店快递信息”文字内容，如图 5-108 所示。

图 5-108 输入“本店快递信息”文字内容

步骤 10 在工具箱中单击“矩形工具”按钮，设置工具选项栏参数，填充颜色值为 #fff799、描边颜色值为 #005826、描边大小为 1 点、描边选项为虚线，在文档中绘制矩形形状，如图 5-109 所示。

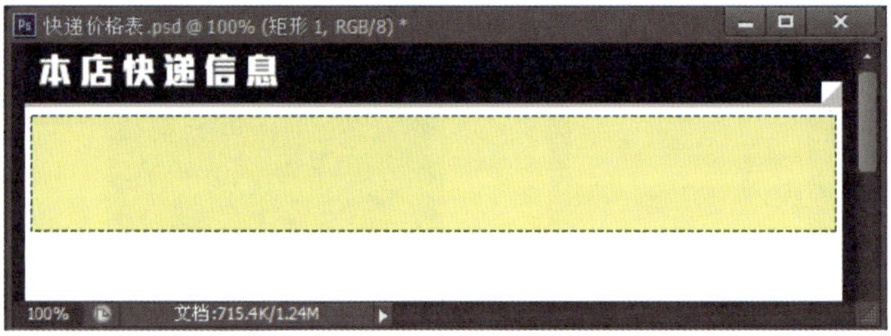

图 5-109 绘制矩形形状

步骤 11 在工具箱中单击“文字工具”T按钮，根据店内实际情况输入文字内容，如图 5-110 所示。

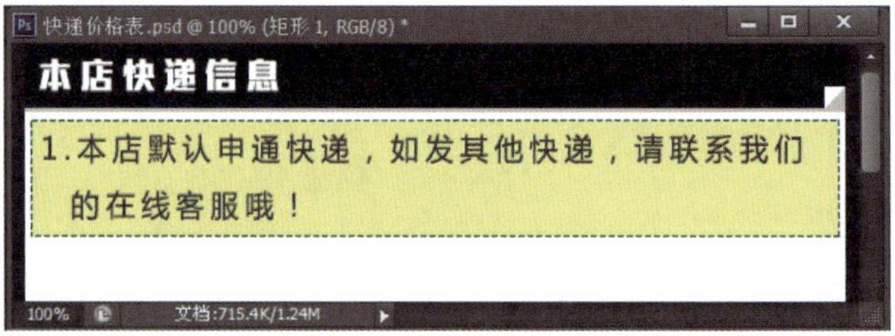

图 5-110 根据实际情况输入文字内容

步骤 12 重复操作**步骤 10** 和**步骤 11**，绘制矩形形状并且输入文字信息，最终效果图如图 5-111 所示。

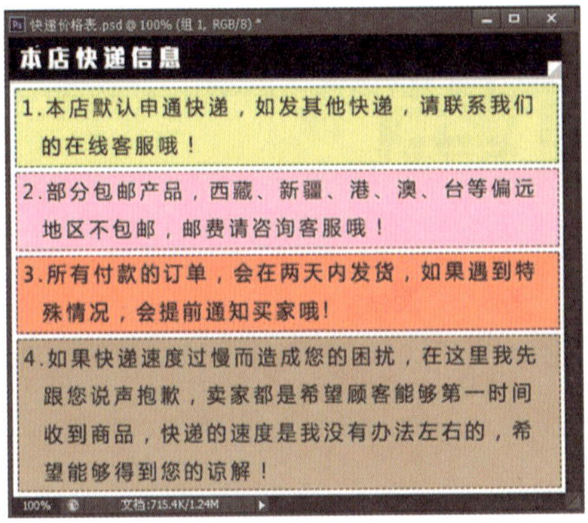
快递价格表.psd @ 100% (组 1, RGB/8) *
本店快递信息
1.本店默认申通快递，如发其他快递，请联系我们的在线客服哦！
2.部分包邮产品，西藏、新疆、港、澳、台等偏远地区不包邮，邮费请咨询客服哦！
3.所有付款的订单，会在两天内发货，如果遇到特殊情况，会提前通知买家哦!
4.如果快递速度过慢而造成您的困扰，在这里我先跟您说声抱歉，卖家都是希望顾客能够第一时间收到商品，快递的速度是我没有办法左右的，希望能够得到您的谅解！
100%
文档:715.4K/1.24M

图 5-111　最终效果图

5.3.3 在详情页投放快递展示图片

设计好的快递展示图片要让买家看到才能达到预期的效果，买家通过搜索商品主图而进入商品详情页，因此部分买家不会点击首页，所以快递展示图片最好投放在详情页下方，才能让买家了解到对应的快递信息。具体操作步骤如下。

步骤 1　将做好的快递服务展示图片上传到图片空间，上传效果如图 5-112 所示。

步骤 2　进入“店铺装修”页面，在“页面管理”中单击“宝贝详情页”选项卡，在“默认宝贝详情页”之后单击“页面装修”按钮，如图 5-113 所示。

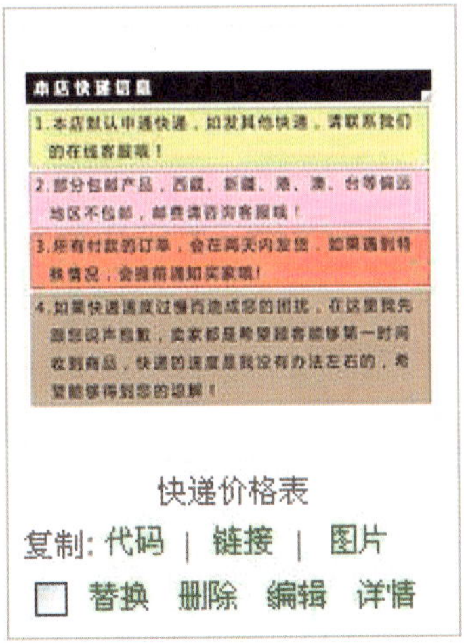
本店快递信息
快递价格表
复制: 代码 | 链接 | 图片
替换 删除 编辑 详情

图 5-112　上传效果

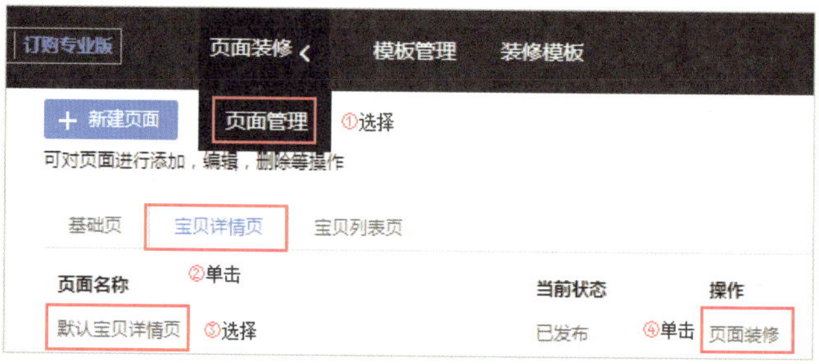

图 5-113　单击“页面装修”按钮

步骤 3　单击“模块”按钮，添加“自定义区”模块，如图 5-114 所示。

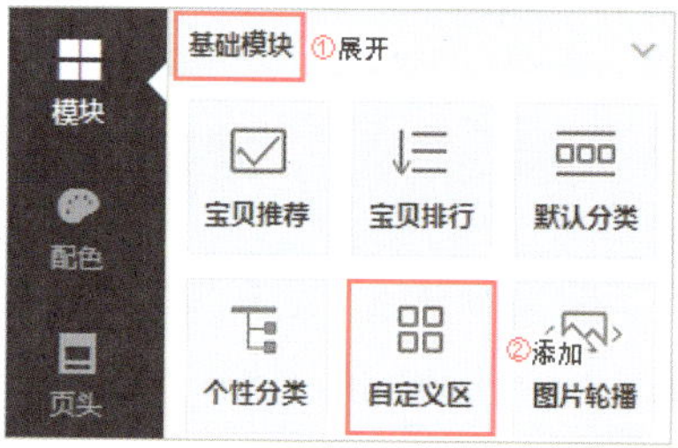

图 5-114　添加“自定义区”模块

步骤 4　单击模块右上角的“编辑”按钮，打开“自定义区”编辑器，单击“插入图片空间图片”按钮，如图 5-115 所示。

图 5-115　单击“插入图片空间图片”按钮

步骤 5　在弹出的“图片空间”页面中，选中快递服务展示图片，单击“插入”按钮，然后单击“完成”按钮，如图 5-116 所示。

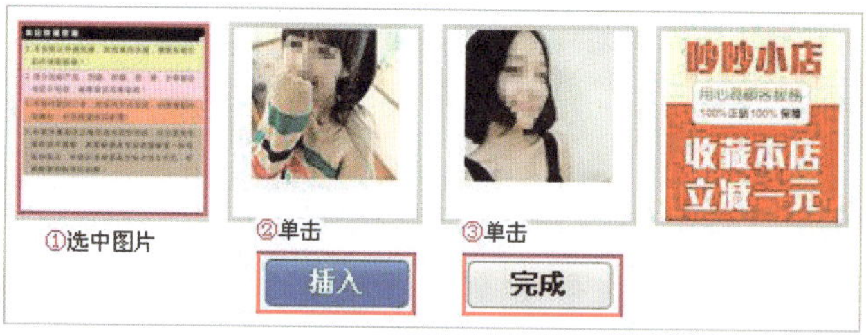

图 5-116　插入快递服务展示图片

步骤 6 通过**步骤 4** 的操作，图片就会在编辑器中显示，在“显示标题”区域中选中“不显示”单选项，单击“确定”按钮进行存储，如图 5-117 所示。

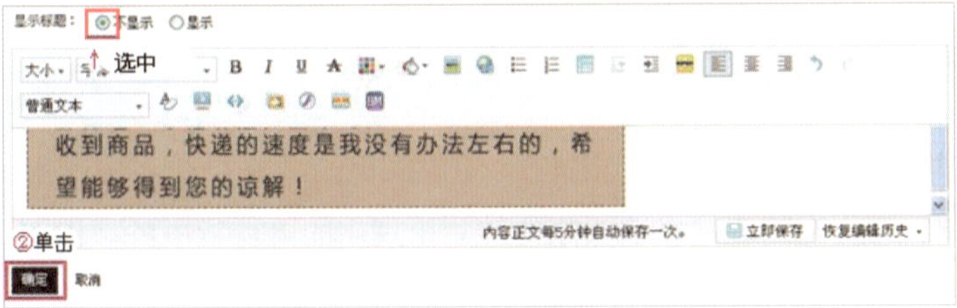

图 5-117 选中“不显示”单选项

步骤 7 单击“发布”按钮，图片就会在商品详情页中展示了，如图 5-118 所示。

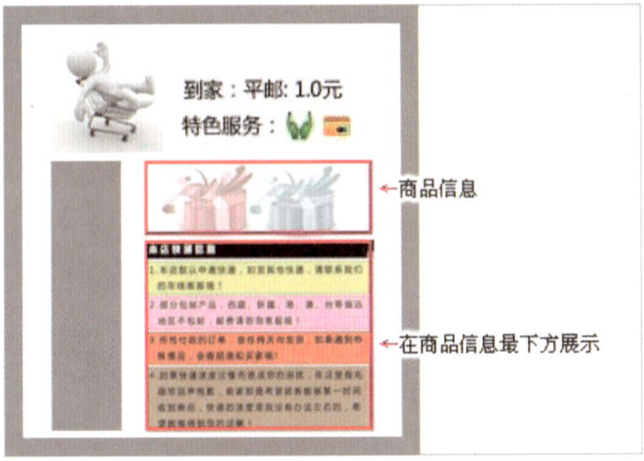

图 5-118 快递服务展示图片在商品详情页展示

经验分享

根据上述添加步骤，只需要在详情页添加一次图片，之后店铺的每个详情页下方都会显示该图片。也可以将商品中相同的信息利用此方法进行添加，不但避免了在发布商品时逐个添加相同商品信息的烦琐步骤，还大大节省了装修店铺的时间。

5.4 售后服务的美化展示

不同卖家同时销售相同的商品时，买家所能获得的商品本身价值大致相当，此时，作为附加价值的售后服务就显得尤为重要。在买家购买商品之前，要把商品所有可能获得的服务详细展示在页面中，买家才会通过比较选择服务优质的商品进行购买。这里所指的主要包括展示店内退换货流程图、退换货承诺图以及 5 分好评图等。

5.4.1 退换货流程图

根据店铺的退换货流程，制作出对应的图片展现给买家，让买家了解退换货的流程，同时卖家也要遵守流程图的顺序，让买家体验到正规化的退换货服务，如图 5-119 所示。

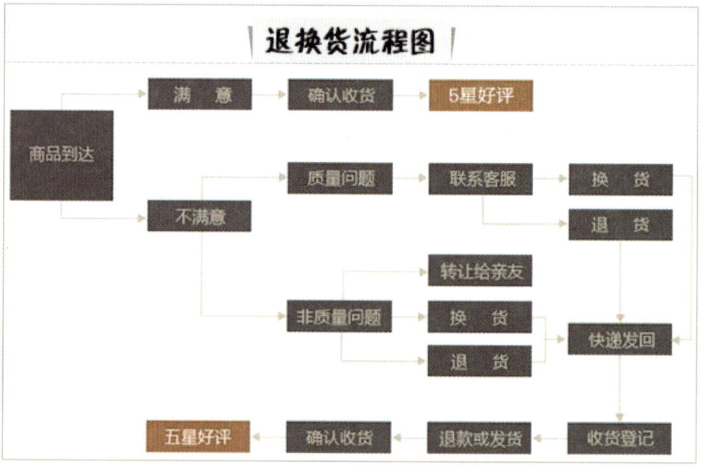

图 5-119 退换货流程图

具体操作步骤如下。

步骤 1 执行“文件→新建”命令，新建一个 750 像素 ×480 像素的空白文档，并按照提示输入相关信息，单击“确定”按钮，如图 5-120 所示。

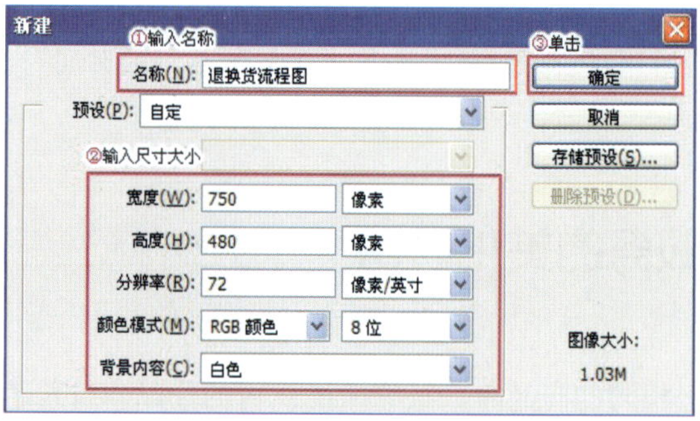

图 5-120 新建空白文档

步骤 2 在工具箱中单击“矩形工具”按钮，设置工具选项栏参数，填充颜色值为 #f1f1f1、描边样式为无描边，在图像上绘制矩形形状，如图 5-121 所示。

图 5-121 绘制矩形形状

步骤 3 使用快捷键【Ctrl+J】复制“矩形 1”图层，在“图层”面板中得到“矩形 1 副本”图层并保持选中状态，双击图层缩览图更改其颜色值为 #a0a0a0，执行【Ctrl+T】快捷键，如图 5-122 所示。

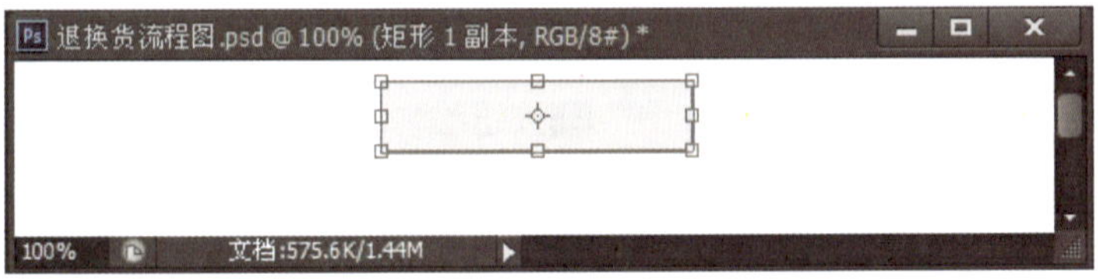

图 5-122 执行【Ctrl+T】快捷键

步骤 4 根据**步骤 3** 的操作，按下【Ctrl】键鼠标将变成白色箭头，同时单击鼠标左键分别拖动左上角和右上角的控制点到如图 5-123 所示的位置。

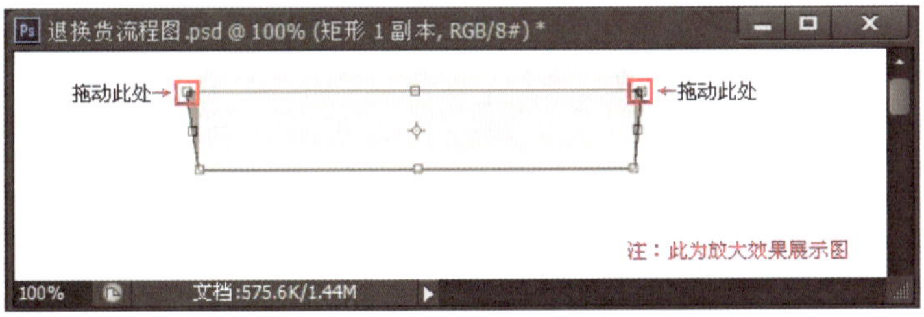

图 5-123 拖动左上角和右上角的控制点

步骤 5 按下【Enter】键确认变换形状，这时就为矩形形状添加了立体的倒影效果，如图 5-124 所示。

步骤 6 在工具箱中单击“文字工具”按钮，输入“退换货流程图”文字内容，如图 5-125 所示。

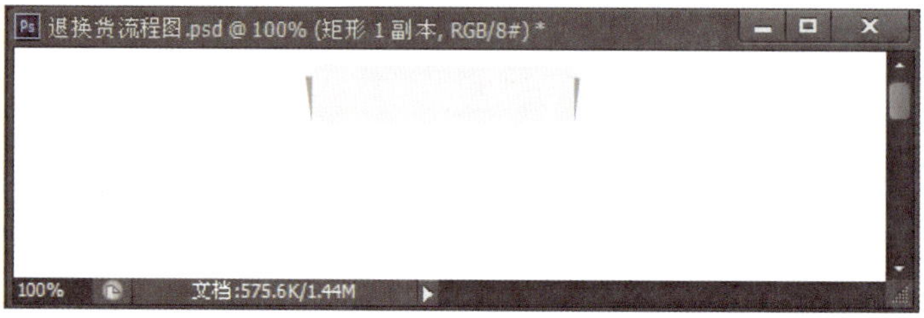

图 5-124　添加了立体的倒影效果

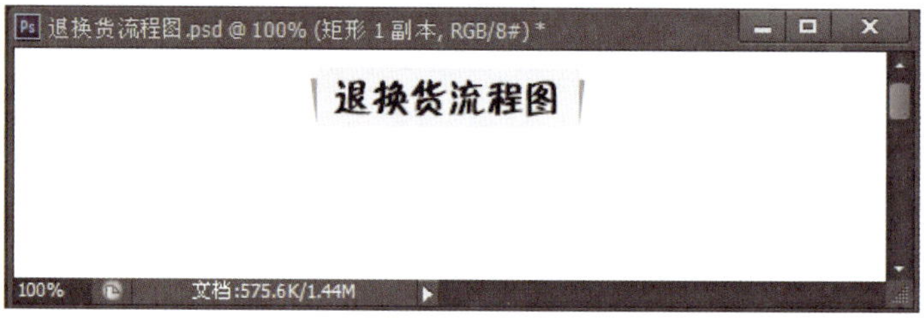

图 5-125　输入“退换货流程图”文字内容

步骤 7　在工具箱中单击“文字工具”按钮绘制虚线，绘制虚线的方法是按下【Shift】键的同时按【-】减号键，如图 5-126 所示。

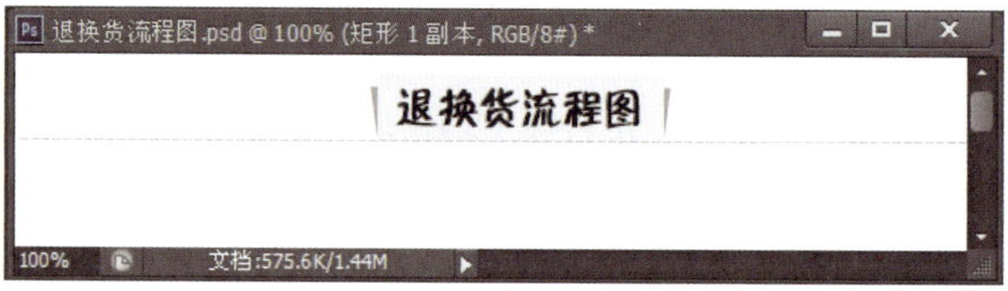

图 5-126　绘制虚线

步骤 8　在工具箱中单击“矩形工具”按钮，绘制矩形形状，在“图层”面板中生成“矩形 2”图层。单击“文字工具”按钮，输入“商品到达”文字内容，如图 5-127 所示。

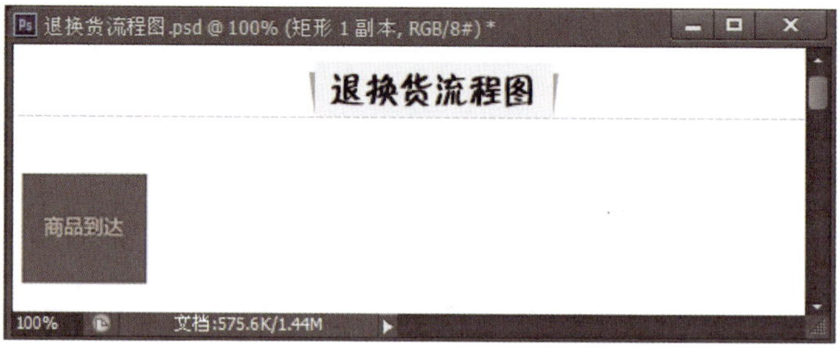

图 5-127　输入“商品到达”文字内容

步骤 9 在工具箱中单击“矩形工具”按钮并且停留 2s，在弹出的下拉菜单中单击“直线工具”按钮，按下【Shift】键的同时利用鼠标左键绘制一条直线，在“图层”面板中生成“形状 1”图层，如图 5-128 所示。

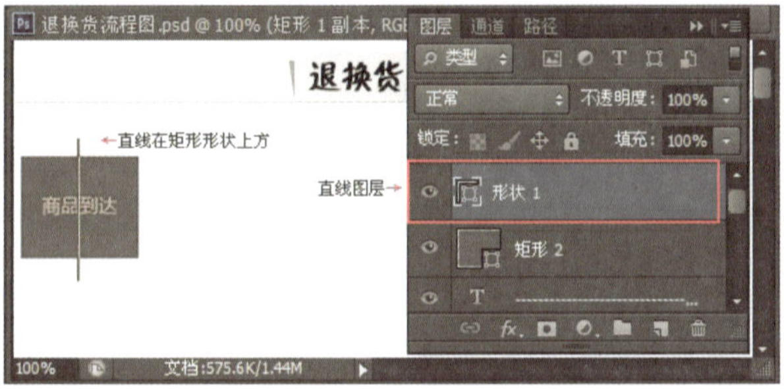

图 5-128 “形状 1”图层

步骤 10 在确保选中“形状 1”图层的情况下，单击鼠标左键将“形状 1”图层向下拖动到“矩形 2”图层下方，如图 5-129 所示。

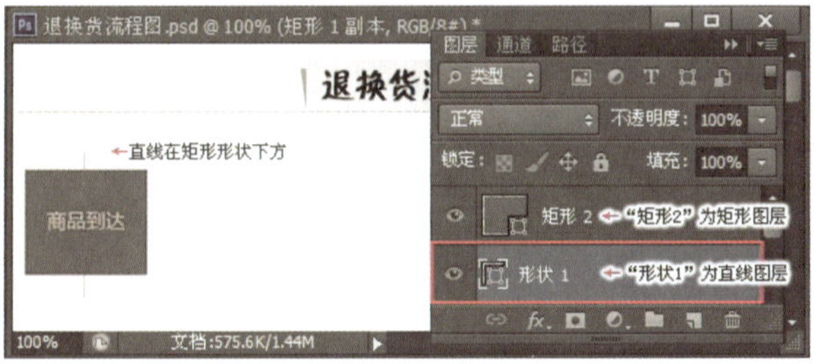

图 5-129 将“形状 1”图层向下拖动

步骤 11 在工具箱中单击“直线工具”按钮，设置工具选项栏参数，填充颜色值为 #dfccb7、粗细为 1 像素，单击“箭头设置”按钮，勾选“终点”复选框，设置箭头宽度为 700%，长度为 600%，如图 5-130 所示。

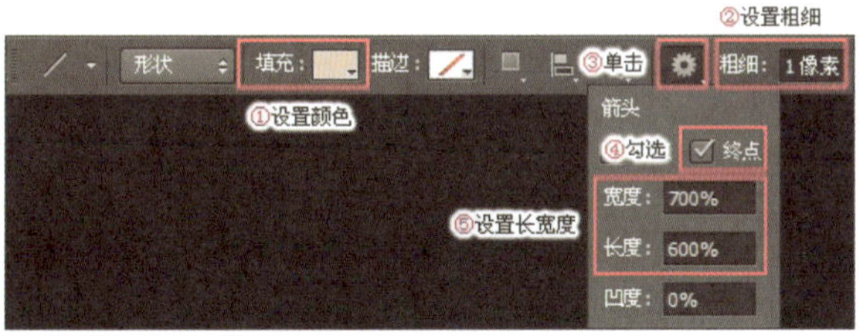

图 5-130 设置工具选项栏参数

步骤 12 按下【Shift】键的同时利用鼠标左键绘制一条带箭头的直线，如图 5-131 所示。

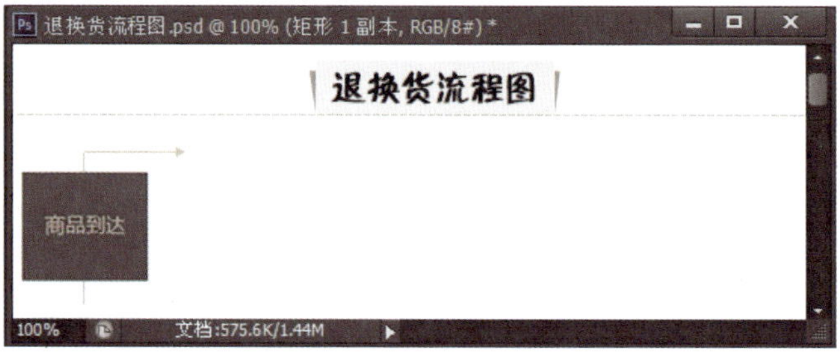

图 5-131 绘制一条带箭头的直线

步骤 13 重复**步骤** 8 至**步骤** 12，根据店铺实际退换货流程绘制流程图，最终效果图如图 5-132 所示。

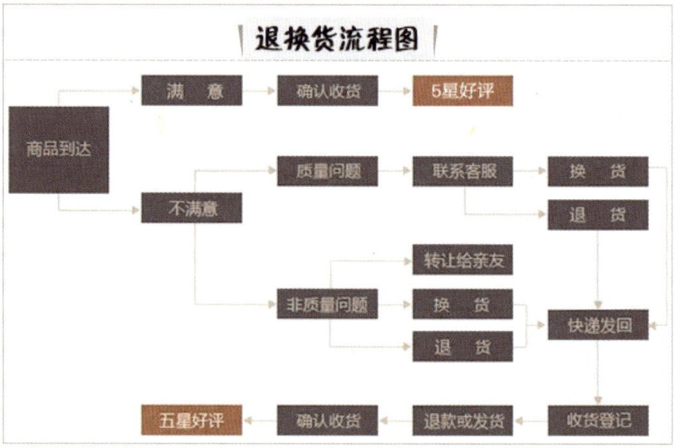

图 5-132 最终效果图

经验分享

根据在详情页添加快递服务展示图的步骤添加退换货流程图即可，也可以在导航模板新建自定义页面添加退换货流程图。

5.4.2 售后承诺图

退换货流程图让买家体验到退换货服务的正规化，售后承诺图则是让买家明确地知道购物后能够得到的实际保障，例如 7 天无条件退换货、全国联保、商品质量产生退货卖家承担邮费等售后承诺，如图 5-133 所示。

图 5-133 售后承诺图

这里以“运费无忧”模块的制作步骤为例，其他模块的制作步骤都是类似的。在制作之前，先在百度搜索相关图片，并利用“钢笔工具”抠取图片备用。具体操作步骤如下。

步骤 1 执行“文件→新建”命令，新建一个 750 像素 ×150 像素的空白文档，如图 5-134 所示。

步骤 2 在工具箱中单击“圆角矩形工具”按钮，设置工具选项栏参数，填充颜色值为 #006a9c、描边样式为无描边，半径为 10 像素，在图像上绘制图角矩形形状，如图 5-135 所示。

图 5-134 新建空白文档

图 5-135 绘制圆角矩形形状

步骤 3 在工具箱中单击“矩形选框工具”按钮并且停留 2s，在弹出的下拉菜单中单击“椭圆选框工具”按钮，设置工具选项栏参数，羽化为 20 像素（羽化值可以软化选区的边缘），如图 5-136 所示。

图 5-136　设置羽化值

步骤 4　按下【Shift】键的同时利用鼠标左键在图像上绘制圆形形状，如图 5-137 所示。

图 5-137　绘制圆形形状

步骤 5　在“图层”面板中单击“创建新图层”按钮，创建“图层 1”图层并保持选中状态，如图 5-138 所示。

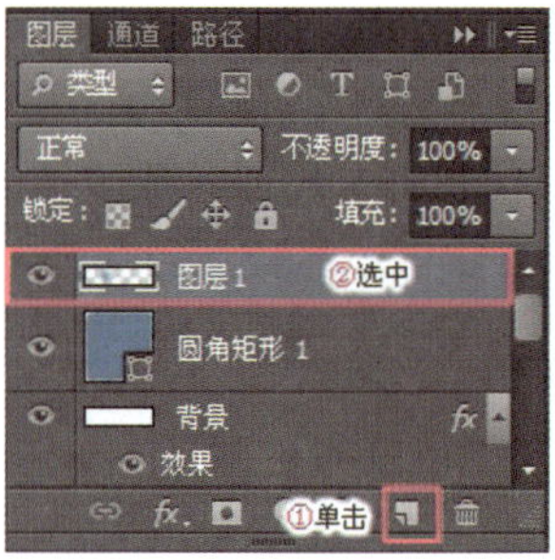

图 5-138　创建“图层 1”图层并保持选中状态

步骤 6　设置前景色色值为 #029cd7，在工具箱中单击“油漆桶工具”按钮，在圆形选框内单击鼠标左键，为图像填充颜色，如图 5-139 所示。

图 5-139　为圆形填充颜色

步骤 7 根据步骤 6 的操作，使用【Ctrl+D】快捷键取消选区，将抠好的图片拖动至“售后承诺图”图像上，放置在适当的位置，如图 5-140 所示。

图 5-140 拖动抠图到适当位置

步骤 8 在工具箱中单击“文字工具”T按钮，输入“运费无忧”文字内容，如图 5-141 所示。

图 5-141 输入“运费无忧”文字内容

步骤 9 设置“文字工具”选项栏参数，字体类型为宋体、字体大小为 12 像素、消除锯齿的方法为无，在图像上输入“质量问题卖家承担邮费”文字内容，完成“运费无忧”模块的最终设计，如图 5-142 所示。

图 5-142 完成“运费无忧”模块的最终设计

步骤 10 根据“运费无忧”图像的制作，完成其他模块图像，并进行排列，完成最终设计效果，如图 5-143 所示。

图 5-143　售后承诺图最终效果

经验分享

（1）绘制圆角矩形形状的颜色与油漆桶填充的颜色属于同一色值，前者颜色要比后者颜色重，才会出现中间亮两边暗的效果。（2）模块上用到的小标志，在百度图片都可以搜索到，不喜欢抠图的卖家可以到“中国素材网”搜索 PNG 标志图或者 PSD 源文件标志图，可以直接使用，不需要抠图。（3）将图片插入到店铺详情页。

5.4.3　5 星好评图的制作

5 星好评图可以向买家展示店铺优质的商品与服务，同时也提醒买家在购物满意后给出 5 星好评。但是，如果单纯是“满意请给 5 星好评”这样的提示语，则不足以引起买家足够的重视与兴趣。所以，在制作 5 星好评图的时候需要加入一些诱导因素在里面，如 5 星好评送优惠券、5 星好评送红包、5 星好评送店铺 VIP 等引诱买家的文字信息，鼓励买家不要因为个别因素而给出低分评价，如图 5-144 所示。

图 5-144　5 星好评图

在制作前，首先准备一张抠好的卡通图片和雪花纹理背景图备用。具体操作步骤如下。

步骤 1　执行“文件→新建”命令，新建一个 750 像素 ×250 像素的空白文档，如图 5-145 所示。

图 5-145 新建空白文档

步骤 2 在“图层”面板中双击“背景”图层进行解锁，设置前景色色值为 #9a7a4e，在工具箱中单击“油漆桶工具”按钮，然后为图像填充颜色，如图 5-146 所示。

图 5-146 为图像填充颜色

步骤 3 在工具箱中单击“文字工具”按钮，输入文字内容并进行排版，如图 5-147 所示。

图 5-147 输入文字内容并进行排版

步骤 4 在工具箱中单击“直线工具”按钮，按下【Shift】键的同时单击鼠标左键绘制一条直线，作为装饰线，如图 5-148 所示。

图 5-148 绘制一条直线

步骤 5 设置“文字工具”选项栏参数，字体类型为宋体、字体大小为 12 像素、消除锯齿的方法为无，在图像上输入以下文字信息，如图 5-149 所示。

图 5-149 输入文字信息

步骤 6 在工具箱中单击“自定义形状工具”按钮，在工具选项栏中单击“设置待创建的形状工具”按钮，在弹出的下拉面板中单击“设置”按钮，在其下拉菜单中选择“形状”命令，如图 5-150 所示。

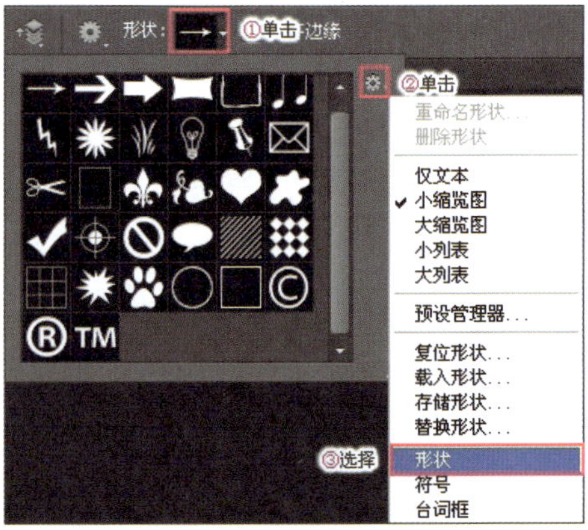

图 5-150 选择“形状”命令

步骤 7 根据步骤 6 的操作，在弹出的提示对话框中单击“追加”按钮，如图 5-151 所示。

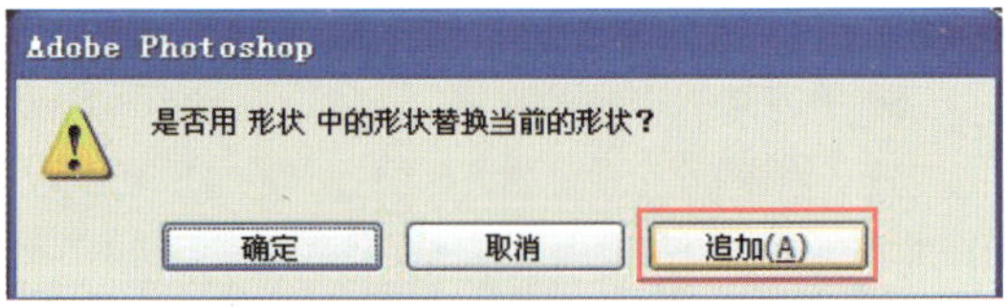

图 5-151 单击“追加”按钮

步骤 8 在“自定义形状工具”面板中单击“设置待创建的形状工具”按钮，选中追加的五角星形状，如图 5-152 所示。

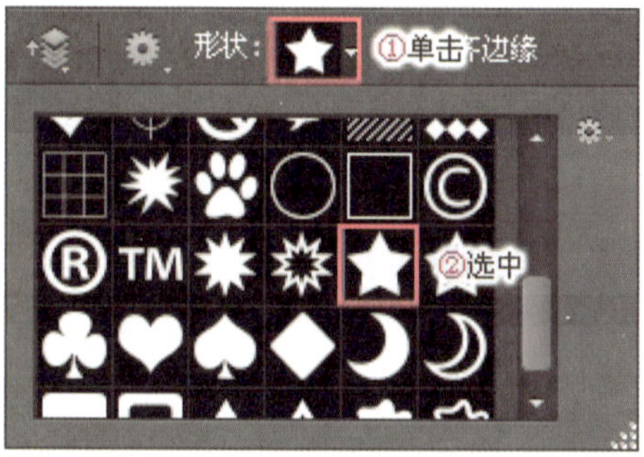

图 5-152 选中追加的五角星形状

步骤 9 设置前景色色值为 #fff600，按下【Shift】键的同时利用鼠标左键绘制五角星形状，连续绘制 15 个，如图 5-153 所示。

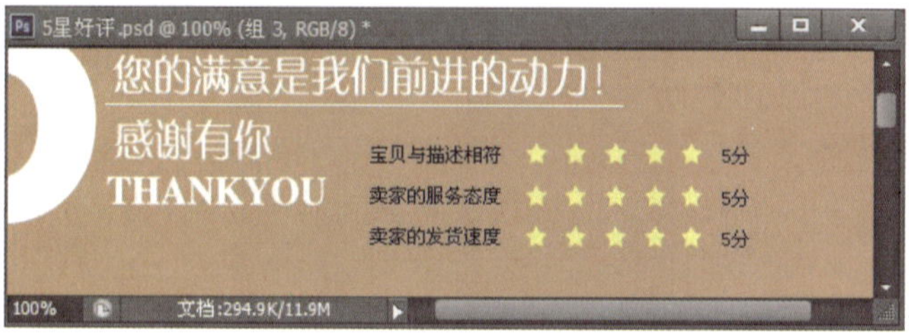

图 5-153 连续绘制 15 个五角星形状

步骤 10 在工具箱中单击“圆角矩形工具”按钮，设置工具选项栏参数，填充颜色值为 #ffffff、描边样式为无描边、半径为 12 像素，在图像上绘制圆角矩形形状，如图 5-154 所示。

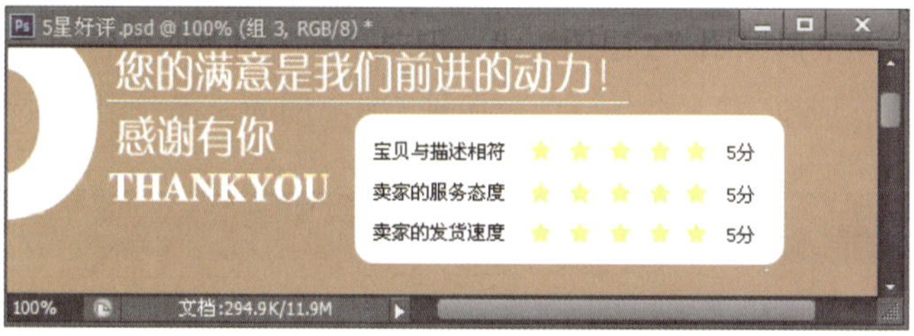

图 5-154 绘制圆角矩形形状

步骤 11 在“图层”面板中，选中刚绘制的“圆角矩形 1”图层，降低不透明度为 50%，如图 5-155 所示。

步骤 12 在“图层”面板中选中“5”文字图层，使用【Ctrl+J】快捷键复制图层，在“图层”面板中得到“5 副本”图层，如图 5-156 所示。

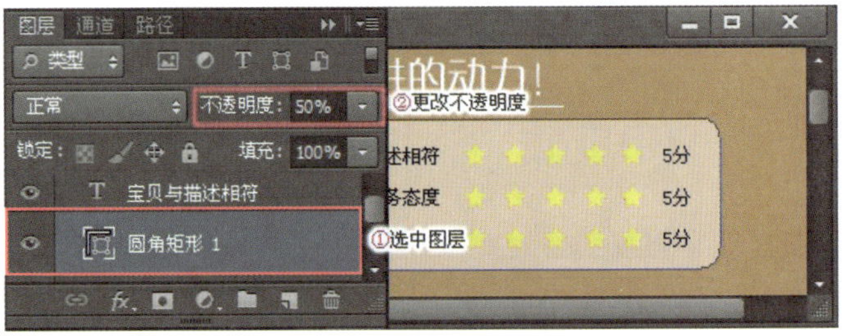

图 5-155　降低不透明度为 50%

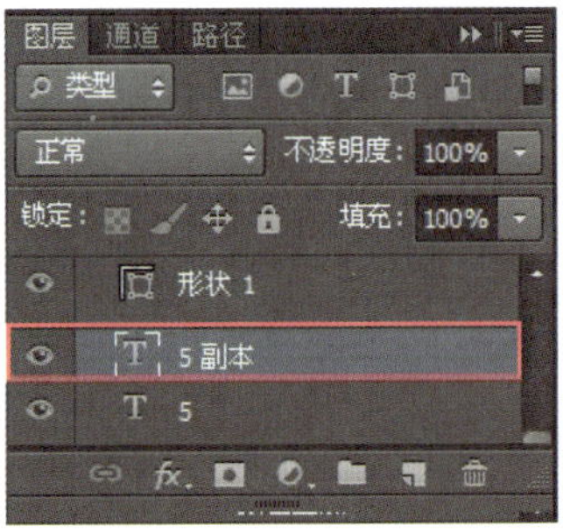

图 5-156　创建“5 副本”图层

步骤 13　选中“5”图层，更改颜色值为 #000000，并将图层向左移动 2 像素，向下移动 2 像素，为“5”字制作小阴影效果，如图 5-157 所示。

图 5-157　为“5”字制作小阴影效果

步骤 14　将抠好的卡通图片拖动到图像上，移动到适当的位置，如图 5-158 所示。

步骤 15　在工具箱中单击“画笔工具”按钮，设置前景色色值为 #80623e，在工具选项栏中单击“画笔预设选取器”按钮，在弹出的面板中选择第 4 行第 2 列的画笔，如图 5-159 所示。

图 5-158 拖动抠图到适当位置

步骤 16 在“图层”面板中单击“创建新图层”按钮，将创建的新图层拖动到卡通男孩图层下方，在图像上为男孩站立的方向绘制阴影，如图 5-160 所示。

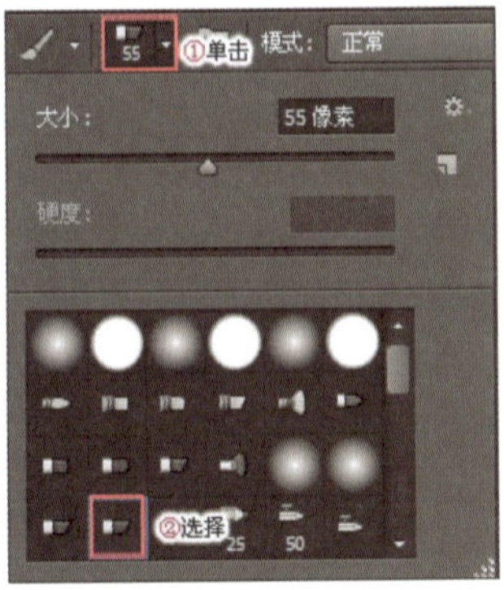

图 5-159 选择画笔

图 5-160 为男孩站立的方向绘制阴影

步骤 17 图像制作到这里已经完成了，如果觉得背景过于单调，可以将准备好的雪花纹理背景图拖动到图像上，注意需要拖动到“图层 0”的上一图层，如图 5-161 所示。

图 5-161 拖动背景图

步骤 18 在“图层”面板中选中“雪花纹理背景图”图层，设置图层混合样式为正片叠底，如图 5-162 所示。

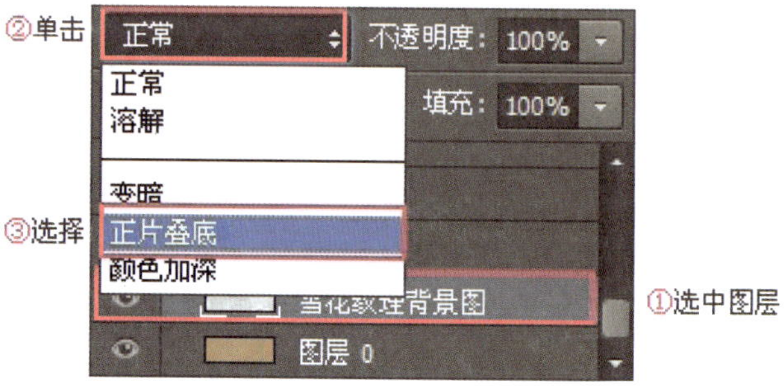

图 5-162 设置图层混合样式

步骤 19 最终制作效果图如图 5-163 所示。

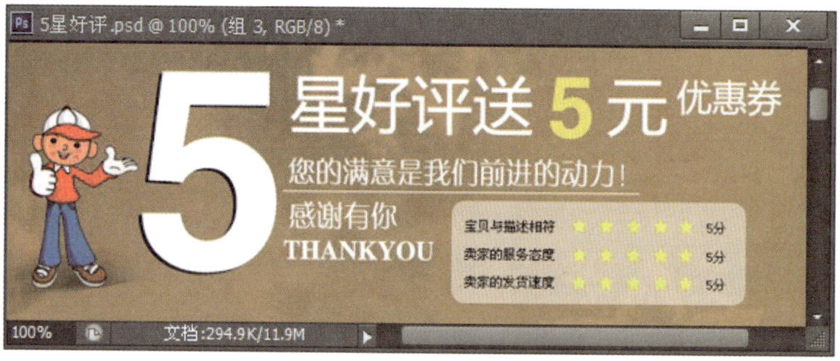

图 5-163 最终制作效果图

经验分享

（1）在为颜色背景添加纹理背景时，可以多选择几张纹理背景图片，替换不同的纹理背景图片，会得到意想不到的效果。（2）将图片插入到首页右侧栏和店铺详情页中。（3）如果经济条件允许，可以将退换货流程图、售后承诺图和 5 星好评图制作成卡片，放入包裹中快递给买家，从而展现给买家最完善的售后服务体系。

第6章 店铺装修的推广功能

6.1 海报宣传

在日常生活中随处可以看到形式多样的海报，可以让商品信息更加一目了然，便于将主推商品展现给买家。在网店设计中海报的宣传同样起着至关重要的作用。因此，海报的设计必须有号召力与艺术感染力，海报中的描述要简洁鲜明，达到引人注目的视觉效果。

6.1.1 海报的类型

网店中的海报基本上都是商业海报，起到宣传商品、店铺等作用。商业海报大概可以分为 3 种类型：商品宣传海报、店铺形象海报和活动推广海报。

商品宣传海报指的是以宣传某种或者多种商品为主的海报设计。制作商品宣传海报时要恰当地配合商品的格调和购买对象，突出商品的特性，以达到宣传某种或者多种商品的目的，如图 6-1 所示。

图 6-1 商品宣传海报

店铺形象海报指的是以宣传店铺品牌为主的海报设计。制作店铺形象海报时要考虑到网店的整体风格、色调及店铺类目，力求与整体风格相融合，如图 6-2 所示。

活动推广海报指的是以宣传店铺日常活动、节日活动等为主的海报设计。制作活动推广海报时要考虑它涉及的内容与时间，利用丰富的表现力，达到较强的视觉效果，如图 6-3 所示。

图 6-2　店铺形象海报

图 6-3　活动推广海报

6.1.2　制作最炫首焦图

首焦图即进入店铺首页的第一张全屏海报图。作为视区重点的首焦图，相当于实体店铺的门面装饰，只有做得亮眼才能够给买家留下深刻的印象，如图 6-4 所示。

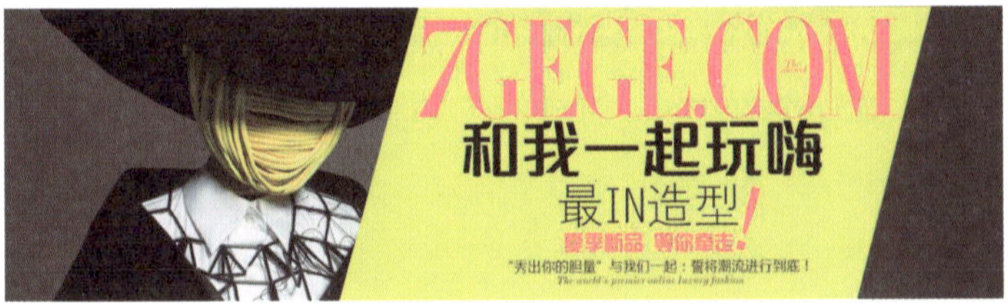

图 6-4　首焦图

如图 6-4 所示的这张首焦图，夸张的黑色帽子和黄色围脸线圈无疑构成了画面的焦点，黄色和粉色形成了绝佳的视觉冲击，而黑色作为百搭色系为画面做了一个补充，在画面上形成另一个从左到右的动态势能，最后我们的受众的视觉热点流向最下边的文字，同时“秀出你的胆量”等文字又与左边形成了呼应的关系，给了买家继续浏览下去的欲望。

淘宝店铺首焦图的尺寸需要根据电脑屏幕的分辨率来设置，一般首焦图总体宽度尺寸为 1500 像素，图像展示区域宽度为 1280 像素，高度虽然不限制，但是不建议超过 600 像素。那么，当买家的屏幕分辨率过大时，图像展示区域内的文字及画面可以让买家看全重点内容；当买家的屏幕分辩率过小时，总体宽度达到 1500 像素可以填满店铺两端页面背景的区域，维护整体店铺的美观程度。如图 6-5 所示，黑色半透明区域为图像展示区域，绿色半透明区域为店铺两侧的页面背景。

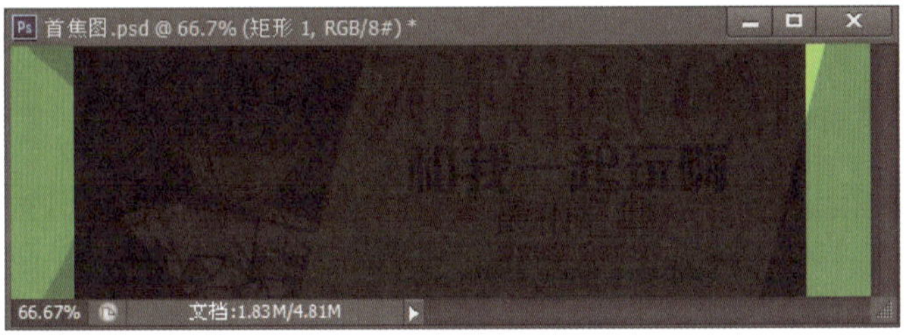

图 6-5　首焦图的尺寸

在制作首焦图以前，需要准备一张大于 1500 像素的高清素材图，具体操作步骤如下。

步骤 1　执行“文件→新建”命令，新建一个 1500 像素 ×430 像素的空白文档，在“图层”面板中双击“背景”图层进行解锁，如图 6-6 所示。

步骤 2　使用【Ctrl+T】快捷键，找到图像中心点；然后使用【Ctrl+R】快捷键，这时会出现标尺，如图 6-7 所示。

步骤 3　将鼠标移动到左侧标尺位置，将参考线向右拖动至中心点 750 像素位置然后释放鼠标，按【Enter】键确认变换，如图 6-8 所示。

图 6-6　新建空白文档

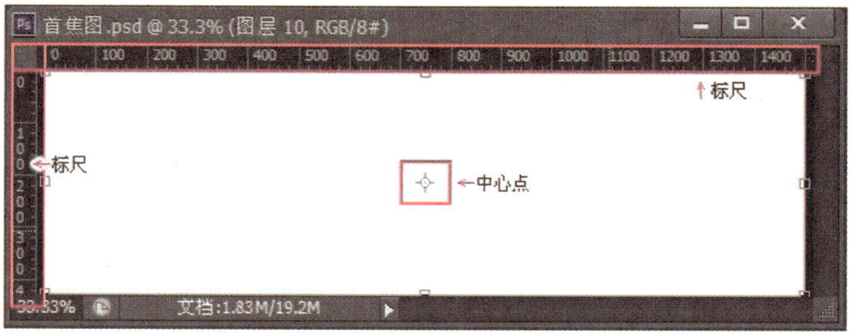

图 6-7　出现标尺

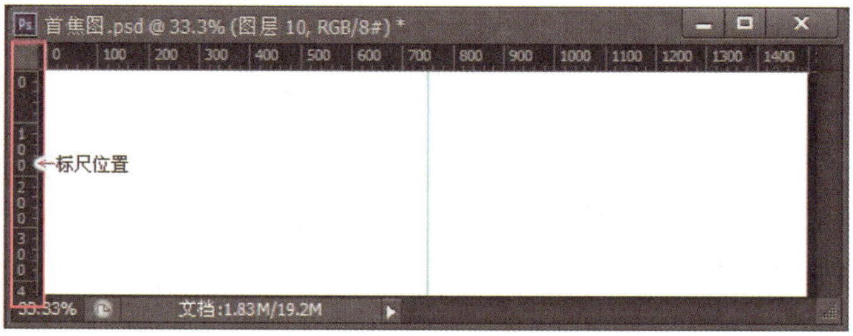

图 6-8　将参考线拖动至中心点位置

步骤 4　根据此方法分别将参考线拖曳至 110 像素位置和 1390 像素位置，剩余中间的尺寸范围为 1280 像素，设计图像需要在此范围内，如图 6-9 所示。

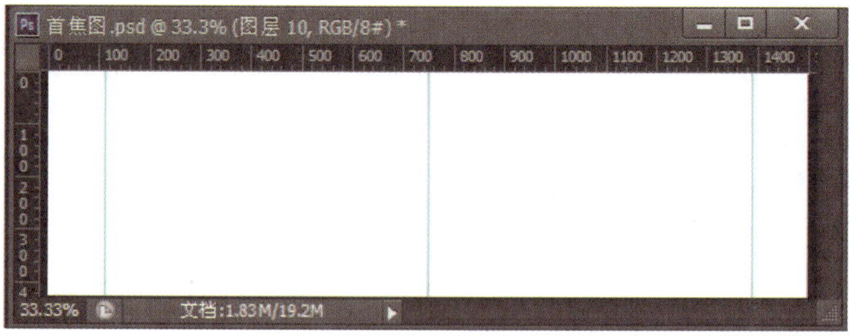

图 6-9　将参考线拖曳到指定位置

步骤 5 将高清素材图拖曳到图像上，调整到适合的位置，在工具箱中单击“矩形工具”按钮，设置填充颜色值为 #ffff01，如图 6-10 所示。

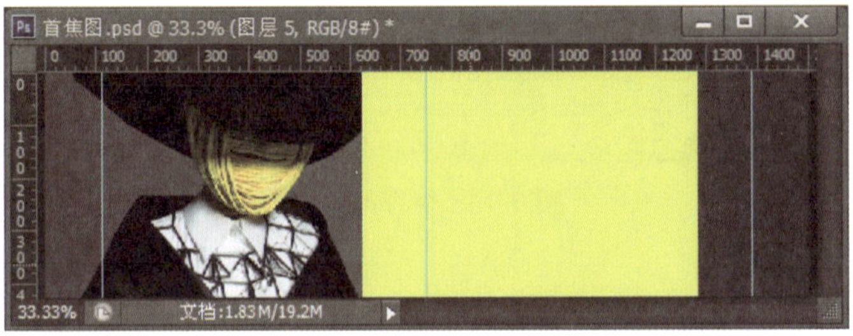

图 6-10 将素材图拖曳到图像上

步骤 6 使用【Ctrl+T】快捷键，按住【Ctrl】键当箭头变成白色时，变换矩形形状，如图 6-11 所示。

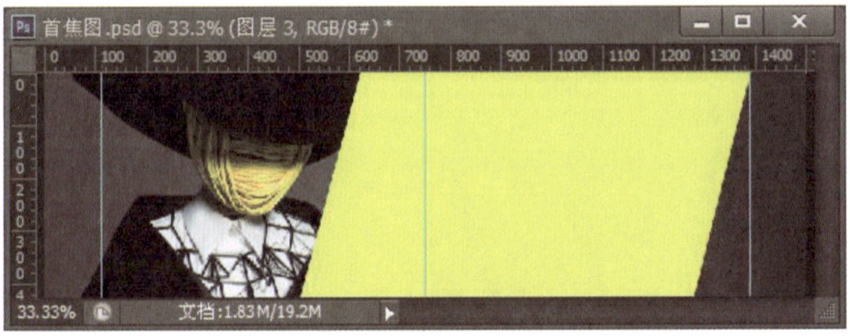

图 6-11 变换矩形形状

步骤 7 在工具箱中单击“文字工具”按钮，输入文字内容并进行排版，如图 6-12 所示。

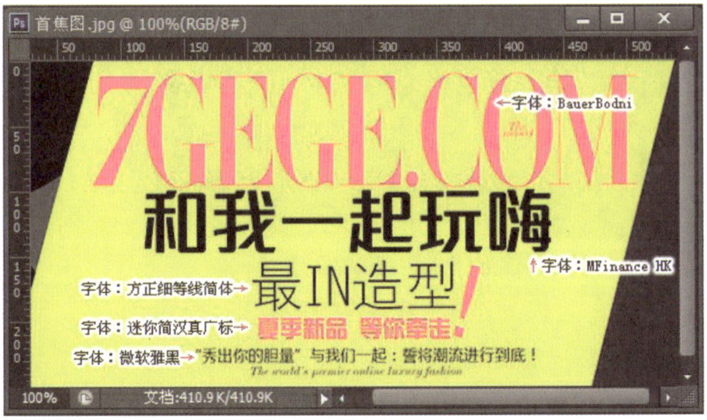

图 6-12 输入文字内容并排版

步骤 8 根据**步骤 7** 的操作完成首焦图的制作，执行“文件→存储为 Web 和设备所用格式”命令，在弹出的对话框中选择 JPEG 格式，保存首焦图，如图 6-13 所示。

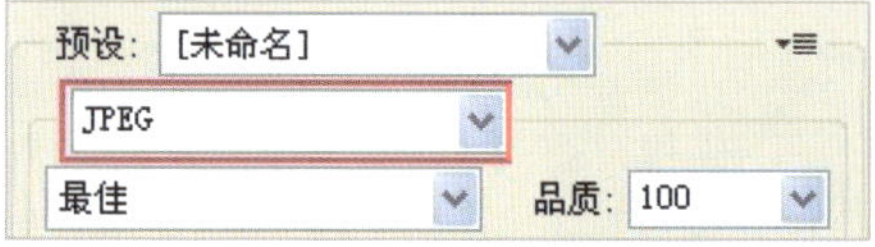

图 6-13　保存首焦图

6.1.3　设置全屏海报

全屏海报也就是店铺第一屏的位置，目前淘宝没有直接添加全屏海报的模块，所以需要把首焦图作为页面背景设置到店铺后台，发布后在首页才会以全屏海报的形式展现给买家。这里先来了解下页面背景的尺寸，页面背景的宽度尺寸 = 首焦图的宽度尺寸，页面背景的高度尺寸 = 店招高度（120 像素）+ 导航高度（30 像素）+ 首焦图高度，比如 6.1.2 节制作的首焦图高度为 430 像素，页面背景的高度就是 580 像素，如图 6-14 所示。

图 6-14　页面背景的高度

具体操作步骤如下。

步骤 1 执行“文件→新建”命令，新建一个 1500 像素 ×580 像素的空白文档，将首焦图拖动到图像上，移动至图像的下方，并与图像的左右边缘和下边缘重合，如图 6-15 所示。

图 6-15　拖动首焦图至图像的下方

步骤 2　根据**步骤 1** 的操作完成页面背景的制作，执行“文件→存储为 Web 和设备所用格式”命令。在弹出的对话框中选择 JPEG 格式，保存页面背景。页面背景不可以超过 200KB，如果文件过大可以通过降低图像的品质来缩小文件的大小，如图 6-16 所示。

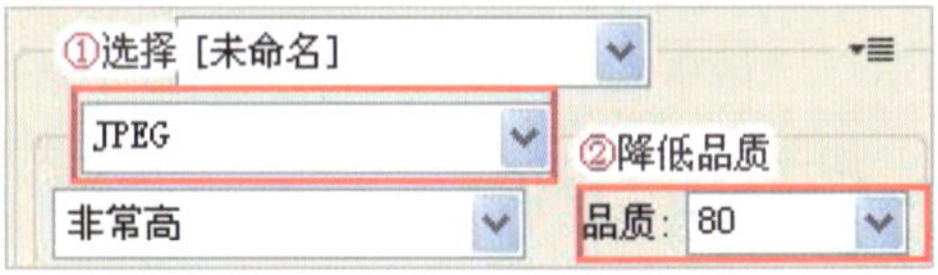

图 6-16　降低图像品质

步骤 3　在旺铺专业版中选择“页面装修”命令，如图 6-17 所示。

图 6-17　选择“页面装修”命令

步骤 4　在“页面装修”页面单击“页面”按钮，如图 6-18 所示。

图 6-18　单击“页面”按钮

步骤 5 在“页面”选项卡中对“页面背景图”进行设置，单击“更换图片”按钮，根据路径找到首焦图进行上传，如图 6-19 所示。

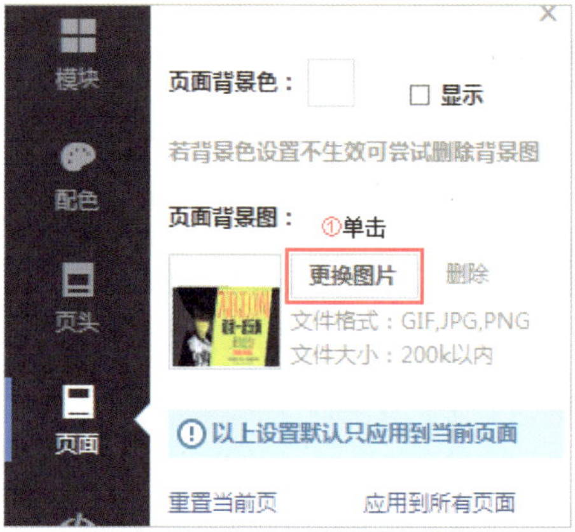

图 6-19　单击“更换图片”按钮

步骤 6 在“背景显示”区域中选择不平铺，在“背景对齐”区域中选择居中，设置完毕后单击“保存”按钮，如图 6-20 所示。

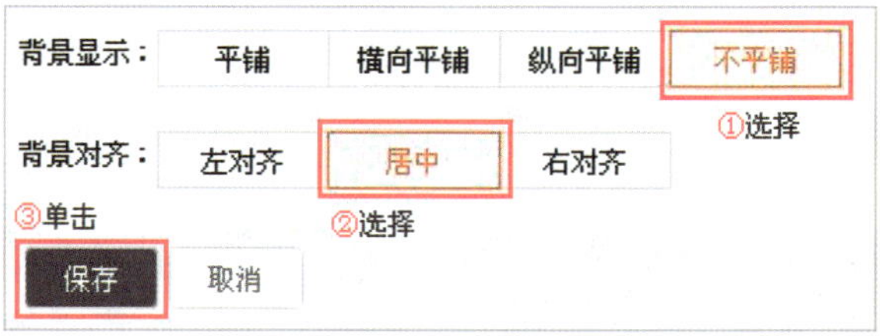

图 6-20　背景设置

步骤 7 在“装修”菜单栏下执行“页面管理”命令，返回到店铺首页，会看到首焦图 950 像素的部分被其他模块遮挡住了，如图 6-21 所示。

图 6-21　950 像素部分被遮挡

步骤 8 在“模块”选项卡中，展开“基础模块”栏目，添加“自定义区”模块，如图 6-22 所示。

图 6-22 添加“自定义区”模块

步骤 9 单击“自定义区”模块的“上移”按钮，将模块移动到导航条下方、其他模块上方，如图 6-23 所示。

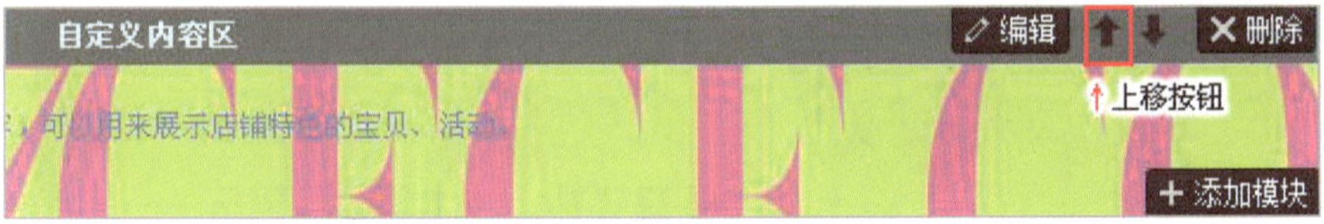

图 6-23 移动模块

步骤 10 单击“自定义区”模块上的“编辑”按钮，在弹出的对话框中设置不显示标题，单击“源码”按钮，如图 6-24 所示。

图 6-24 单击“源码”按钮

步骤 11 输入一段透明代码，让首焦图被遮挡的部分呈现出来，代码“height:420px”中的高度数值需要根据首焦图的高度进行设置（公式是首焦图高度减去 10 像素），已知我们的首焦图高度为 430 像素，所以这里设置的高度为 420 像素，设置好后单击“确定”按钮，如图 6-25 所示。

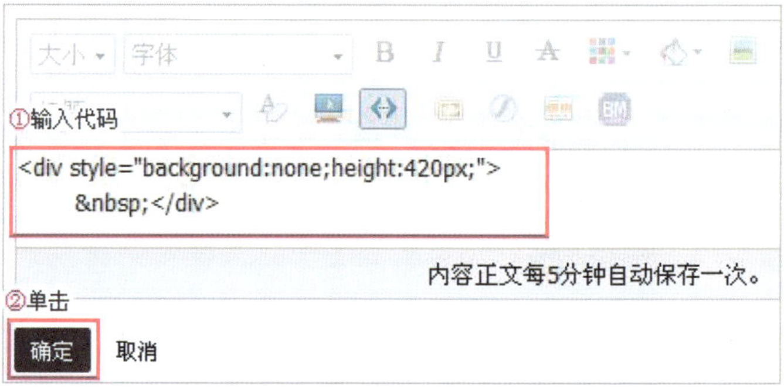

图 6-25　输入一段透明代码

步骤 12　单击“发布”按钮，完成最后的操作步骤，这时首焦图才会以全屏海报的效果展示在店铺页面，如图 6-26 所示。

图 6-26　全屏海报展示效果

6.2　二维码

对大多数人来讲，二维码是一个比较陌生的概念，与它类似的、广泛运用于超市商品识别的“一维条形码”，却是我们每个人都十分熟悉的。二维码正是“一维条形码”发展的“高级阶段”，在一个小小的方块里面包含一条链接地址，引导使用者通过扫描设备（如手机）快速进入相应的网站，如图 6-27 所示。

9 787500 653882　02

活动码：67102

一维条形码　　淘宝二维码

图 6-27　一维条形码和二维码

6.2.1　二维码的应用

淘宝为卖家提供二维码在线生成工具，可以将卖家的店铺和商品的“手机浏览链接”转化成二维码印制出来，夹在包裹中、印在优惠券上，甚至是出售的商品上，利用优惠信息引导消费者再次购物。举例来说，在接收到包裹时，买家拿到印有二维码的优惠券，此时他们只需要使用手机的摄像头“照”一下这个黑白相间的小方块，就可以快速地通过手机进入卖家的店铺领取优惠券，如图 6-28 所示。

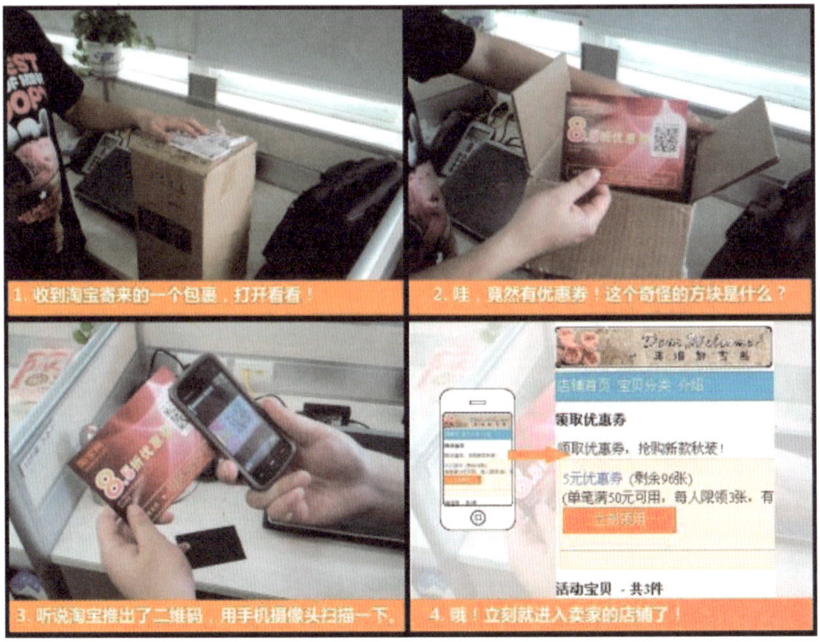
1. 收到淘宝寄来的一个包裹，打开看看！
2. 哇，竟然有优惠券！这个奇怪的方块是什么？
3. 听说淘宝推出了二维码，用手机摄像头扫描一下。
4. 哦！立刻就进入卖家的店铺了！
店铺首页 宝贝分类 介绍
领取优惠券
领取优惠券，抢购新款秋装！
5元优惠券（剩余968张）
(单笔满50元可用，每人限领3张，有
立刻领用
活动宝贝 - 共3件

图 6-28　如何使用二维码

6.2.2 二维码的妙用

合理地利用二维码可以为卖家带来意想不到的订单回报，据统计，在淘宝举办的一次“开箱有礼”活动中，77 家卖家使用淘宝二维码工具。活动总成本不超过 5 万元（主要是优惠券印制的费用），超过 35% 的用户领取优惠券后会产生交易，产生的总的支付宝交易额 219 万元，回报超过 40 倍，如图 6-29 所示。

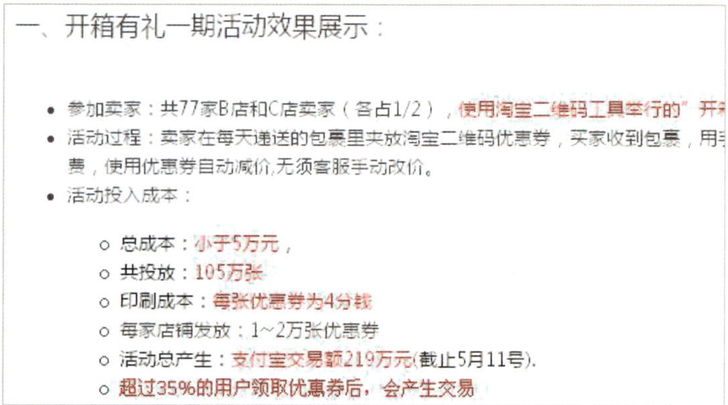
一、开箱有礼一期活动效果展示：

- 参加卖家：共77家B店和C店卖家（各占1/2），使用淘宝二维码工具举行的”开
- 活动过程：卖家在每天递送的包裹里夹放淘宝二维码优惠券，买家收到包裹，用
费，使用优惠券自动减价,无须客服手动改价。
- 活动投入成本：
  - 总成本：小于5万元，
  - 共投放：105万张
  - 印刷成本：每张优惠券为4分钱
  - 每家店铺发放：1~2万张优惠券
  - 活动总产生：支付宝交易额219万元(截止5月11号).
  - 超过35%的用户领取优惠券后，会产生交易

图 6-29 “开箱有礼”活动

如此有效的成交回报，小小的二维码它的妙处究竟在哪里？答案如图 6-30 所示。

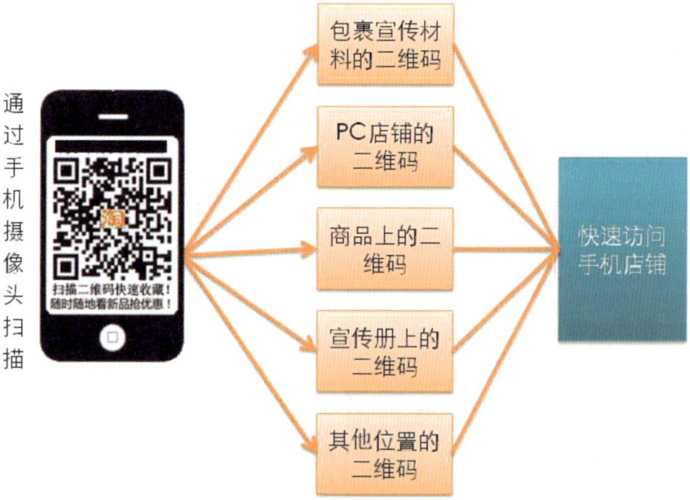

图 6-30 二维码的妙处

妙处 1：淘宝卖家可以将二维码印刷到包裹中的宣传物上（如优惠券、宣传册），随包裹发给买家，吸引买家通过二维码进入店铺进行二次购买，为卖家带来源源不断的客源。

妙处 2：卖家还可以在 PC 店铺和商品详情页中贴出二维码，让买家可以使用手机快速收藏，随时随地光顾您的店铺！

妙处 3：淘宝买家通过手机上的二维码识别软件，扫描卖家发布的淘宝二维码，可以直接找到卖家的促销活动、店铺首页、宝贝单品等信息，免去输入网址、关键词搜索等麻烦。

妙处 4：卖家还可以在自己的商品上贴上相应的二维码。

6.2.3 二维码的引流作用

了解了二维码的妙用后，问题来了，该如何在自己的店铺中生成二维码呢？具体操作步骤如下。

步骤 1 进入“卖家中心”页面，在“店铺管理”下执行“手机淘宝店铺”命令，如图 6-31 所示。

图 6-31 执行“手机淘宝店铺”命令

步骤 2 进入“手机淘宝店铺”管理页面，在“码上淘”模块单击“进入后台”按钮，如图 6-32 所示。

图 6-32 单击“进入后台”按钮

步骤3 在“码上淘”二维码设置后台，单击“我的二维码”按钮，单击“店铺首页”二维码，单击“下载”按钮，如图6-33所示。

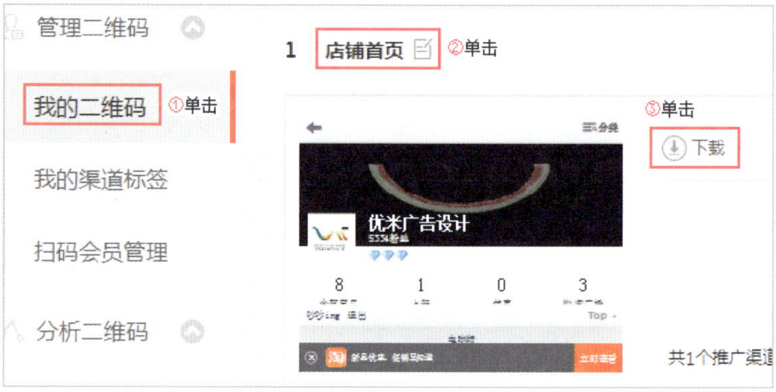

图6-33 单击“下载”按钮

步骤4 根据**步骤3**的操作，在“二维码生成区”右侧会生成对应的二维码图片，可以将二维码图片保存到本地文件夹，如图6-34所示。

图6-34 二维码图片

步骤5 “活动页”、“宝贝”和“自定义”二维码设置的方法与“店铺”二维码下载的方法相同，卖家可以根据**步骤3**至**步骤4**进行操作。

经验分享

有了这样一个二维码后，卖家就可以在此基础上对其进行加工，将它印刷到宣传材料上，可增加店铺客户流量。

6.2.4 在店铺中添加二维码

在首页添加“二维码”模块，可以让买家在浏览店铺的时候快速收藏店铺，具体操作步骤如下。

步骤 1 进入“店铺装修”页面，单击“模块”按钮，如图 6-35 所示。

图 6-35 单击“模块”按钮

步骤 2 在“模块”选项卡中，展开“基础模块”栏目，添加“无线二维”模块，如图 6-36 所示。

图 6-36 添加“无线二维”模块

步骤 3 单击“发布”按钮，首页显示效果图如图 6-37 所示。

图 6-37 首页显示效果图

第7章 我的装修我做主

7.1 大图展示

淘宝店铺系统模块的商品图片最大为 400 像素 ×400 像素，是一种常规陈列。在同一个页面上不能让所有陈列的商品图片大小都一样，应该将主推商品图片放大，让商品图片大小有别才会形成主次之分，并将同一类目的商品放在同一模块内，也有助于买家更加快速地找到自己所需的商品信息，如图 7-1 所示。

图 7-1 大图展示

7.1.1 在 Photoshop 中制作大图模块

主推商品图片与其他商品图片在模块中的位置，可以放置在上边区域，也可以放置在左边区域，以突出主推商品为主，具体操作步骤如下。

步骤 1 执行“文件→新建”命令，新建一个 950 像素 ×535 像素的空白文档，如图 7-2 所示。

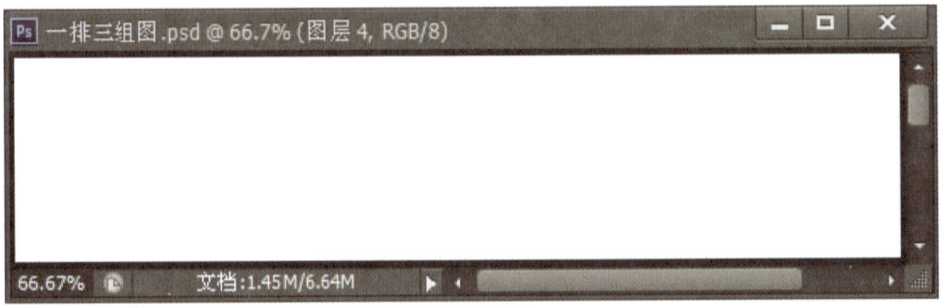

图 7-2　新建空白文档

步骤 2 在工具箱中单击“矩形选框工具”按钮，设置工具选项栏参数，选框工具的样式为固定大小、宽度为 310 像素、高度为 470 像素，如图 7-3 所示。

步骤 3 设置前景色色值为 #848484，在工具箱中单击“油漆桶工具”按钮，在矩形选框内单击鼠标左键，为图像填充颜色，如图 7-4 所示。

图 7-3　绘制矩形选框

图 7-4　为图像填充颜色

步骤 4 将商品素材图拖到图像上，在“图层”面板中创建“图层 2”图层并且使其保持选中状态，单击鼠标右键，在弹出的快捷菜单中选择“创建剪贴蒙版”命令，如图 7-5 所示。

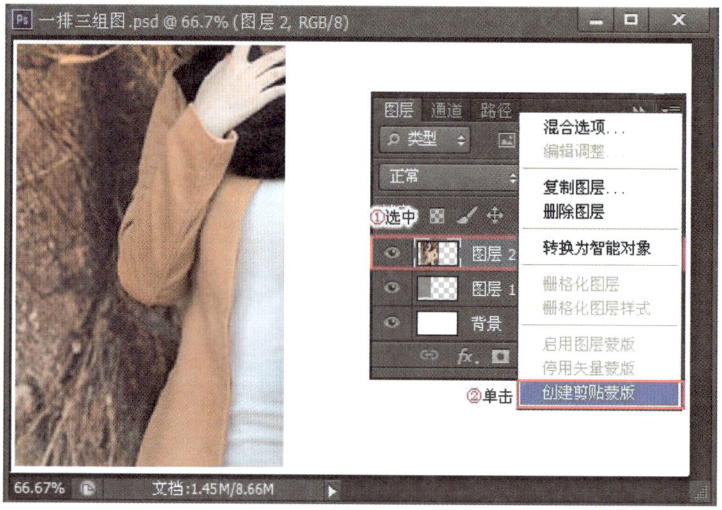

图 7-5　选择“创建剪贴蒙版”命令

步骤 5 使用【Ctrl+T】快捷键，按下【Shift】键的同时单击鼠标左键缩放图片到合适大小，如图 7-6 所示。

步骤 6 在工具箱中单击“文字工具” T 按钮，输入商品的文字信息，如图 7-7 所示。

图 7-6　缩放图片

图 7-7　输入文字信息

步骤 7 在工具箱中设置前景色色值为 #000000，单击“矩形工具”按钮，在图像上绘制矩形形状，如图 7-8 所示。

步骤 8 使用【Ctrl+J】快捷键复制“矩形 1”图层，在“图层”面板中得到“矩形 1 副本”图层，单击“图层缩略图”按钮更改“矩形 1 副本”的颜色值为 #f5be2a，如图 7-9 所示。

图 7-8 绘制矩形形状

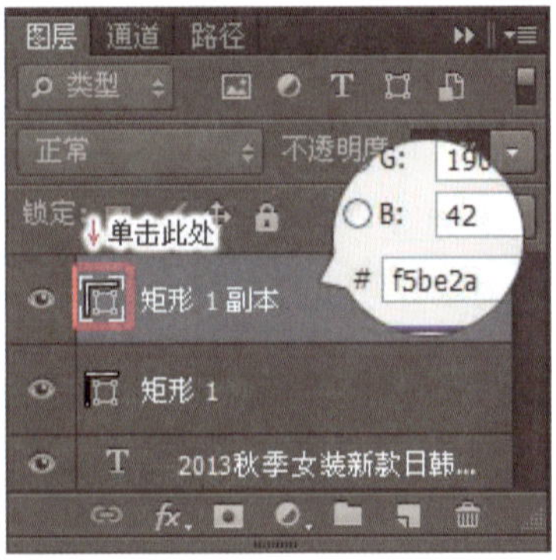

图 7-9 更改“矩形 1 副本”的颜色值

步骤 9 使用【Ctrl+T】快捷键，拖动控制点缩小“矩形 1 副本”的宽度，如图 7-10 所示。

步骤 10 在工具箱中单击“文字工具”按钮，输入商品价格等文字内容，如图 7-11 所示。

图 7-10 缩小“矩形 1 副本”的宽度

图 7-11 输入文字内容

步骤 11 在工具箱中单击“自定义形状工具”按钮，设置前景色色值为 #f5be2a，按下【Shift】键的同时利用鼠标左键绘制五角星形状，如图 7-12 所示。

步骤 12 重复**步骤 2** 至**步骤 11**，制作其他商品图片及文字内容等，最终效果图如图 7-13 所示。

图 7-12　绘制五角星形状

图 7-13　最终效果图

经验分享

在制作完第 1 个商品信息后，可以在“图层”面板中复制除“背景”图层外的所有图层，向右拖动复制的图像到适合的位置，然后更改商品图片以及文字信息，这样就省略了重复制作的步骤。

7.1.2　分割图像

由于制作的是一排三组图，每张图片都有不同的链接，要让买家单击图片能够进入对应的商品详情页，就需要对图片进行切片，然后添加对应的商品链接，具体操作步骤如下。

步骤 1 根据 7.1.1 节制作好商品大图，在工具箱中单击“裁剪工具”按钮并且停留 2s，在弹出的下拉菜单中单击“切片工具”按钮，如图 7-14 所示。

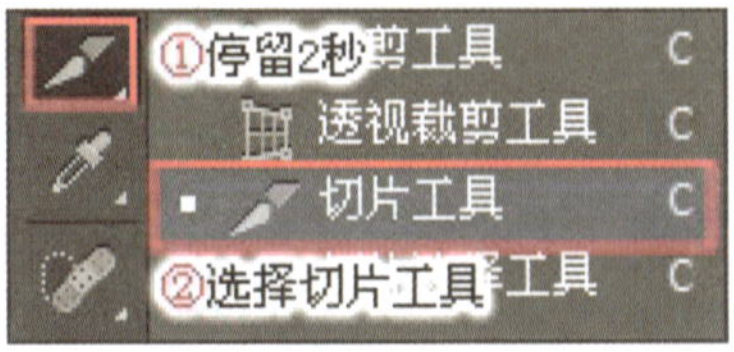

图 7-14 单击“切片工具”按钮

步骤 2 单击“切片工具”按钮后，利用鼠标左键在图像中由左上角向右下角拖动，在图像中拖动绘制矩形，绘制的矩形四周出现切片控制框，如图 7-15 所示。

图 7-15 出现切片控制框

步骤 3 继续单击“切片工具”按钮，设置多个切片区域，创建多个切片图像，设置效果如图 7-16 所示。

步骤 4 执行“文件→存储为 Web 和设备所用格式”命令，打开“存储为 Web 和设备所用格式”对话框，设置图片格式为 JPEG 格式，图片品质为 80，如图 7-17 所示。

图 7-16　创建多个切片图像

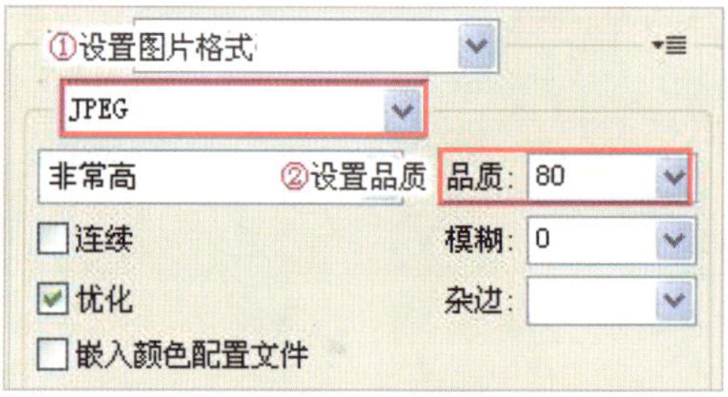

图 7-17　设置图片格式和图片品质

步骤 5　单击“存储”按钮，在弹出的“将优化结果存储为”对话框中设置存储位置和文件名称，设置完存储文件的位置和名称后，单击“保存”按钮。在弹出的“‘Adobe 存储为 Web 所用格式’警告”对话框中单击“确定”按钮，如图 7-18 所示。

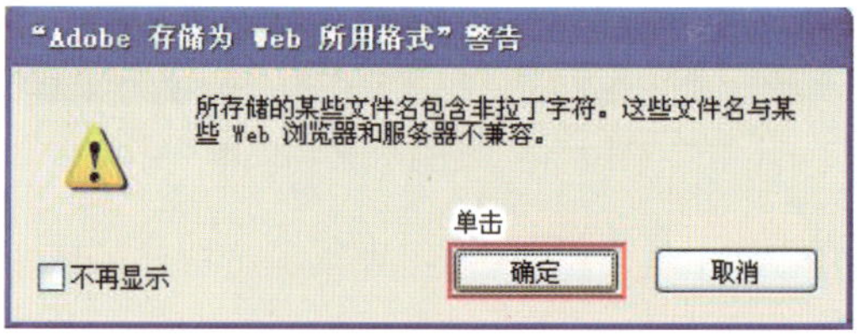

图 7-18　警告对话框

步骤 6　根据步骤 5 的操作，在所选存储位置下生成 images 文件夹，如图 7-19 所示。

步骤 7　打开 images 文件夹，在这个文件夹中保存了被分割后的图片，如图 7-20 所示。

图 7-19 images 文件夹

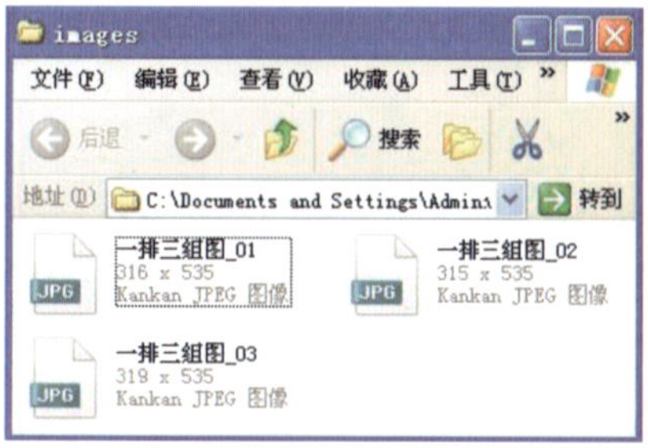

图 7-20 被分割后的图片

经验分享

分割几次图像，图片上会有对应的分割编号，生成的文件夹中也会有对应的数字，例如，分割 3 次图像，图片的编号为 01、02、03，生成的文件夹中的图片名称为“一排三组图 _01”、“一排三组图 _02”、“一排三组图 _03”。

7.1.3 用表格制作模块

在“5.1.4 制作客服区”一节中曾经跟大家提到过“行”和“列”的概念，同样，本节也要利用这个概念。通过图像可以得知，该模块是由 1 行 3 列组成的，具体操作步骤如下。

步骤 1 将 images 文件夹中的图片上传到图片空间，上传效果如图 7-21 所示。

图 7-21 上传效果

步骤 2 进入“店铺装修”页面，在通栏添加“自定义区”模块，单击“自定义区”模块上方的“编辑”按钮。在弹出的“自定义区”编辑器中，更改显示标题方式为不显示，如图 7-22 所示。

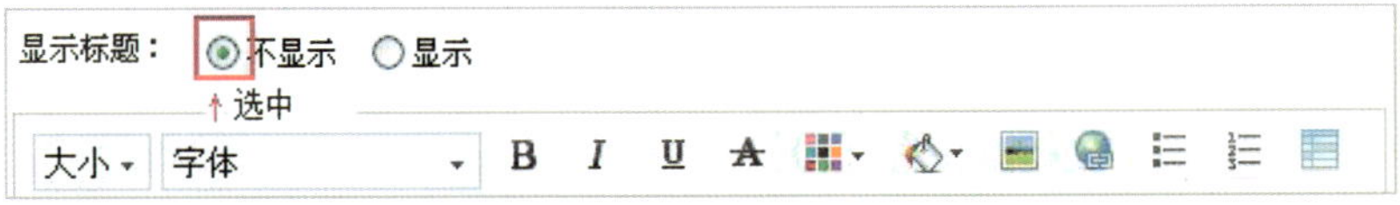

图 7-22　更改显示标题方式

步骤 3　在编辑器中单击“插入表格”按钮，如图 7-23 所示。

图 7-23　单击“插入表格”按钮

步骤 4　在弹出的“表格”对话框中设置参数，行数为 1、列数为 3、对齐方式为中间对齐、边框为 0、勾选“合并边框”复选框、宽度为 950 像素、高度为 535 像素、标题格为无，设置好后，单击“确定”按钮，如图 7-24 所示。

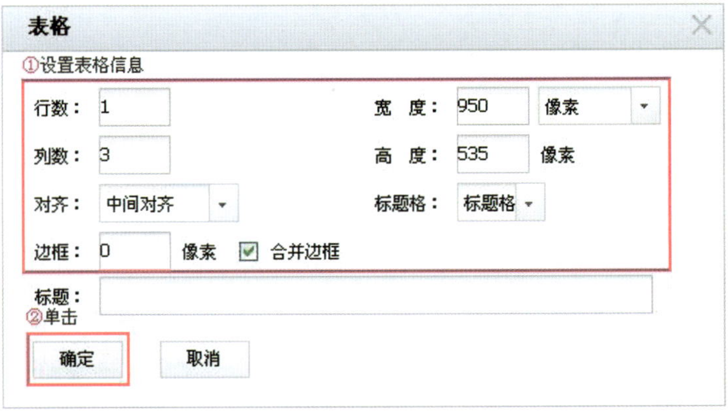

图 7-24　“表格”对话框

步骤 5　根据步骤 4 的操作，在编辑器中添加了 1 行 3 列的表格，如图 7-25 所示。

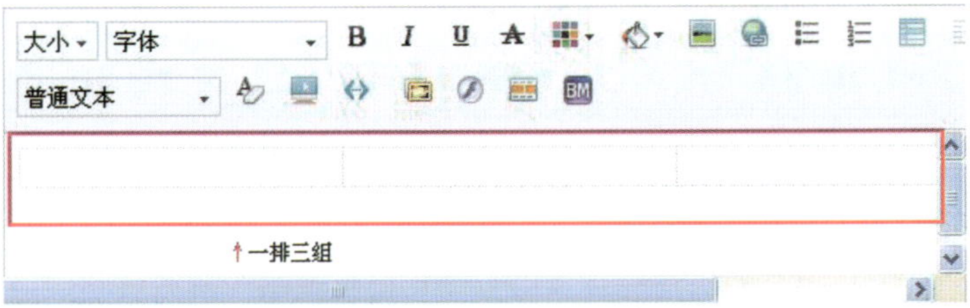

图 7-25　添加 1 行 3 列的表格

步骤 6 单击 1 行 1 列表格边框内部，当有光标在闪动时，单击“插入图片空间图片”按钮，如图 7-26 所示。

图 7-26 单击“插入图片空间图片”按钮

步骤 7 在弹出的“图片空间选择”对话框中，选中名称为“一排三组图 _01”的图片，单击“插入”按钮，显示效果如图 7-27 所示。

图 7-27 插入第 1 张图片

步骤 8 拖动滚动条，在 1 行 2 列表格边框内部，插入名称为“一排三组图 _02”的图片；在 1 行 3 列表格边框内部，插入名称为“一排三组图 _03”的图片，如图 7-28 所示。

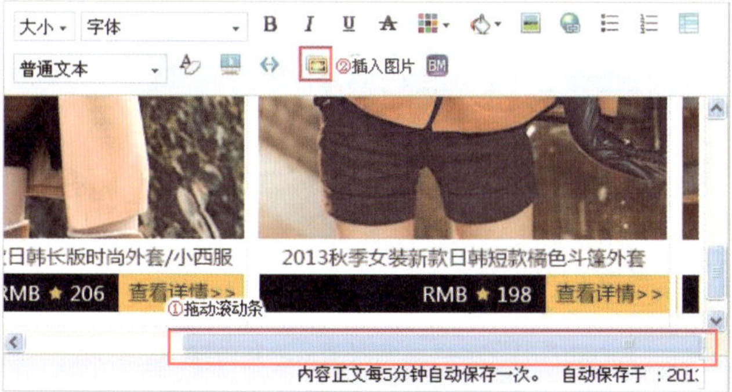

图 7-28 插入另外两张图片

步骤 9　选择第 1 张商品图片，会在商品图上出现控制点，如图 7-29 所示。

图 7-29　出现控制点

步骤 10　双击选中的商品图片，在弹出的对话框中输入链接网址（商品链接地址），单击“确定”按钮，如图 7-30 所示。

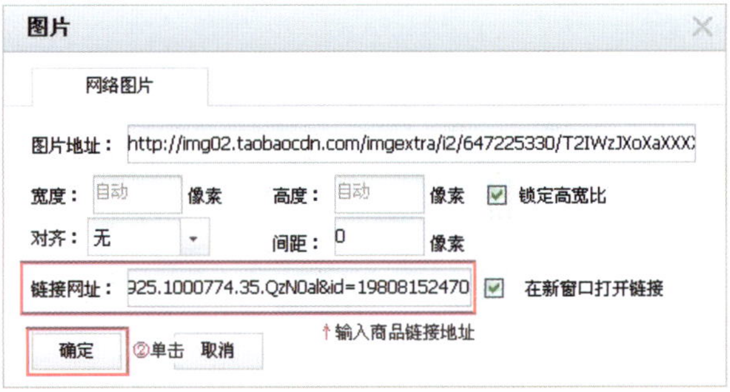

图 7-30　输入链接网址

步骤 11　根据步骤 9 和步骤 10，添加其他两张商品图片的链接网址，然后单击“确定”按钮，如图 7-31 所示。

图 7-31　为另外两张图片添加链接网址

步骤 12　单击“发布”按钮，首页显示效果如图 7-32 所示。

图 7-32 首页显示效果

经验分享

使用以上做法完成店铺首页的整体装修，大图拼接模块虽然单调，却可以让买家购物思路更清晰，容易定位自己喜欢的商品。

7.2 在线制作装修模块

我们在 7.1 节学习了如何在 Photoshop 中制作模块，本节主要教大家如何在线生成装修模块。提供在线装修模块的是除淘宝站之外的一些比较好的网站，例如淘宝店主之家（http://taobaokaidian.com）等。这类网站致力于为广大店主提供全能代码等服务，使店铺装修更容易、更高效！

7.2.1 放大镜模块

放大镜模块是指鼠标移动到模块上，会弹出对应的放大商品图和商品信息，具体操作步骤如下。

步骤 1 在浏览器地址栏中输入网址 http://taobaokaidian.com，进入“淘宝店主之家”网站页面，如图 7-33 所示。

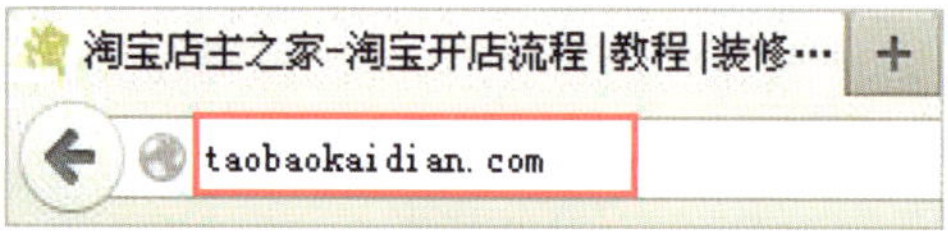

图 7-33 “淘宝店主之家”网站

步骤 2 在导航条上单击“放大镜模块生成”按钮，如图 7-34 所示。

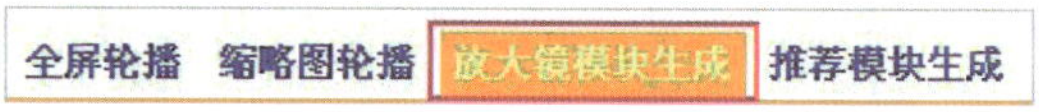

图 7-34 单击“放大镜模块生成”按钮

步骤 3 进入“放大镜模块生成”页面，可以看到默认模块样式的显示效果，如图 7-35 所示。

图 7-35 默认模块样式的显示效果

步骤 4 根据默认模块样式，更改成自己喜欢的模块颜色，单击“模块边框颜色”按钮，在弹出的“颜色值”对话框中选择白色，选择好后，单击“关闭”按钮，如图 7-36 所示。

步骤 5 根据文字和红框提示，依次更改其他模块颜色值、文字颜色值和文字大小，设定整体模块的样式，如图 7-37 所示。

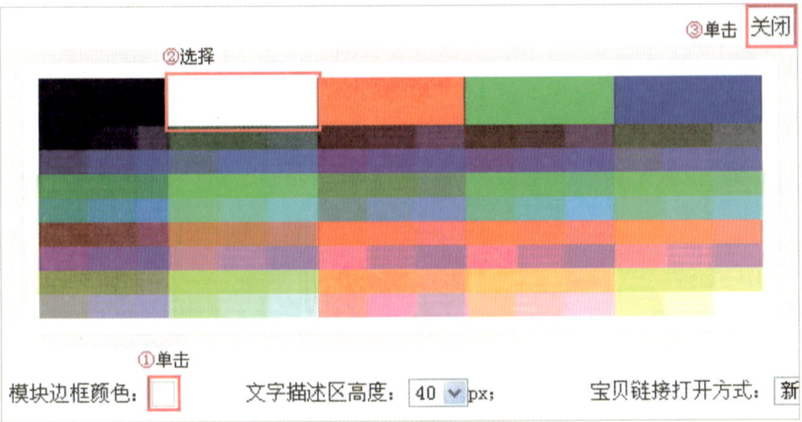

图 7-36 选择白色

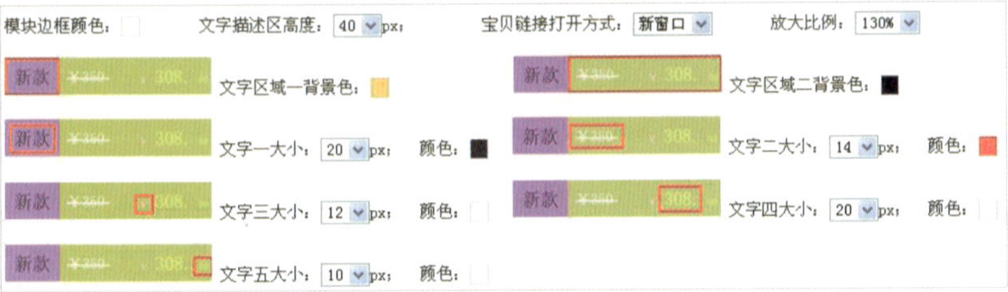

图 7-37 设定整体模块的样式

步骤 6 使用 Photoshop 制作 8 张长宽比例相同的图片，上传到图片空间，上传效果如图 7-38 所示。

图 7-38 8 张长宽比例相同的图片

步骤 7 单击“宝贝一”按钮，根据文字提示信息输入对应的商品信息，“宝贝一链接”指的是商品链接，“宝贝一图片链接”指的是商品图片链接，如图 7-39 所示。

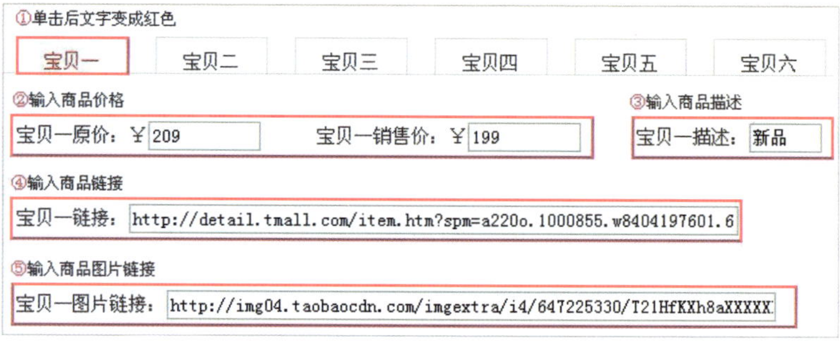

图 7-39　根据提示输入商品信息

步骤 8 重复**步骤 7**，根据文字提示，继续输入其他 7 张商品图片的信息。当商品信息输入好后，单击“预览”按钮，或者单击“如不能显示弹出效果，点这里预览”按钮，查看放大镜模块样式，如图 7-40 所示。

图 7-40　查看放大镜模块样式

步骤 9 预览效果后如果无须修改，单击“获取代码”按钮，会在设置颜色模块上方显示“正在加载代码，请稍候……”字样，如图 7-41 所示。

图 7-41　单击“获取代码”按钮

步骤 10 等待几秒后，会弹出代码文本框，单击文本框内的代码，使用【Ctrl+A】快捷键全选代码，然后使用【Ctrl+C】快捷键复制代码，如图 7-42 所示。

步骤 11 在“模块”选项卡中，展开“基础模块”栏目，添加“自定义区”模块，如图 7-43 所示。

步骤 12 单击“自定义区”模块上方的“编辑”按钮，弹出“自定义区”编辑器，更改显示标题方式为不显示，如图 7-44 所示。

图 7-42 代码文本框

图 7-43 添加“自定义区”模块

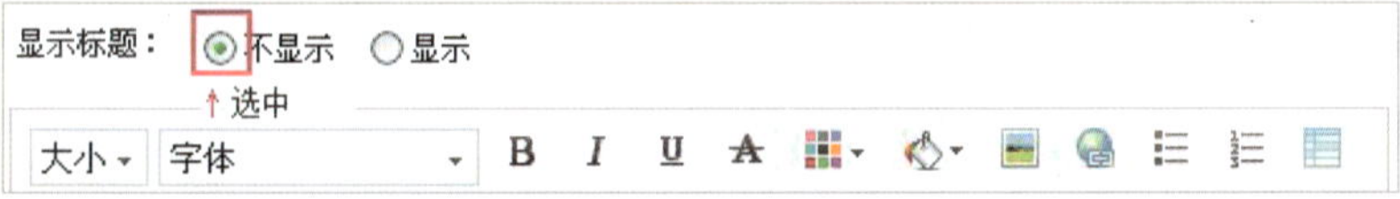

图 7-44 更改显示标题方式

步骤 13 在“自定义区”编辑器中单击“源码”按钮，使用【Ctrl+V】快捷键粘贴代码，单击“确定”按钮，如图 7-45 所示。

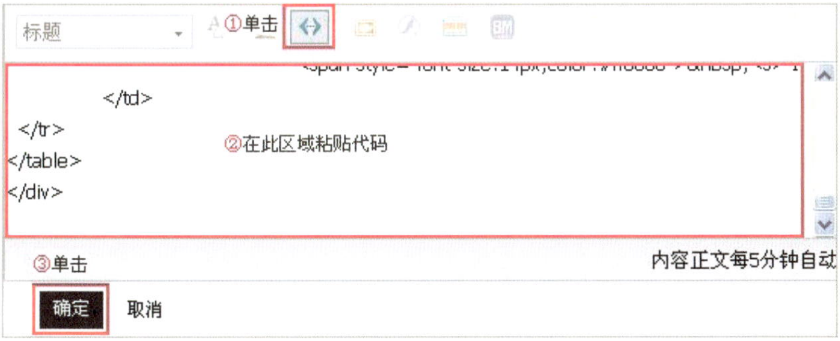

图 7-45 单击“源码”按钮

步骤 14 单击“发布”按钮，模块在首页的显示效果如图 7-46 所示。

图 7-46 模块在首页的显示效果

7.2.2 推荐模块

推荐模块指鼠标移至商品缩略图时，右侧会展示对应商品信息及掌柜推荐理由。

步骤 1 在浏览器地址栏中输入网址 http://taobaokaidian.com，进入“淘宝店主之家”网站页面，如图 7-33 所示。

步骤 2 在导航条上单击“推荐模块生成”按钮，如图 7-47 所示。

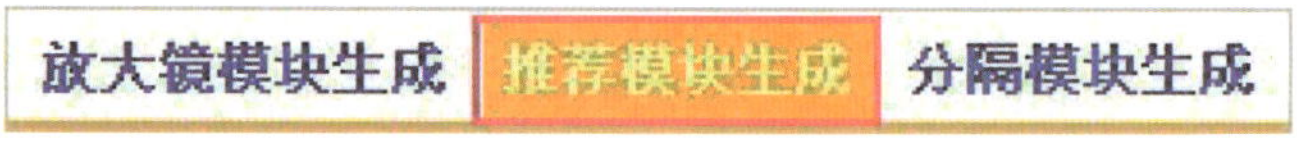

图 7-47 单击“推荐模块生成”按钮

步骤 3 进入“推荐模块生成”页面，可以看到默认模块样式的显示效果，如图 7-48 所示。

步骤 4 根据文字提示，更改推荐模块样式，如图 7-49 所示。

图 7-48 默认模块样式显示效果

图 7-49 更改推荐模块样式

步骤 5 制作 3 张正方形的商品图片，上传到图片空间，上传效果如图 7-50 所示。

图 7-50 上传 3 张正方形的商品图片

步骤 6 单击“宝贝一”按钮，根据文字提示信息输入对应的商品信息，如图 7-51 所示。

步骤 7 重复**步骤 6**，根据文字提示继续输入其他两张商品图片的信息，设置好后，可以单击“预览”按钮，预览模块效果。如果无须修改，单击“获取代码”按钮，在设置颜色模块上方显示“正在加载代码，请稍候……”字样。

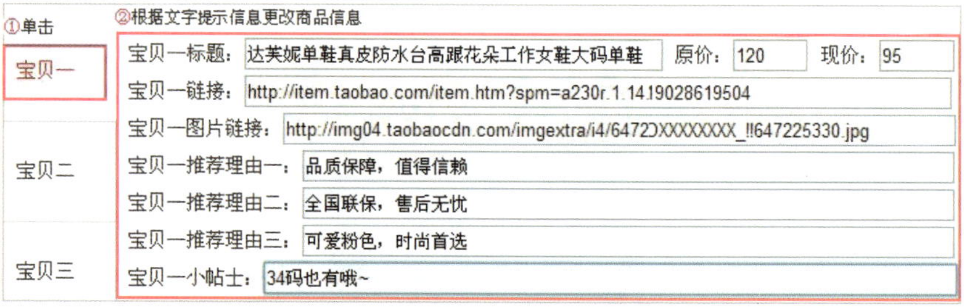

图 7-51　根据文字提示信息输入对应的商品信息

步骤 8　等待几秒钟后，会弹出代码文本框，单击文本框内的代码，使用【Ctrl+A】快捷键全选代码，然后使用【Ctrl+C】快捷键复制代码，如图 7-52 所示。

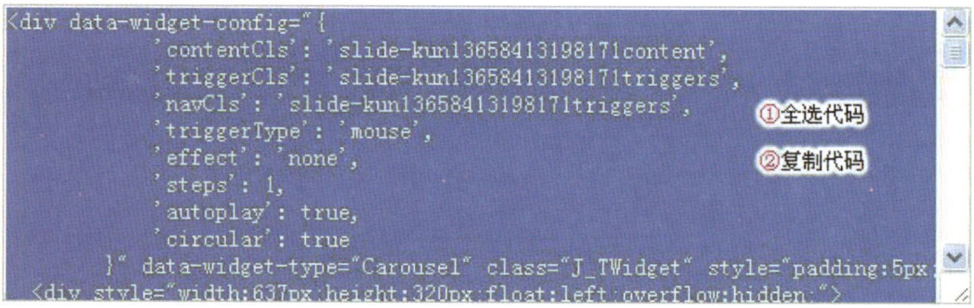

图 7-52　代码文本框

步骤 9　进入“店铺装修”页面，在通栏添加“自定义区”模块，然后打开“自定义区”编辑器，更改显示标题方式为不显示。

步骤 10　在“自定义区”编辑器中单击“源码”按钮，使用【Ctrl+V】快捷键粘贴代码，单击“确定”按钮，如图 7-53 所示。

图 7-53　单击“源码”按钮

步骤 11 单击“发布”按钮，模块在首页的显示效果如图 7-54 所示。

图 7-54 首页显示效果

经验分享

由于使用的浏览器不同，输入代码后模块在“店铺装修”页面的兼容样式会不同，部分浏览器会无法显示图片，这时只需要单击“发布”按钮，首页会显示所制作的模块样式。

7.3 页面背景不再裸奔

页面背景是为了衬托店铺整体装修风格而设计的，页面背景的多样化，不但可以起到美化店铺装修的作用，还可以让买家更直观地了解店铺的活动信息，感受到店铺的独特氛围。淘宝页面背景大致分为 4 种类型：平铺背景、纵向平铺背景、横向平铺背景和整体背景。无论是哪种背景，规格要求都是一样的，即文件格式为 JPEG/PNG/GIF，文件大小在 200KB 以内。

7.3.1 平铺背景

平铺背景是页面背景中最常见的一种，在网络上可以搜索到很多好看的平铺背景，如图 7-55 所示。

在设置页面背景之前，先选择适合店铺装修风格的平铺背景，保存到桌面上，如图 7-56 所示。

图 7-55　平铺背景图

图 7-56　选择适合店铺装修风格的平铺背景

设置平铺页面背景的操作步骤如下。

步骤 1　在旺铺专业版中选择“页面装修”命令，如图 7-57 所示。

图 7-57　选择“页面装修”命令

步骤 2　在“页面装修”页面单击“页头”按钮，如图 7-58 所示。

步骤 3　在“页头”选项卡中对“页头背景图”进行设置，单击“更换图片”按钮，根据路径找到平铺背景图进行上传，如图 7-59 所示。

图 7-58 单击“页头”按钮

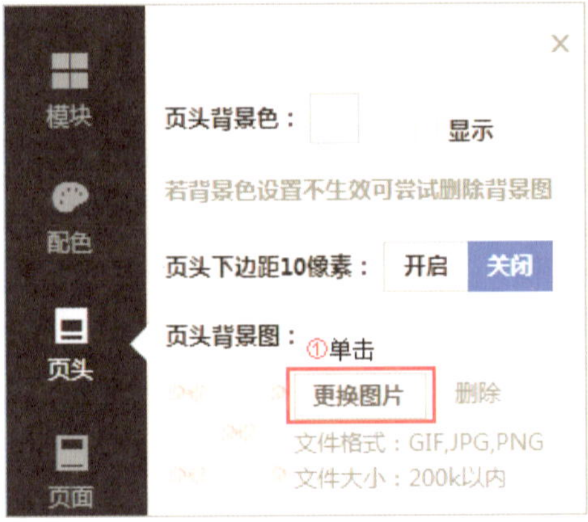

图 7-59 上传平铺背景图

步骤 4 在“背景显示”区域中选择平铺，在“背景对齐”区域中选择左对齐，全部设置好后单击“应用到所有页面”按钮对页面背景进行保存，如图 7-60 所示。

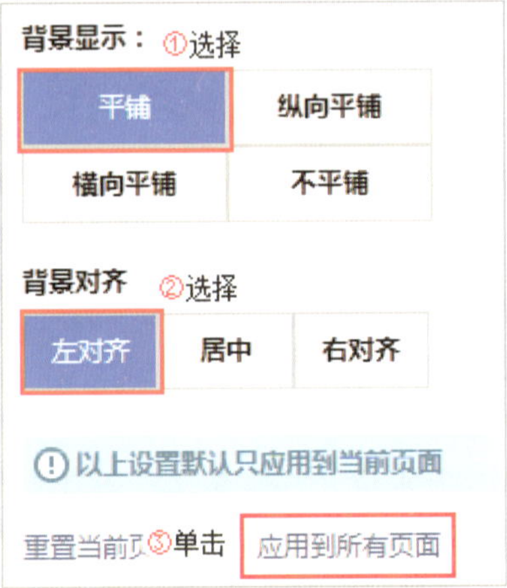

图 7-60 设置页头背景

步骤 5 单击“页面”按钮，在“页面”选项卡中设置与页头一致的参数并保存后，单击“发布”按钮，首页显示效果如图 7-61 所示。

经验分享

只要可以无缝衔接的图片都可以作为平铺背景应用到页面背景中。

图 7-61　首页显示效果

7.3.2　纵向平铺背景

纵向平铺背景可以为页面添加花边效果，需要在 Photoshop 中制作，可以在喜欢的平铺背景图的基础上制作纵向平铺背景，如图 7-62 所示。

图 7-62　纵向平铺背景

制作之前，在网络上搜索自己喜欢的平铺背景图，保存到桌面上。具体制作步骤如下。

步骤 1　执行“文件→打开”命令，打开平铺背景图片，如图 7-63 所示。

图 7-63　平铺背景图片

步骤 2 执行“图像→图像大小”命令，查看平铺背景图片的高度尺寸，如图 7-64 所示。

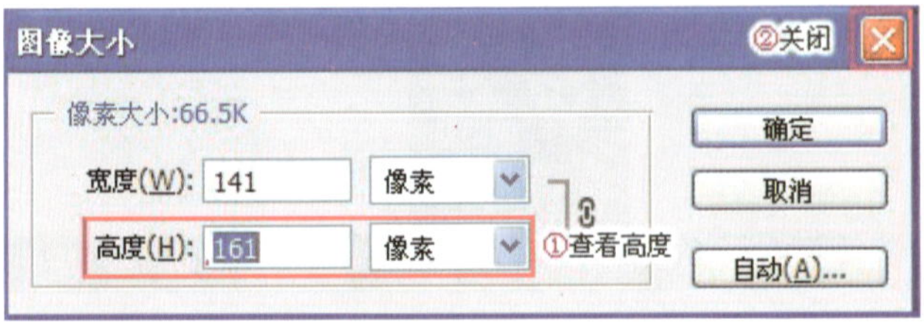

图 7-64 “图像大小”对话框

步骤 3 执行“文件→新建”命令，新建一个 1500 像素 ×161 像素的空白文档，并将平铺背景图片拖曳到图像上，如图 7-65 所示。

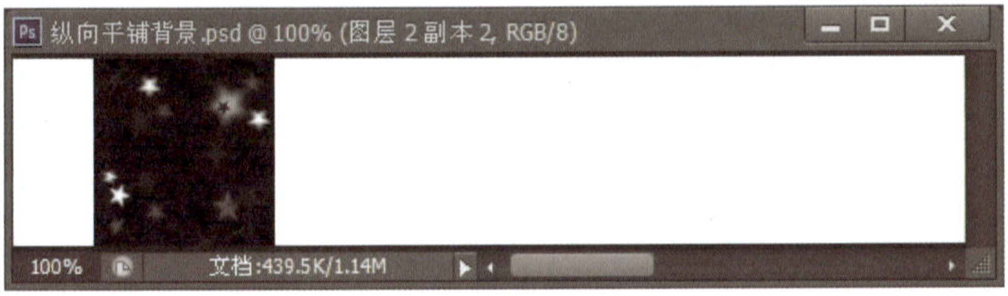

图 7-65 新建空白文档

步骤 4 使用【Ctrl+R】快捷键打开标尺，分别将参考线拖动至 265 像素位置和 1235 像素位置，剩余中间的尺寸为 970 像素（剩余尺寸必须大于 950 像素），这时页面背景的左右两侧与模块会有 10 像素的空隙，如图 7-66 所示。

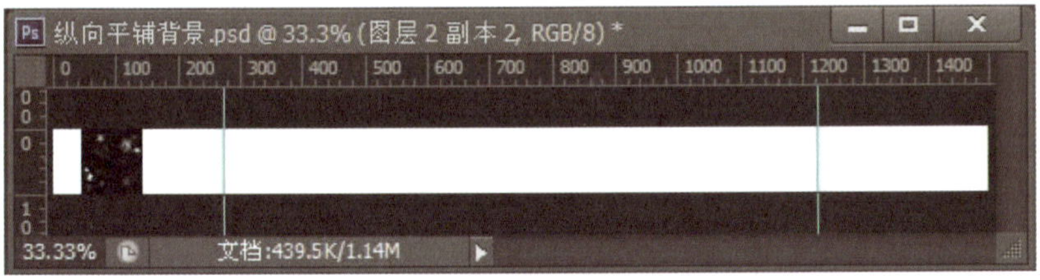

图 7-66 拖动参考线

步骤 5 移动平铺背景图片到与参考线重合的位置，如图 7-67 所示。

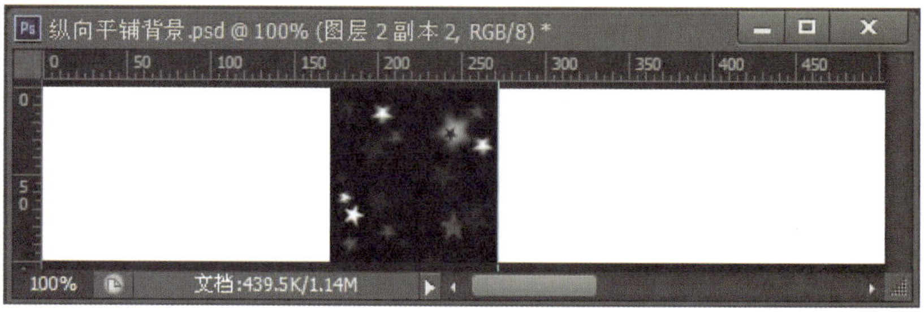

图 7-67 移动平铺背景图片

步骤 6 使用【Ctrl+J】快捷键，复制两次平铺背景图片，并将副本依次向左拖动，使 3 张图片左右位置衔接，如图 7-68 所示。

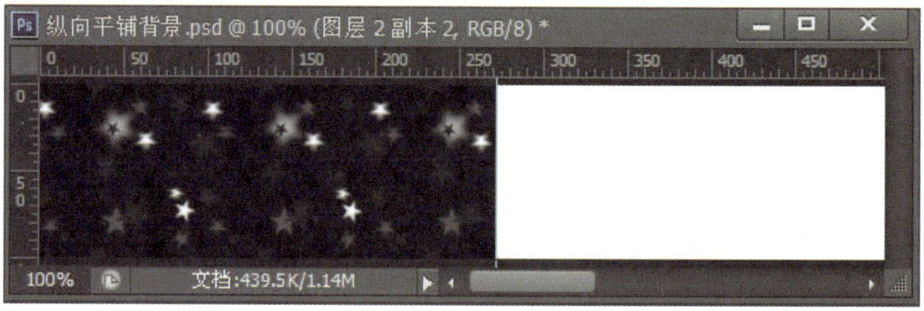

图 7-68 复制两次平铺背景图片

步骤 7 在工具箱中设置前景色色值为 #ffffff，单击“椭圆工具”按钮，按下【Shift】键的同时利用鼠标左键绘制圆形形状，并移动到参考线上，如图 7-69 所示。

步骤 8 使用【Ctrl+J】快捷键多次复制圆形形状，按下【Shift】键的同时将副本向下拖动，使其在同一垂直线上，如图 7-70 所示。

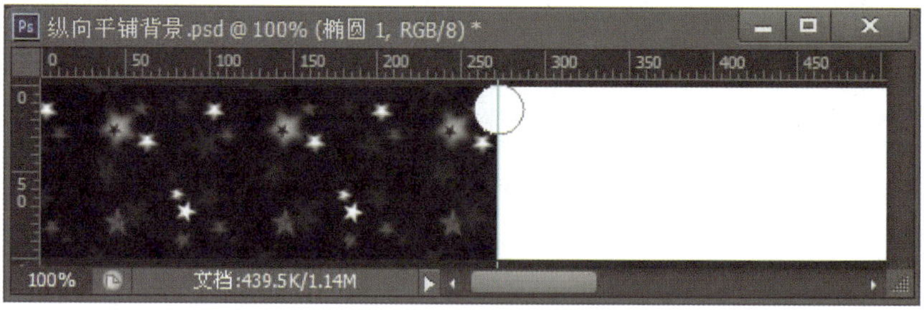

图 7-69 绘制圆形形状

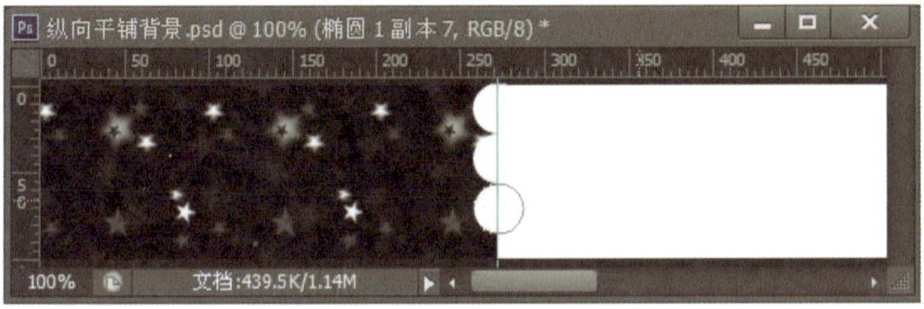

图 7-70 多次复制圆形形状

步骤 9 在“图层”面板中，同时选中“椭圆 1”、“椭圆 1 副本”和“椭圆 1 副本 2”这 3 个图层，使用【Ctrl+T】快捷键变换图层，如图 7-71 所示。

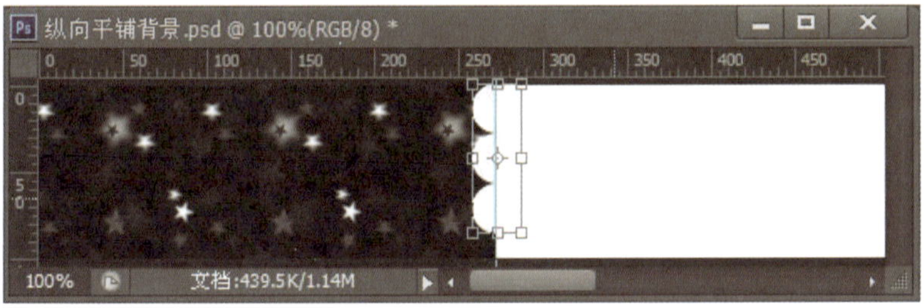

图 7-71 同时选中 3 个图层变换图层

步骤 10 拖曳控制点至图像下方并与其重合，如图 7-72 所示。

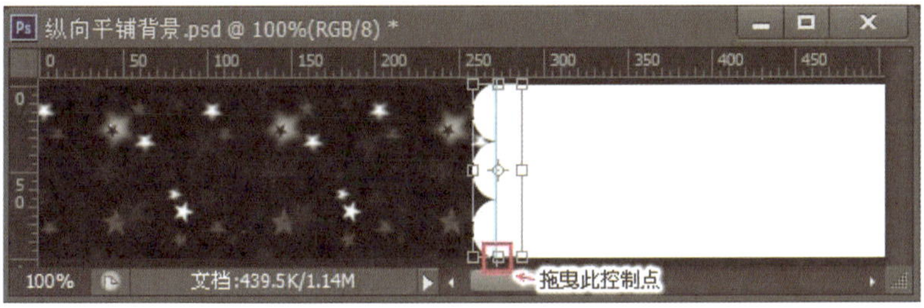

图 7-72 拖动控制点

步骤 11 按【Enter】键确认变换，左侧花边的制作就完成了。重复**步骤 6** 至**步骤 10**，制作右侧页面背景，如图 7-73 所示。

步骤 12 根据**步骤 11** 的操作完成纵向平铺背景图的制作，执行“文件→存储为 Web 和设备所用格式”命令，在弹出的对话框中选择 JPEG 格式，保存纵向平铺背景图（图片大小不能超过 200KB，如果超过 200KB 将无法上传成功，须降低图片品质），如图 7-74 所示。

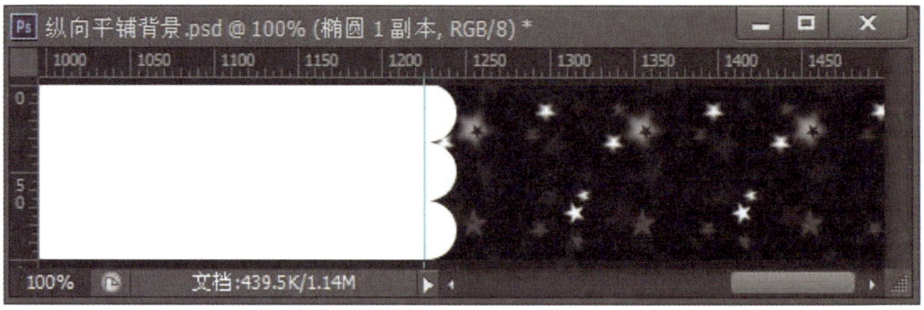

图 7-73　制作右侧页面背景

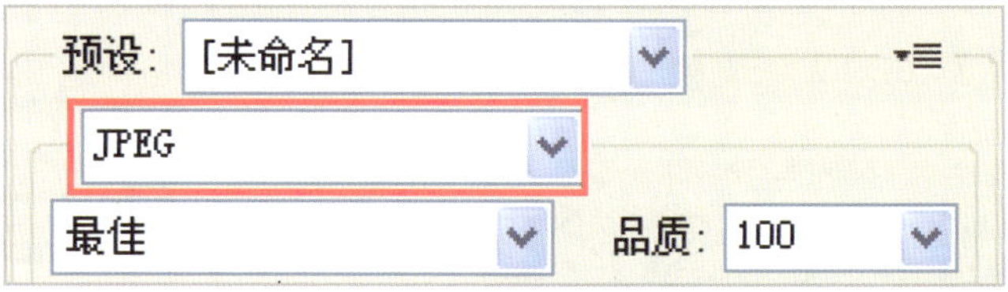

图 7-74　选择图片储存格式

步骤 13　进入“店铺装修”页面，单击“页头”按钮，如图 7-75 所示。

步骤 14　在“页头”选项卡中单击“更换图片”按钮，根据路径找到纵向平铺背景图进行上传，如图 7-76 所示。

图 7-75　单击“页头”按钮

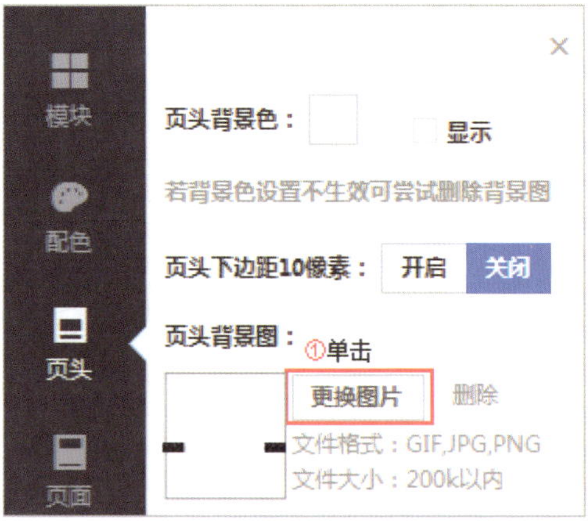

图 7-76　上传纵向平铺背景图

步骤 15　在“背景显示”区域中选择纵向平铺，在“背景对齐”区域中选择居中，全部设置好后单击“应用到所有页面”按钮对页头背景图进行保存，如图 7-77 所示。

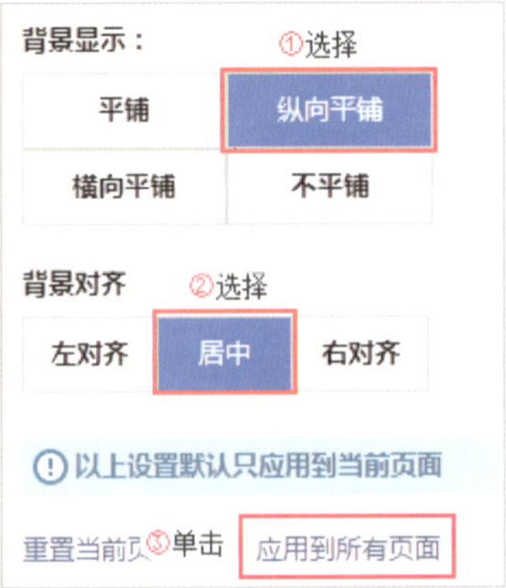

图 7-77 设置页头背景图

步骤 16 单击“页面”按钮，在“页面”选项卡中设置与页头一致的参数，保存后单击“发布”按钮，首页显示效果如图 7-78 所示。

图 7-78 首页显示效果

经验分享

在中国素材网站上可以下载到“蕾丝花边”素材，使用“蕾丝花边”素材制作纵向平铺背景，整体装修效果会更加美观。

第8章 店铺装修的页面布局

8.1 店铺布局的原则

一个店铺布局成功与否，直接决定了买家能否在第一时间产生浏览或购买的欲望。目前，装修市场上经常会看到一些模板盲目堆砌功能模块，主次罗列混乱，这样的模板不但会导致页面加载速度变慢，不利于顾客体验，同时也无法突出地展示买家中意的商品。因此，卖家要根据自己店铺的风格、产品、促销活动分门别类地进行清晰布局。在有限的页面中，以图片和文字的形式将信息传达给买家，把握住店铺的每一次流量，才能提升整体客单量。

在进行淘宝页面规划的时候，需要用最简单的表现手法达到最好的宣传效果，做好用户体验最为重要，在这里需要掌握4个原则：（1）合理布局，分清主次；（2）区域划分，条理清晰；（3）结合海报，突出重点；（4）布局丰满，应有尽有。总而言之，符合买家需求的页面布局才有价值。

8.1.1 合理布局，分清主次

淘宝大量数据证实，一个新手买家进入店铺以后，前三屏点击率最高，陈列商品信息越后的模块点击率越低，所以要将店铺的爆款和潜力爆款放置在最佳位置，并且要根据店铺的销量数据和转换数据进行及时的更新。切忌将过时的或者没有鲜明特性的商品盲目地展现给买家。而整体模块的陈列顺序也是有规律的，要从主到次地将商品依次陈列，如图8-1所示。

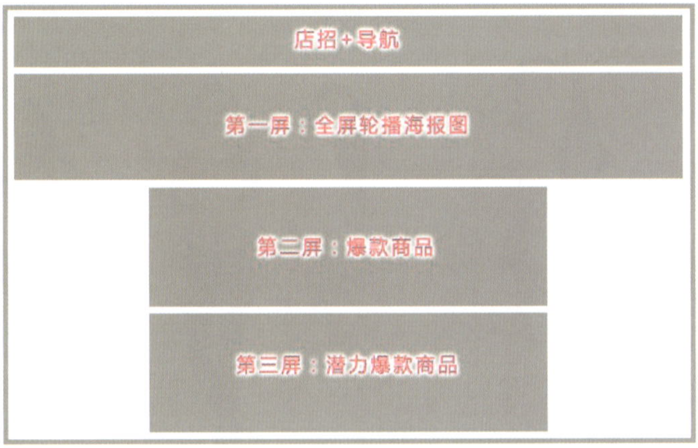

图 8-1 合理布局

前三屏的模块布局也有很大的学问，笔者的建议是：第一屏的轮播海报图作为店铺的广告区，用来展示店铺最热门的活动和产品信息，同时在节日时间段烘托店铺气氛；第二屏和第三屏分别放置爆款和潜力爆款商品，这里不仅要用大模块来展示从而放大商品的卖点，还要让商品有主次之分。在模块中主推店铺最热销的商品，然后根据热销顺序依次排列，该处模块的商品数量在 36 个为最佳，但是可以用较多的方法来展示模块的布局，如图 8-2 所示。

模块布局展示一

模块布局展示二

图 8-2　模块布局展示

8.1.2　区域划分，条理清晰

区域划分跟归纳商品分类相似，需要将同一主题分类商品在首页进行陈列，总体依循主营商品类目按照一定排列顺序的原则，有条理地引导顾客一个一个模块进行观看。根据不同店铺类目，可以按照品牌、属性、功能、价格、关系或者人群进行区域划分，使新老顾客轻松定位到自己的消费目标，从而引导买家进入商品详情页，如图 8-3 所示。

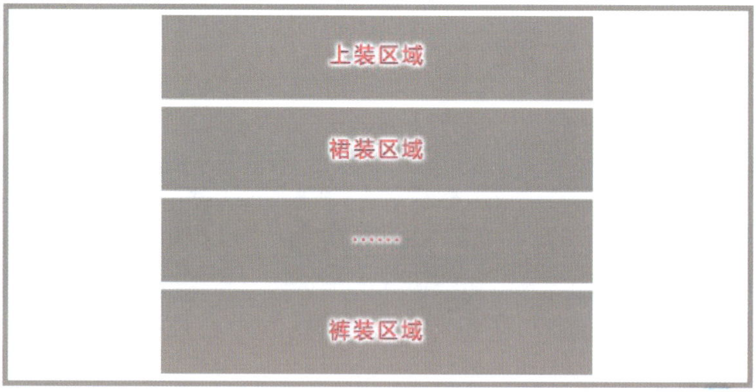

图 8-3　区域划分

在对同一主题分类商品进行陈列时，要使商品模块布局清晰，根据每个区域的主推商品对模块进行组织和分块，每行商品陈列不要超过 4 个，并且每个区域的商品不要重复。在视觉设计上可以通过改变标题颜色、背景颜色、文字字号大小、文字颜色等来区分同一模块布局下的不同区域，如图 8-4 所示。

甜美粉色系
萌装出席
风格解读：
粉色代表着甜美、温柔和纯真；代表女性，烂漫，优雅和高贵的风度，娇柔可爱，纯纯的粉色系像女孩的美梦一样，代表青春，稚嫩、浪漫、明媚、柔弱、性感、美好的回忆.
精致复古
是一种生活态度
风格解读：
你只看到我穿着7cm高跟鞋，却没看到我连夜加班。你有你的标准，我有我的坚持。你嘲笑我高贵冷艳目空一切，我可怜你被生活折磨得毫无情趣。你可以嘲笑我花钱如流水，但我会证明精致是一种生活态度。时尚是注定孤独的旅行，路上少不了质疑和嘲笑，但那又怎样，哪怕明天就是世界末日，也要穿得

图 8-4　区域划分效果

8.1.3　结合海报，突出重点

在将商品进行区域划分后，可以在每个区域上方添加海报图模块，不但可以使整个首页更具视觉节奏感，还可以将商品以最简洁的形象传达给买家。海报图的添加要突出重点，可以是该区域的主推商品，也可以是该区域的活动信息等，切忌将不对应的海报图随意穿插在陈列中。正确添加的海报图可以引导买家有条理地浏览店铺，传播给买家清晰的购物信息，如图 8-5 所示。

图 8-5　添加海报图

除了将海报推广图添加到区域模块上方，也可以采用标题海报条的形式进行添加。此种方法可以与海报图穿插使用，如果该区域有需要重点推荐给买家的商品或者活动时，可以采用海报图的形式；如果只做陈列展示给买家，则可以采用海报条的形式，如图 8-6 所示。

图 8-6　添加海报条

8.1.4 布局丰满，应有尽有

这里的“布局丰满”，并不是要将所有模块效果堆积到店铺中，而是指除了产品常规陈列外，还要添加其他模块，如收藏模块、客服模块、搜索模块、店铺动态等必备模块。这样不但可以增加店铺黏性，提升新老顾客的忠实度，还可以达到更好的用户体验效果，如图 8-7 所示。

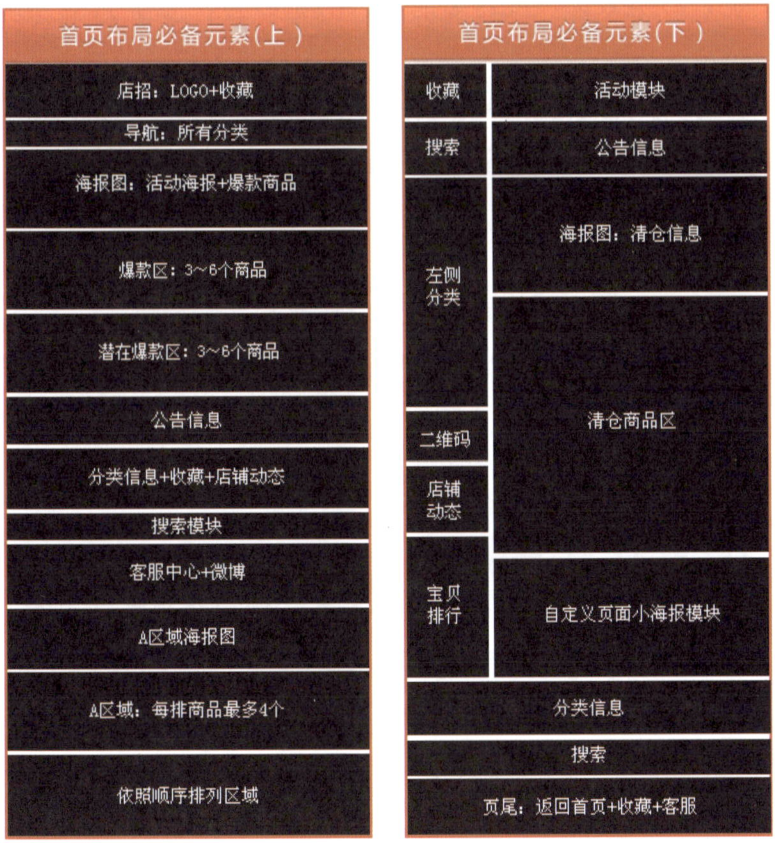

图 8-7 布局丰满

经验分享

店铺布局是一个细致的工作，卖家不要拘泥于这里所列出来的框架，而要根据店铺的类目、消费群体、时间段等因素进行调整，并结合装修分析工具找到最适合的店铺布局，才能有效地提升客单量。

8.2 布局管理的设置

在了解了店铺布局的原则以后，我们来了解下布局管理的设置。布局管理是卖家对店铺架构进行设计的功能，旺铺现有店铺设计是先选择布局架构（共 6 种），然后在布局下添加功能模块，并且功能模块的宽度都限定在布局架构之中，具体操作步骤如下。

步骤 1 进入“店铺装修”页面，单击“布局管理”按钮，如图 8-8 所示。

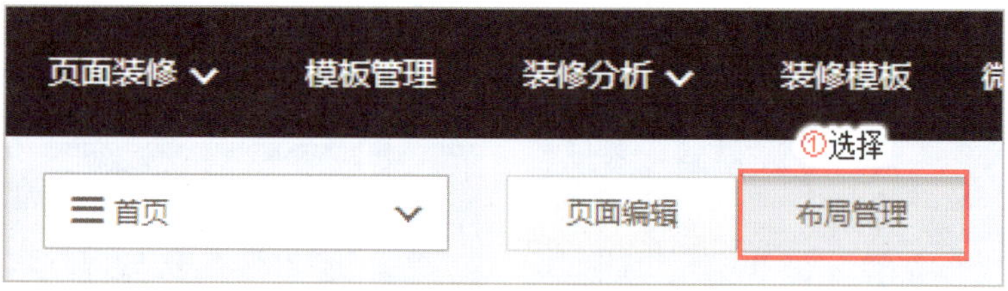

图 8-8 单击“布局管理”按钮

步骤 2 进入“布局管理”页面，单击“添加布局单元”按钮，在弹出的“布局管理”对话框中选择所需布局，如图 8-9 所示。

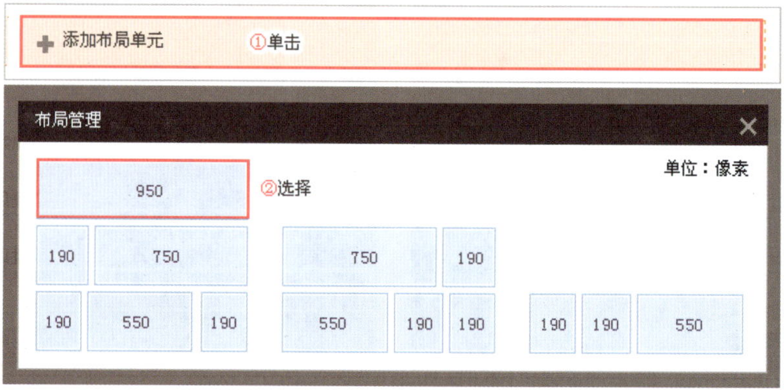

图 8-9 选择所需布局

步骤 3 成功添加布局后出现“请拖入模块”区域，单击“模块”按钮，在“模块”选项卡中将“图片轮播”模块拖入这个区域，如图 8-10 所示。

步骤 4 添加成功后会在“请拖入模块”区域创建“图片轮播”模块，单击“保存”按钮，如图 8-11 所示。

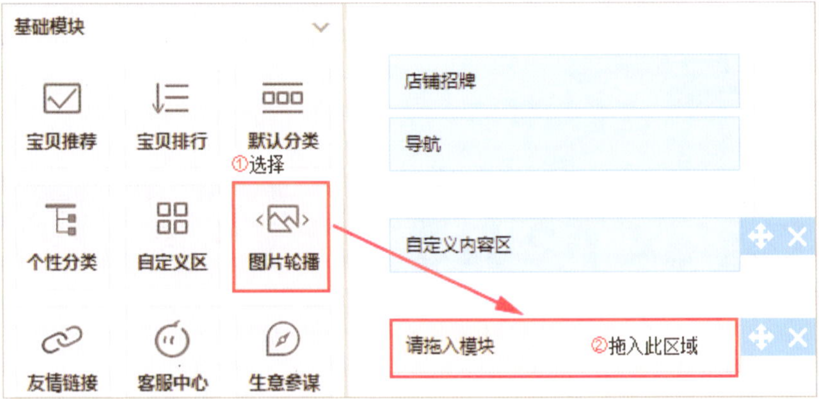

图 8-10　将“图片轮播”模块拖入

图 8-11　保存“图片轮播”模块

经验分享

在“布局管理”对话框中选择不同的选项，可以添加所需要的布局结构。

第9章

店铺装修的多样点缀

9.1 店铺色彩加减法

在店铺装修中如何成功运用色彩的搭配，是决定一个店铺获得生存与发展机会的最直接要素。在消费者需求愈加复杂的时代，店铺装修颜色选择得好坏，将直接关系到商品的访问量和品牌的认知度。同类商品的店铺装修基本都大同小异，买家在观看此类店铺时会产生视觉疲劳，当浏览到有个性的店铺时就会眼前一亮，也会对同样的商品产生不同的感觉。所以，卖家在装修店铺时要特别注意颜色的运用和色彩的搭配，利用视觉效果体现店铺装修的魅力。

9.1.1 色彩传达的意义

评论一个店铺首页是否会让买家产生视觉舒适感，一个要看店铺装修的页面布局，另一个就是色彩在店铺中的运用。在淘宝中，常见的店铺装修色彩有以下几种。

第 1 种：商城红

商城红是在淘宝店铺中出现频率最高的颜色，无论什么行业类目都可以运用红色的店铺装修。买家一看到这样的店铺页面，就会跟打折、促销、店庆等活动联系到一起，而商城红也是仿照天猫的颜色，彰显强烈的时尚感。运用红色装修店铺页面，最容易引起买家的注目，从而提升和激发消费欲望。红色除了具有较佳的视觉效果之外，也传达着活力、积极、热情、温暖等店铺形象与精神。但是，大面积地运用红色，可能会显得过于强烈，长时间观看会造成买家视觉疲劳。因此，在使用过程中必须小心谨慎，适合用在需要引起注意和强调的时候，如图 9-1 所示。

图 9-1 商城红效果图

第 2 种：黑、白、灰

黑、白、灰多被用于服装类目和鞋包类目。不难发现很多大品牌的店铺多会选择这类颜色，不但使店铺整体风格处于同一个基调，更给买家留下时尚大气的品牌形象。黑、白、灰的结合，给人以精致、明快、高雅的感觉，不会因为单一的色调感到呆板和僵硬。在搭配方面，黑、白、灰也是主流色彩，几乎可以与任何颜色搭配使用，如图 9-2 所示。

图 9-2 黑、白、灰效果图

第 3 种：绿色

绿色多被用于食品类目，给人以宁静、安逸、安全、信任的感觉，使人精神放松、不宜疲劳。纯净的绿色可视度不高，刺激性不大，无论是大面积应用还是局部点缀都不会让买家感到突兀，如图 9-3 所示。

图 9-3　绿色效果图

第 4 种：蓝色

蓝色多被用于数码家电类目，具有理智、沉稳的特性。大面积采用蓝色作为基色，给人一种冰爽、冷静的感觉，如图 9-4 所示。

图 9-4　蓝色效果图

9.1.2 色彩搭配的原则

色彩搭配是一门艺术，灵活运用色彩搭配能够让页面更具亲和力和感染力。在选择页面色彩时，需要选择与店铺类目相符的颜色，才能营造出与店铺协调的整体感。同时，也要遵循两大色彩搭配原则。

原则一：根据店铺类目选择整体色调。

首先，根据店铺类目确定在配色中占大面积的主色调。例如，童装类商品可以选择粉色、黄色、橙色等偏暖色系的纯色。使用暖色系作为整体色调，可以呈现出可爱、活泼的感觉；反之，如果选择灰色等冷色系，则会显得过于沉闷和朴素，给买家以压迫感。所以说，整体色调的选择要根据店铺类目所表达的内容来决定，如图 9-5 所示。

图 9-5　童装类商品选择暖色系

原则二：配色时要有重点色。

配色时，可以将某个颜色作为重点色，从而使整体配色平衡。重点色要使用比其他色调更强烈的颜色，适用于小面积，可以与整体色调相对比，如图 9-6 所示。

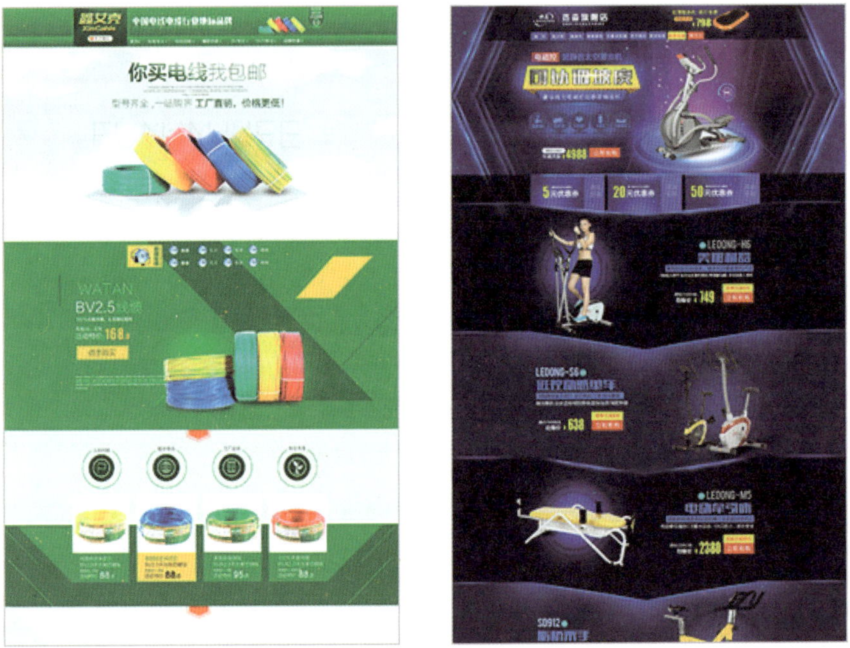

图 9-6　使用重点色

9.1.3　定位店铺色彩形象

每个店铺都有它的发展阶段，所谓的发展阶段，就是指一个网店从进入淘宝开始到发展后期的整个过程。不管店铺处于哪个阶段，都应该首先立足于最大限度地吸引消费者的注意力。因此，根据不同阶段的店铺合理定位色彩形象，能够有效提升店铺的销售额。在这里，把定位店铺色彩形象的方法称为“色彩加减法”。

在淘宝中，店铺的发展共分为 4 个阶段，发展前期、发展中期、发展成熟期和发展后期，在不同的阶段，色彩所扮演的作用与重点也是不同的。

阶段一：发展前期利用减法原理。

发展前期为店铺初期信用、经验原始积累阶段。店铺还未被一般消费者所认识，能够表达出店铺风格的只有首页的色彩形象。为了加强宣传效果，增加消费者对店铺的记忆，需要以简单的色调、色块表现出店铺风格，以不模糊商品诉求为重点，此阶段对色彩依赖度比较高，如图 9-7 所示。

图 9-7 发展前期店铺效果图

减法原理解读：模板由草船、长亭、翠竹等元素组成，运用象征低调隐约的灰色，整个画面仿佛奏响着一曲悲呛婉转的离别萧曲。在这样一幅充斥着浓郁的古典文化气息的画卷中，各种宝贝悉数呈现，让人不自觉地被这种氛围所感染，想要去体验传承这种文化。

阶段二：发展中期利用加法原理。

发展中期为店铺不断改进、业绩逐渐增长的阶段。消费者对店铺已经逐渐熟悉，开始有了很好的市场占有率，为了与竞争对手有所区分，所使用的色彩必须与竞争对手有所差异，这时需要把店铺打造成比较热闹的场面，必须以比较鲜明、鲜艳的色彩作为装修的重点，如图 9-8 所示。

图 9-8 发展中期店铺效果图

加法原理解读：模板像烟花一样闪耀，光彩炫目地刺激着人们的眼球，各种宝贝错落有致地融入在红色的海洋里，让人忍不住精神亢奋，想要一探究竟，象征着激情与奉献的红色，昭示着店铺将以最饱满的热情和最真诚的服务态度面对每一位到访的客人。

阶段三：发展成熟期利用减法原理。

发展成熟期为思索模式、寻求破点、促进规模壮大的阶段。消费者已经十分了解店铺，也有了稳定的忠诚度，成交比较稳定，需要维持现有顾客对店铺的信赖度，塑造品牌形象，对色彩的依赖度少，需要用简单清晰的方法表达出自己的店铺风格，可以选择与店铺商品相同或者相符合的色彩，如图 9-9 所示。

图 9-9　发展成熟期店铺效果图

减法原理解读：模板抒写了“寻湘汉之长流，采芳岸之灵芝。”的独特气息。满眼的绿色给人一种舒服、安全、信任的感觉，纯净的绿色色彩让人如沐春风，特别当象征生态健康的各种宝贝被店主一一罗列出来，整个店铺让人感受到一种由内而外的舒适感，让人感悟到生命的宁静与茁壮。

阶段四：发展后期利用加法原理。

发展后期为销量稳定、寻求创新的阶段。消费者对店铺不再产生新鲜感，部分消费者开始向更有特色的店铺转型，这时候要维持消费者对店铺的新鲜感，便是最大的重点。因此，所采用的色彩必须是具有新意义的独特色彩或流行色，进行一个整体的更新，如图 9-10 所示。

图 9-10　发展后期店铺效果图

加法原理解读：首页带着大家仿佛走入五彩缤纷的世界，夏天的风光让人目不暇接。各种颜色汇聚在这里，张扬高调地构建了一个发扬时尚与自我的舞台。白色为底，多色混搭，营造强烈的视觉冲击，更加让人对这个充满了新鲜感的店铺流连忘返，不自觉地充满了活力。

经验分享

在选择颜色时需要记住，信息量的多少与印象的深浅成反比。在不同的发展阶段，店铺对色彩的依赖度不同，可以据此进行“色彩加减法”处理。

9.2　字体也是美工

字体的选择是设计页面不可缺少的组成部分之一，与色彩相辅相成。字体一切的变化和形式都要与店铺页面的风格相结合，切忌一味地追求古怪、新潮，而让买家读不懂或不理解，那样就会减弱其对店铺页面的宣传性。字体的千变万化，是为店铺页面服务的，让买家看得舒服、易懂是很重要的原则。

9.2.1　字体的分类

字体有不同的风格和流派，在这里大致可以分为 4 种：宋体、黑体、书法体和美术体。

宋体是店铺页面中最为广泛使用的一种字体。宋体字的字形方正，笔画横平竖直，末尾有装饰部分，结构严谨，整齐均匀，有极强的笔画规律性，买家在观看时会有一种舒适醒目的感觉，常用于电器类目、家装类目等，如图 9-11 所示。

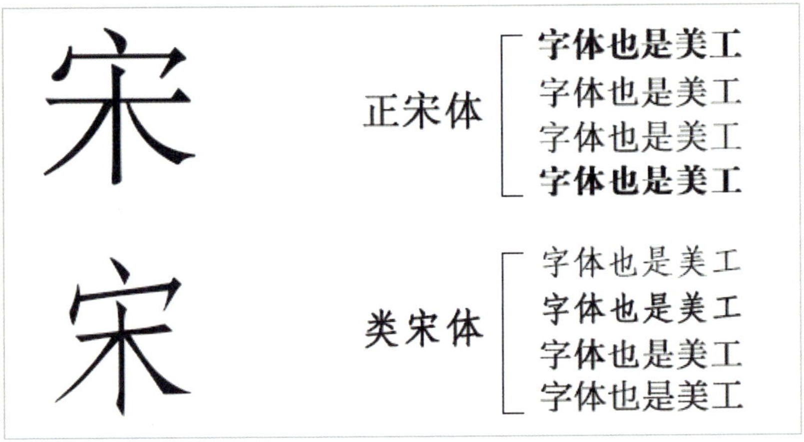

图 9-11　宋体效果图

黑体又称方体或等线体，没有衬线装饰，字形端庄，笔画横平竖直，笔迹全部一样粗细，结构醒目严密，笔画粗壮有力，撇捺等笔画不尖，使买家易于观看，常用于商品详情页等大面积使用的文字内容中，如图 9-12 所示。

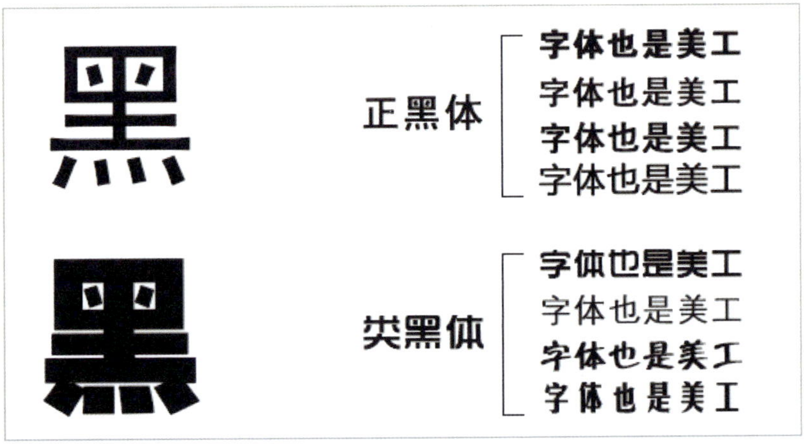

图 9-12　黑体效果图

书法体即篆书体、隶书体、草书体、楷书体、行书体和马体。书法体将文字以美感和图案的方式进行表达，是复古风当之无愧的领导者，体现着历史性的文化气息，常用于书籍类目等古典气息浓厚的店铺中，如图 9-13 所示。

图 9-13 书法体效果图

美术体的应用范围比较广泛，通常为了美化页面而采用。美术体的笔画和结构一般都进行了一些形象化，如贱狗体、花瓣体、霹雳体、妞妞体等，常用于海报制作或模块设计的标题部分。如果应用适当，可以有效地提升店铺页面的艺术品味，如图 9-14 所示。

图 9-14 美术体效果图

9.2.2 字体在页面中的运用

任何页面都需要与字体相结合，不同的字体在页面中渲染气氛的效果也会不同。因此，正确地应用字体有利于把店铺信息顺畅地传递给买家，从而促进买家的购买欲望。运用字体时需要遵循 3 个基本原则，不过字体在页面结构中的运用是没有绝对性的。当设计水平达到一定的高度时，可以打破一切规矩的框架，实现创意设计带给买家新鲜感受。

原则一：根据店铺风格选择字体。

以女装店铺为例，走可爱路线的女装可以选择圆体、中圆体、幼圆体等为主字体，选择少女体、童童体、卡通体等为辅字体。走时尚个性风格的女装可以选择微软雅黑、准黑、细黑等为主字体，而选择大黑、广告体等字体为辅字体，如图 9-15 所示。

图 9-15　时尚个性女装页面效果图

原则二：提高文字可读性。

文字的主要功能是在视觉传达中向买家传达卖家的意图和各种信息，要达到这一目的，必须考虑文字在页面中的整体诉求，从而给买家清晰、顺畅的视觉印象。因此，页面中的文字应避免繁杂凌乱，要让买家易认、易懂，从而充分表达设计的主题，如图 9-16 所示。

图 9-16　可读性强的文字效果图

原则三：文字的排版要给人以美感。

在页面视觉传达的过程中，作为画面形象的要素之一，文字的排版要考虑全局因素，不能有视觉上的冲突。良好的排版不但可以向买家传递视觉上的美感，还可以提升店铺的品质，给买家留下美好的印象，如图 9-17 所示。

图 9-17　良好排版效果图

9.3　做有声有色的店铺

在店铺中除了运用色彩与字体相结合的方式，还要通过添加背景音乐来烘托店铺的气氛，让店铺真正做到有声有色，从而吸引买家的关注。

9.3.1　搜索背景音乐

音乐可以让买家的身体放松，好的音乐可以纾解压力，为买家营造一个轻松舒适的购物环境。反之亦然，喧闹的背景音乐会让买家下意识地关掉店铺页面，从而失去店铺展现的机会。因此，选择适合自己店铺风格的音乐素材，就显得尤为重要了。这里切忌一味地选择流行音乐，如最炫民族风、江南 Style 等。这类音乐虽然旋律动感，但是当买家刚进入店铺页面时，会被突如其来的音乐声惊吓到。因此在选择音乐时，要选择开头有过渡性的音乐，让买家有一个心理适应过程，才会在购物中享受到音乐带给自己的舒适感。下面开始搜索背景音乐，具体操作步骤如下。

步骤 1　从“卖家中心”进入“淘宝卖家服务”页面，在搜索文本框中输入“背景音乐”字样，单击“搜索”按钮，如图 9-18 所示。

图 9-18　搜索背景音乐软件

步骤 2 选择免费的“店铺音乐服务”软件，如图 9-19 所示。

图 9-19 选择软件

步骤 3 进入软件购买页面，选择服务版本为基础版，订购周期为一年，单击“立即订购”按钮，订购免费版本的“店铺音乐服务”软件，如图 9-20 所示。

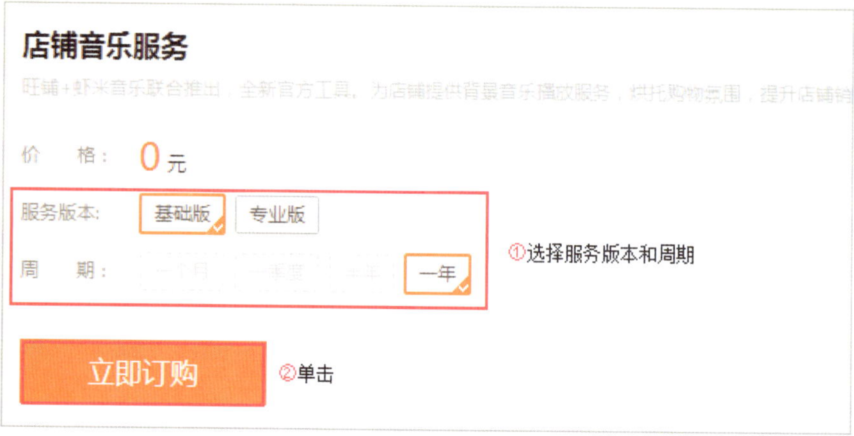

图 9-20 选择服务版本和周期

步骤 4 在弹出的页面中单击“同意协议并付款”按钮，完成“店铺音乐服务”软件的订购，如图 9-21 所示。

图 9-21 订购软件

经验分享

订购软件成功后，可以在“我的服务”里查找该软件。

9.3.2 添加背景音乐

成功订购“店铺音乐服务”软件后，可以在软件中直接添加歌曲，免费版本只可以添加 5 首歌曲。

添加背景音乐的操作步骤如下。

步骤 1 进入“店铺装修”页面，在右侧找到“店铺服务软件”模块，单击“编辑”按钮，如图 9-22 所示。

图 9-22 单击“编辑”按钮

步骤 2 在弹出的对话框右侧可以搜索自己喜欢的歌曲，也可以添加软件中的歌曲，单击“+”按钮，将歌曲添加到播放列表，如图 9-23 所示。

图 9-23　添加歌曲

步骤 3 成功添加 5 首歌曲后，调整歌曲的播放顺序，单击“保存”按钮，如图 9-24 所示。

图 9-24　保存歌曲

步骤 4 设置好的“店铺音乐服务”软件在店铺中的展示效果，如图 9-25 所示。

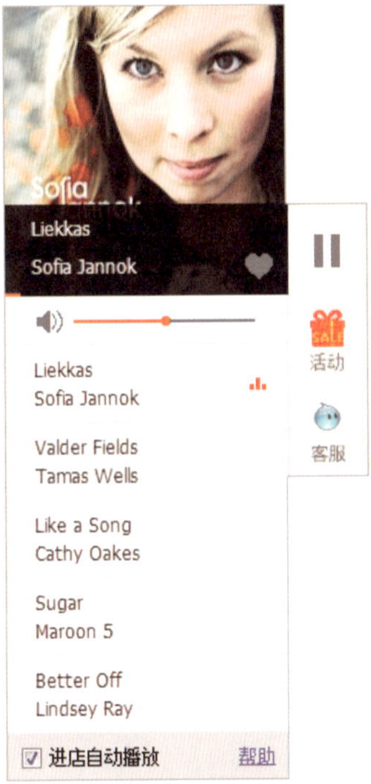

图 9-25 效果展示

经验分享

“店铺音乐服务”软件在店铺首页显示时，可以自动隐藏，鼠标划过才展开播放器操作界面；买家可以手动开始或关闭音乐的播放状态，也可以控制音量，非常人性化。

第10章 店铺装修的个性化包装

10.1 店标设计

淘宝店铺标志即店标，作为一个店铺的形象参考，店标代表着一个店铺的风格和产品的特性。同时，一个设计精致、富有创意的店标也起到了宣传店铺的作用。店标尺寸为80像素×80像素，文件格式为GIF、JPG、JPEG和PNG，文件大小在80KB以内，如图10-1所示。

图 10-1　店标展示

10.1.1　静态店标的制作

由于店标的展示区域有限，因此在有限的区域内要将店铺名称和风格展现在店标上，以便于消费者识别，具体操作步骤如下。

步骤 1　执行“文件→新建”命令，新建一个80像素×80像素的空白文档，如图10-2所示。

步骤 2　设置前景色色值为#000000，在工具箱中单击“油漆桶工具”按钮，然后为图像填充颜色，如图10-3所示。

图 10-2 新建空白文档

图 10-3 填充颜色

步骤 3 在工具箱中单击“文字工具”T按钮，分别输入“潮流”和“男装”文字内容，在工具选项栏中设置字体类型为 MStiffHeiHKS、字体大小为 34 像素，如图 10-4 所示。

步骤 4 在工具选项栏中单击“设置字符和段落”按钮，在弹出的面板中设置字体为仿斜体，如图 10-5 所示。

图 10-4 输入文字内容

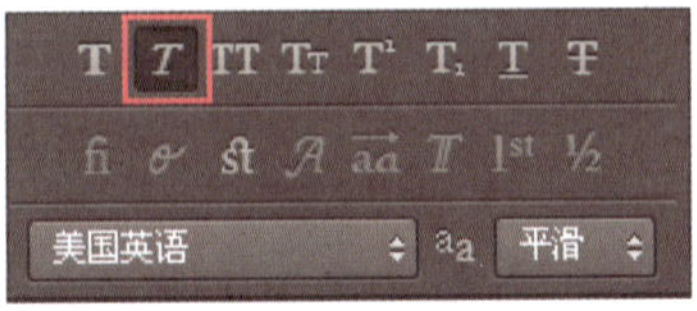

图 10-5 设置仿斜体

步骤 5 在“图层”面板中，选中“潮流”和“男装”文字图层，单击鼠标右键，在弹出的快捷菜单中执行“栅格化文字”命令，如图 10-6 所示。

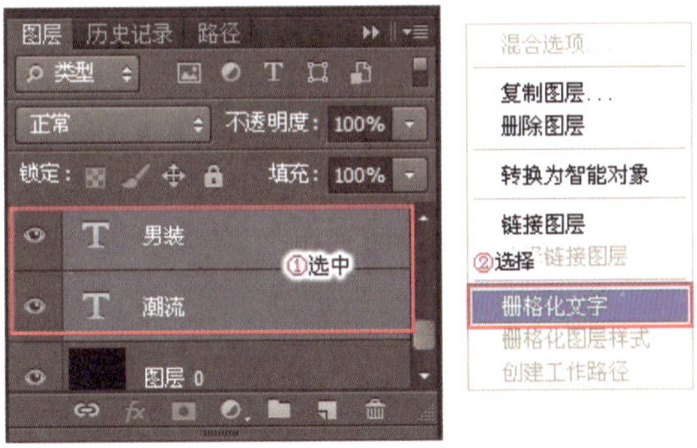

图 10-6 执行“栅格化文字”命令

步骤 6 在“图层”面板中选中“潮流”图层，在工具箱中单击“矩形选框工具”按钮，在图像上绘制矩形选框，如图 10-7 所示。

步骤 7 在工具箱中单击“移动工具”按钮，将矩形选框向下移动 1 像素，如图 10-8 所示。

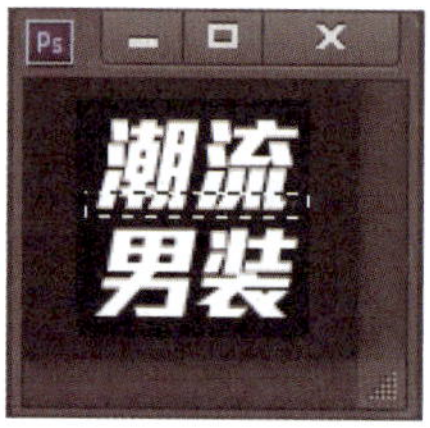

图 10-7 绘制矩形选框

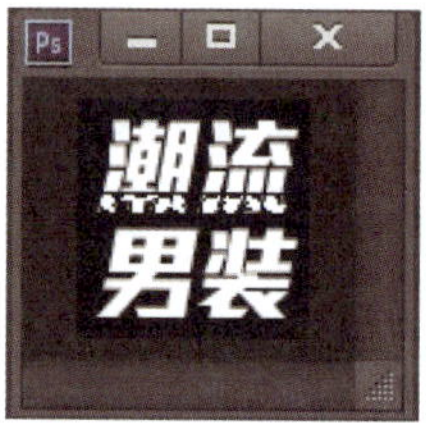

图 10-8 向下移动矩形选框

步骤 8 在“图层”面板中单击“创建新图层”按钮，创建“图层 1”图层，设置前景色色值为 #fff000，利用“油漆桶工具”按钮为选区填充颜色，如图 10-9 所示。

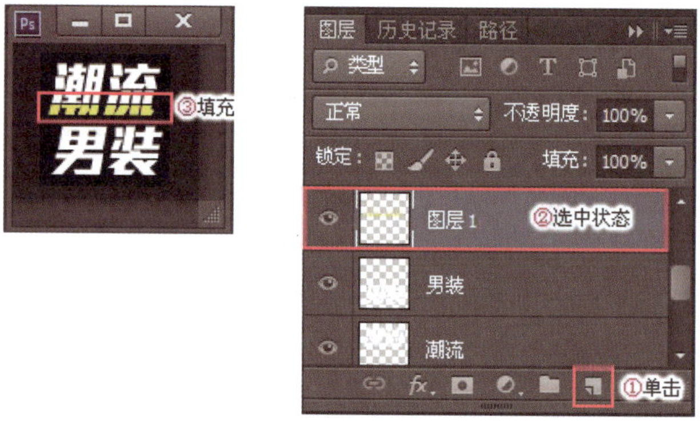

图 10-9 创建“图层 1”图层并为选区填充颜色

步骤 9 重复步骤 6 至步骤 8，创建“图层 2”图层并为选区填充颜色，颜色值为 #ff0000，如图 10-10 所示。

图 10-10 创建“图层 2”图层并为选区填充颜色

步骤 10 在工具箱中设置前景色色值为 #000000（与填充的背景色颜色一致），单击“椭圆工具”按钮，按下【Shift】键的同时利用鼠标左键绘制圆形形状，并将其移动至文字中间位置，如图 10-11 所示。

图 10-11 绘制圆形形状

步骤 11 将图像存储为 JPG 格式，最终显示效果如图 10-12 所示。

图 10-12 最终显示效果图

10.1.2 动态店标的制作

对于刚接触设计的卖家来说，很多时候对设计都感到无从下手，借鉴其他店铺的动态店标又有种千篇一律的感觉，这时可以采用一些网站上的成品店标设计，这样也会让你的设计别出心裁，具体操作步骤如下。

步骤 1 在浏览器地址栏中输入网址 http://zz.sanjiaoli.com，进入“三角梨在线制作”网站页面，如图 10-13 所示。

图 10-13 “三角梨在线制作”网站

步骤 2 单击“淘宝店标”按钮，选择一款适合自己店铺的成品店标，单击“点此开始制作”按钮，如图 10-14 所示。

图 10-14 选择一款成品店标

步骤 3 根据店铺信息输入店名和店址，单击“确定提交”按钮，如图 10-15 所示。

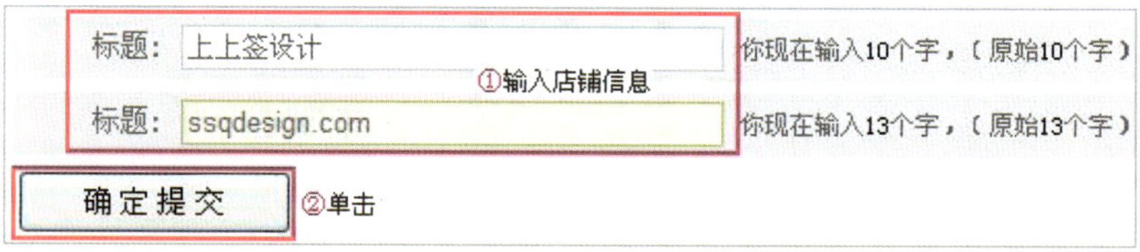

图 10-15 输入店名和店址

步骤 4 根据步骤 3 的操作，生成店标，单击“图片下载”按钮，可以将店标图片保存到本地文件夹中，如图 10-16 所示。

图 10-16 保存店标图片

经验分享

在网络搜索引擎中输入“淘宝店标在线制作”文字进行搜索，可以找到很多类似的网站，方便卖家制作自己喜欢的动态店标。

10.1.3 将店标应用到店铺中

制作好的店标要应用到店铺中才能展现给买家，具体操作步骤如下。

步骤 1 进入“卖家中心”页面，在“店铺管理”下执行“店铺基本设置”命令，如图 10-17 所示。

图 10-17 执行“店铺基本设置”命令

步骤 2 进入“淘宝店铺基本设置”管理页面，单击“上传图标”按钮，如图 10-18 所示。

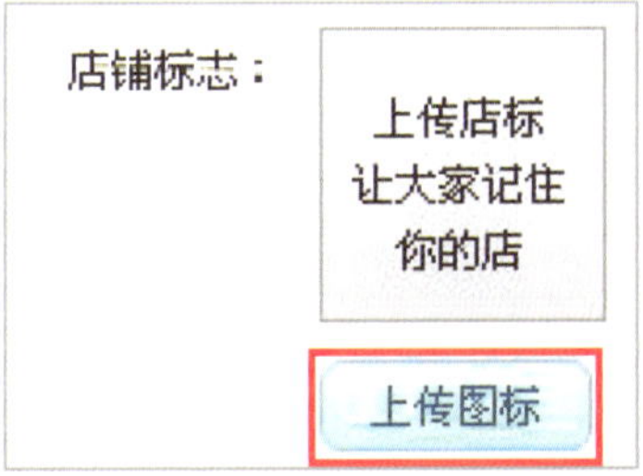

图 10-18 单击“上传图标”按钮

步骤 3 根据路径找到店标图片并选中，单击“打开”按钮，上传店标，如图 10-19 所示。

图 10-19　上传店标

步骤 4　拖动滚动条到页面最下方，单击“保存”按钮，返回“卖家中心”页面可查看店标最终显示效果，如图 10-20 所示。

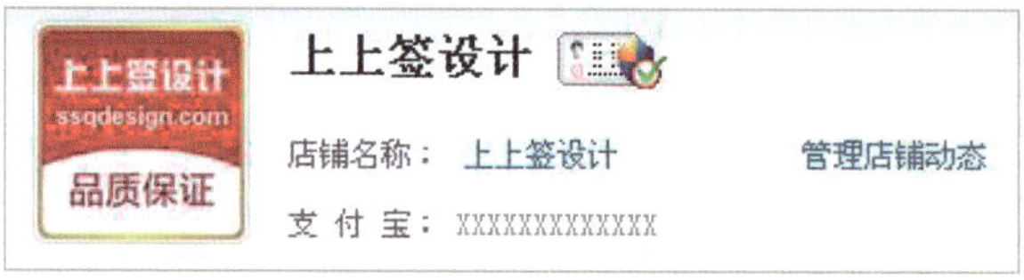

图 10-20　店标最终显示效果

10.2　LOGO设计

LOGO 是店铺的形象代言，在店铺页面和商品中反复强调并摆放 LOGO，可以让顾客产生重复记忆，从而形成对店铺的品牌烙印。

10.2.1　LOGO 的意义

LOGO 也就是标志，是通过造型简单、意义明确、统一标准的视觉符号，将经营理念、企业文化、经营内容、企业规模、产品特性等要素传递给买家，使之识别和认同店铺的图案和文字。LOGO是视觉形象的核心，它构成店铺形象的基本特征，体现店铺的内在素质。LOGO不仅是调动所有视觉要素的主导力量，也是整合所有视觉要素的中心，更是买家认同店铺品牌的代表。因此，店铺标识设计在整个视觉识别系统设计中，具有重要的意义。下面来欣赏一个经典的LOGO设计，如图10-21所示。

图10-21 苹果LOGO

由此可见，优秀的LOGO设计可以准确地把形象概念转化为视觉形象，而不是简单地像什么或表示什么。LOGO设计既要有新颖独特的创意来表现产品个性特征，又要用形象化的艺术语言表达出来。因此，在LOGO设计中要注意以下几方面事宜。

（1）应注重简洁鲜明，富有感染力。

（2）无论用什么方法设计LOGO，都应力求形体简洁、形象明朗、引人注目，而且易于识别、理解和记忆。LOGO设计讲究优美精致，符合美学原理。造型美是LOGO特有和追求的艺术特色，设计时应把握一个“美”字，使符号的形式符合人类对美的共同感知；要讲究点、线、面、体4大类LOGO设计的造型要素，在符合形式规律的运用中，构成独立于各种具体事物的结构的美感。

（3）保持稳定性、一贯性。切忌经常更换店铺LOGO，导致难以形成品牌烙印。

10.2.2 LOGO的分类

LOGO从视觉上总体分为3大类别：文字LOGO、图形LOGO和图文结合型LOGO。文字LOGO是以文字、名称为表现主体，一般是由品牌的名称、缩写或者抽取个别有趣的字设计成的标志。如麦当劳标志，取M作为其标志，颜色采用金色，像两扇打开的黄金双拱门，象征着欢乐与美味，如图10-22所示。

图 10-22　麦当劳 LOGO

图形 LOGO 用形象表达含义，相对于文字 LOGO 更为直观和富有感染力。如三菱标志，3 个菱形代表 3 颗钻石，体现了 3 个原则：承担对社会的共同责任、诚实与公平、通过贸易促进国际谅解与合作，如图 10-23 所示。

图 10-23　三菱 LOGO

图文结合型 LOGO 是由图形与文字相结合构成的，表达音中有图、图中有音的图形特征。如 bp 石油标志，采用绿、黄、白三色组成太阳花标志，宣扬绿色环保，bp 是 beyondpetroleum 的缩写，含义是“源于石油，超越石油”，如图 10-24 所示。

图 10-24　bp 石油 LOGO

10.2.3 制作店铺 LOGO

淘宝店铺中的 LOGO 是为了创建网络品牌，标识要求并不像注册商品一样严谨，而大部分LOGO设计都千篇一律，不具备个性化。如何让自己的店铺LOGO在买家心中留下烙印，除了要有创意，还要具有较高的识别度，让买家容易记忆。建议刚开始打造品牌的卖家们，在初期选择文字 LOGO 或者图文结合型 LOGO，让买家能够从 LOGO 中识别品牌的名称。

下面以“小巫饰品”店铺名称为例，制作一款店铺 LOGO。首先，要对“小巫饰品”这个店铺名称进行分析：店铺的主要消费群体为女性买家，所以字体颜色可以选择暖色调；店铺名称的“巫”字特别个性，可以让人联想到巫婆、巫师等词汇，所以设计者可以对“巫”字进行加工，从而制作出个性的 LOGO 设计，具体操作步骤如下。

步骤 1 执行“文件→新建”命令，新建一个 400 像素 ×160 像素的空白文档，如图 10-25 所示。

图 10-25 新建空白文档

步骤 2 在工具箱中单击“文字工具”T按钮，设置工具选项栏参数。其中，字体为方正毡笔黑简体、字体大小为 70 像素、消除锯齿方法为平滑、文本颜色为 #ff499f，输入“小巫饰品”文字内容，如图 10-26 所示。

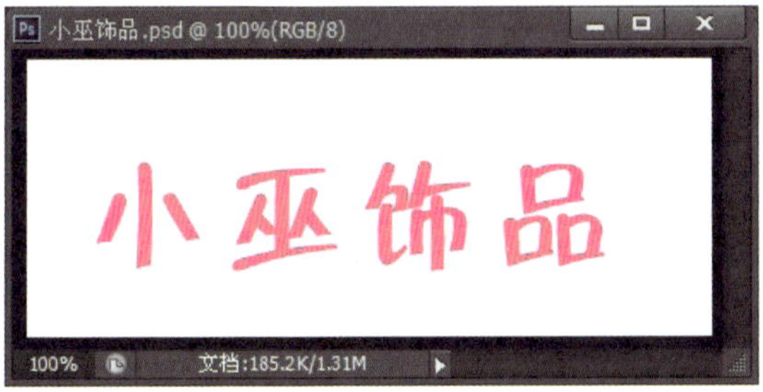

图 10-26 输入文字内容

步骤 3 在网络上搜索“巫婆的帽子矢量图”，找到一张适合的图片保存到本地文件夹，执行“文件→打开”命令，如图 10-27 所示。

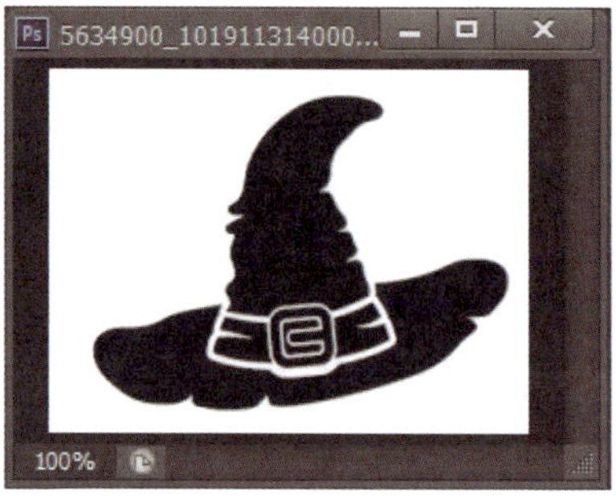

图 10-27 打开图片

步骤 4 在“图层”面板中双击“背景”图层解锁，在工具箱中单击“魔术棒工具”按钮，在图像上选择白色背景单击，白色背景为选框状态，如图 10-28 所示。

图 10-28 白色背景为选框状态

步骤 5 执行“选择→反向”命令，这时，黑色帽子形状为选框状态，如图 10-29 所示。

图 10-29 黑色帽子形状为选框状态

步骤 6 在工具箱中单击“移动工具”按钮，将鼠标放到选区内，移动工具会变成一个小剪刀，此时将帽子图像移动至“小巫饰品”图像，如图 10-30 所示。

图 10-30 移动帽子图像

步骤 7 将帽子图像缩小到适合的大小，在“图层”面板中单击“添加图层样式”按钮，在弹出的下拉菜单中选择“颜色叠加”命令，设置颜色值与文字色值一致，如图 10-31 所示。

图 10-31 选择“颜色叠加”命令

步骤 8 在“图层”面板中选中“小巫饰品”文字图层，执行“栅格化文字”命令，隐藏“帽子”图层，将“巫”字的横画用“橡皮擦工具”涂抹掉，如图 10-32 所示。

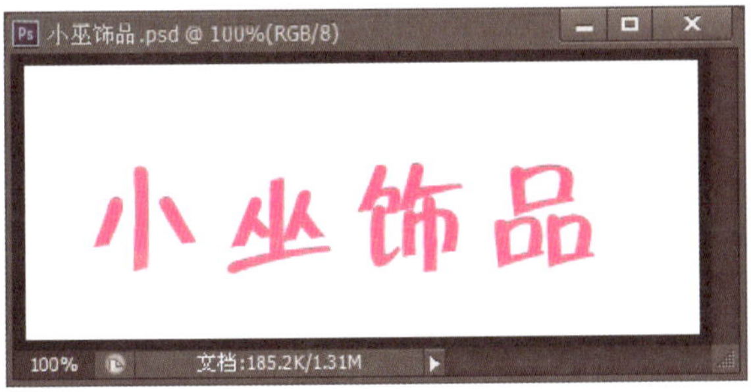

图 10-32 涂抹“巫”字的横画

步骤 9 显示“帽子”图层，并将帽子图像移动到跟“巫”字适合的位置，如图 10-33 所示。

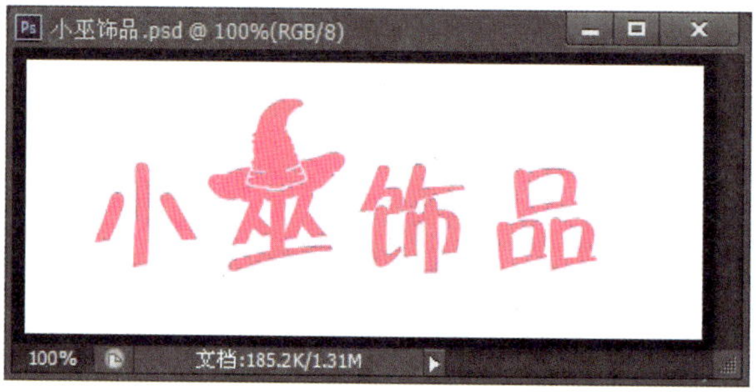

图 10-33　显示“帽子”图层

步骤 10 这样，一款简单的 LOGO 就制作完成了。不同的帽子会给店铺 LOGO 带来不同的感觉，如图 10-34 所示。

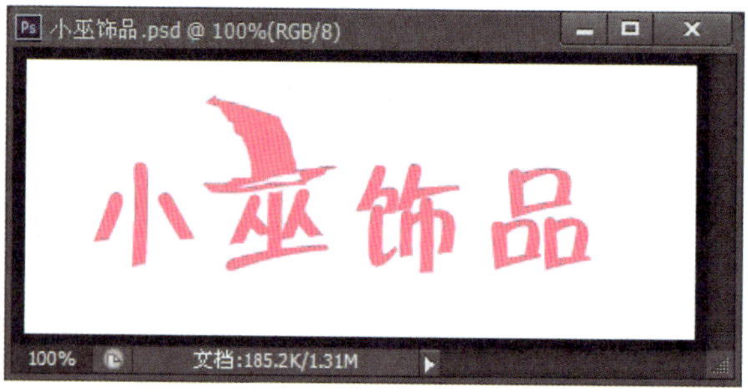

图 10-34　使用不同的帽子图案

10.2.4　为商品添加 LOGO

制作好的 LOGO 可以添加到主图上，也可以添加到详情页的商品图片上，具体操作步骤如下。

步骤 1 在“图层”面板中，隐藏“图层 0”图层，也就是隐藏图像的背景颜色，并根据 LOGO 大小裁剪文件，如图 10-35 所示。

步骤 2 执行“文件→存储为”命令，在弹出的“存储为”对话框中，在“格式”下拉列表框中设置图像格式为 PNG 图像格式，单击“保存”按钮，如图 10-36 所示。

图 10-35 隐藏图像的背景颜色

图 10-36 设置 PNG 图像格式

步骤 3 弹出“PNG 选项”对话框，单击“确定”按钮，将 LOGO 保存为透明背景图像，如图 10-37 所示。

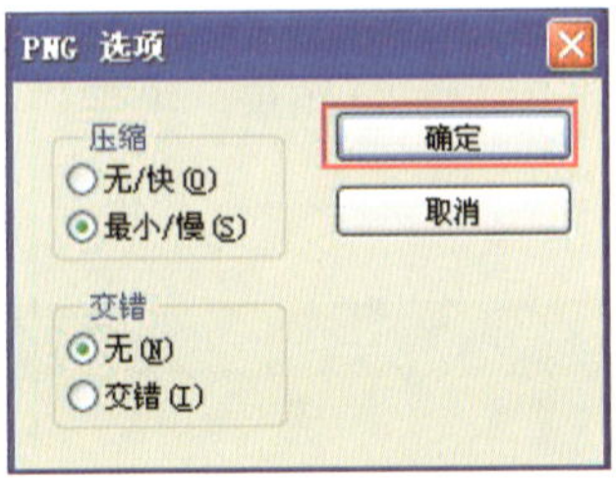

图 10-37 “PNG 选项”对话框

步骤 4 执行“文件→打开”命令，打开商品图片和透明 LOGO 图片，如图 10-38 所示。

图 10-38 打开商品图片和透明 LOGO 图片

步骤 5 将 LOGO 图像拖动至商品图像上，并适当调整图像和文字的大小和位置，尽量将 LOGO 压到商品图像的一角，这样可以防止同行盗图，如图 10-39 所示。

图 10-39 将 LOGO 压到商品图像的一角

步骤 6 在“图层”面板中选中 LOGO 图层，单击“添加图层样式”按钮，在弹出的下拉菜单中选择“颜色叠加”命令，设置颜色值为 #ffffff，如图 10-40 所示。

图 10-40 选择“颜色叠加”命令

步骤 7 在“图层”面板中，降低 LOGO 图层的不透明度至 60%，如图 10-41 所示。

图 10-41 降低 LOGO 图层的不透明度

步骤 8 在工具箱中单击“文字工具”T按钮，输入店铺地址 xiaowushipin.taobao 文字内容，在“图层”面板中降低其不透明度至 60%，如图 10-42 所示。

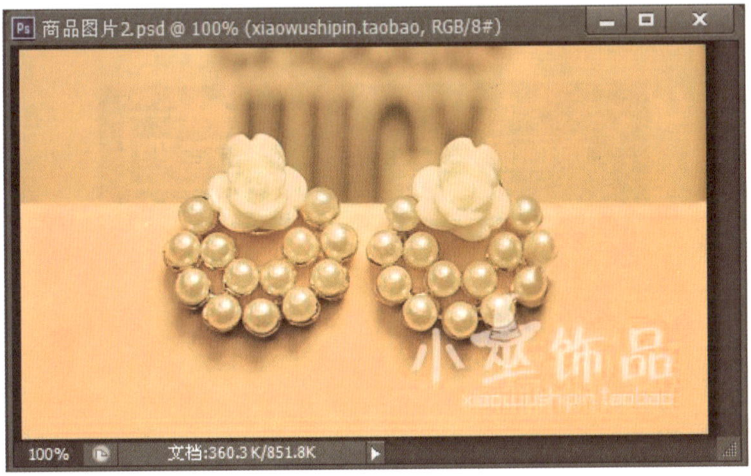

图 10-42 降低店铺地址文字的不透明度

经验分享

可以将店铺地址直接加入到 LOGO 图像中，就成为了店铺水印。可以将水印添加到店铺商品图上，然后插入到商品详情页，这样不但可以防止同行盗图，还可以让买家在重复记忆店铺 LOGO 的情况下形成品牌烙印。

第11章 隐藏的秘密

11.1 模板颜色的变换

在旺铺专业版的“店铺装修”页面中内置了3套系统模板，均为淘宝官方设计。3套模板一共10种颜色，并且无使用期限。刚接触淘宝的卖家们，可以尝试先用这样的基础模板来装修自己的店铺，具体操作步骤如下。

步骤1 进入“店铺装修”页面，选择“模板管理”命令，如图11-1所示。

图11-1 选择“模板管理”命令

步骤2 在“模板管理”页面可以看到当前使用模板，如图11-2所示。

步骤3 单击“可用的模板”选项卡，可以看到3套系统模板，选择动感红官方模板，单击“马上使用”按钮，可以更换店铺使用的模板，如图11-3所示。

步骤4 根据**步骤3**的操作，会弹出“应用模板”对话框，单击“直接应用”按钮，如图11-4所示。

图 11-2 当前使用模块

图 11-3 更换店铺使用的模板

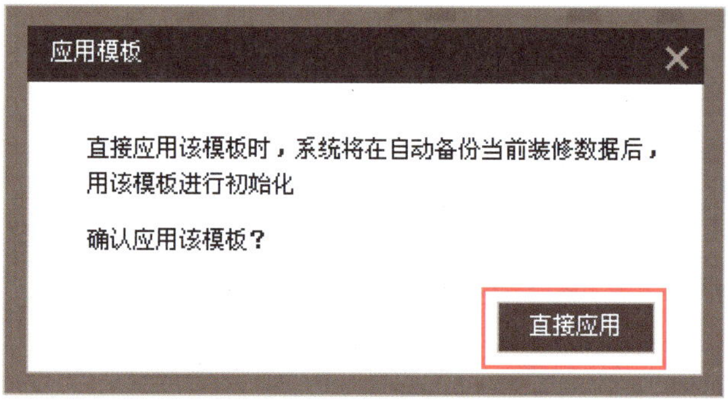

图 11-4 “应用模板”对话框

步骤 5 操作成功后，选择“页面装修”命令，单击“配色”按钮，如图 11-5 所示。

图 11-5 单击“配色”按钮

步骤 6 在“配色”选项卡中，可以看到模板的其他颜色，选中喜欢的颜色缩略图，就可以更换模板的颜色了，如图 11-6 所示。

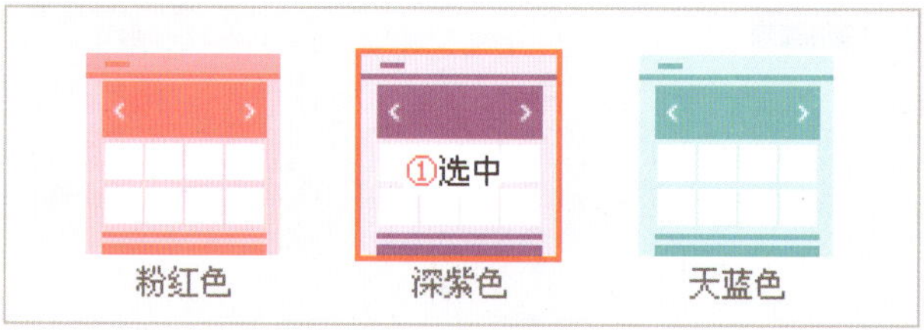

图 11-6 更换模板的颜色

11.2 自由的背景设置

旺铺专业版的店铺背景功能有了新的突破，相对于之前的店铺背景功能，它的设计更加自由。不但能够在首页添加店铺背景，还可以在列表页、自定义页面添加不同的店铺背景，让你的店铺背景不再单调，具体操作步骤如下。

步骤 1 在旺铺专业版中选择“页面装修”命令，如图 11-7 所示。

图 11-7 选择“页面装修”命令

步骤 2 在“页面装修”页面单击“页头”按钮，如图 11-8 所示。

图 11-8 单击“页头”按钮

步骤 3 在“页头”选项卡的“选择要设置的页面”下拉列表框中选择对应的页面，例如“首页”页面，如图 11-9 所示。

步骤 4 根据 7.3 节内容，上传页头背景并进行设置，设置好后单击“重置当前页”按钮，如图 11-10 所示。

图 11-9 “页头”选项卡

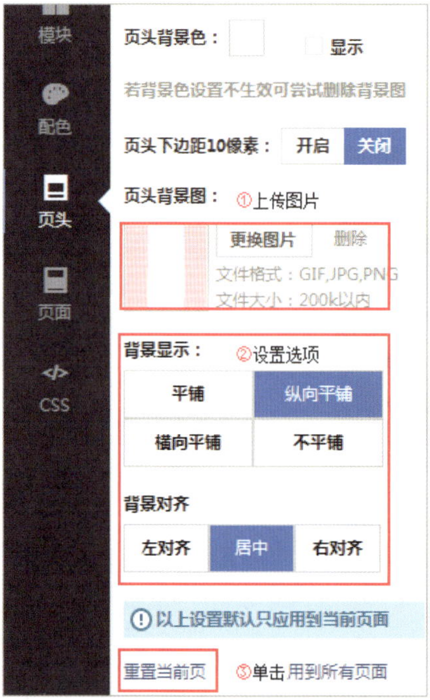

图 11-10 页头背景设置

步骤 5 单击“页面”按钮，在“页面”选项卡的“选择要设置的页面”下拉列表框中选择与“页头”选项卡中一致的页面，如图 11-11 所示。

步骤 6 在“页面”选项卡中上传页面背景图并进行设置，设置好后单击“重置当前页”按钮，如图 11-12 所示。

图 11-11 “页面”选项卡

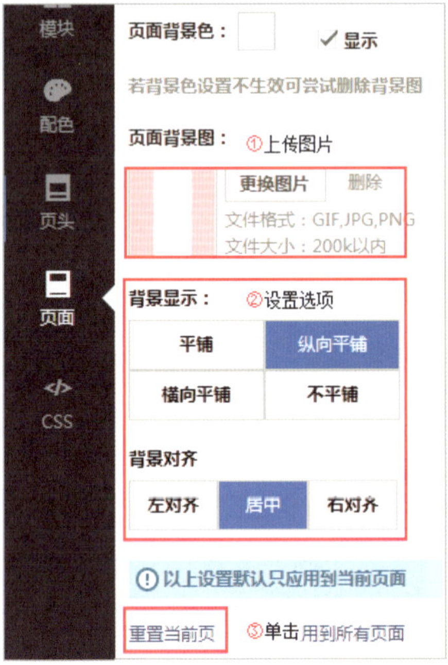

图 11-12 页面背景设置

步骤 7 重复步骤 3 至步骤 6，为店铺页面设置不同的店铺背景。

经验分享

结合 7.3 节有关背景显示和背景对齐的内容，设置上传的页头 / 页面背景；也可以结合 6.1.3 节，为店铺页面添加不同的全屏海报效果，令店铺装修更加多样化和人性化。

11.3 店铺装修的还原与备份功能

制作好的店铺不小心删除了部分模块，或者没有保存模块代码？辛苦制作的成果需要保障。旺铺专业版的备份功能，不但可以帮助卖家找到丢失的模块，还可以轻松保存当前使用的模板，具体操作步骤如下。

步骤 1 将鼠标移动到“网址”按钮上方，在弹出的面板中选择“店铺装修”命令，如图 11-13 所示。

图 11-13　选择“店铺装修”命令

步骤 2 进入“店铺装修”页面，选择“模板管理”命令，如图 11-14 所示。

图 11-14　选择“模板管理”命令

步骤 3 根据步骤 2 的操作，可以在后台找到正在使用的模板，单击“备份和还原”按钮，如图 11-15 所示。

步骤 4 在弹出的“备份与还原”对话框中，单击“备份”选项卡并输入备份信息，方便下次快速找到模板，单击“确认”按钮，如图 11-16 所示。

图 11-15 单击“备份和还原”按钮

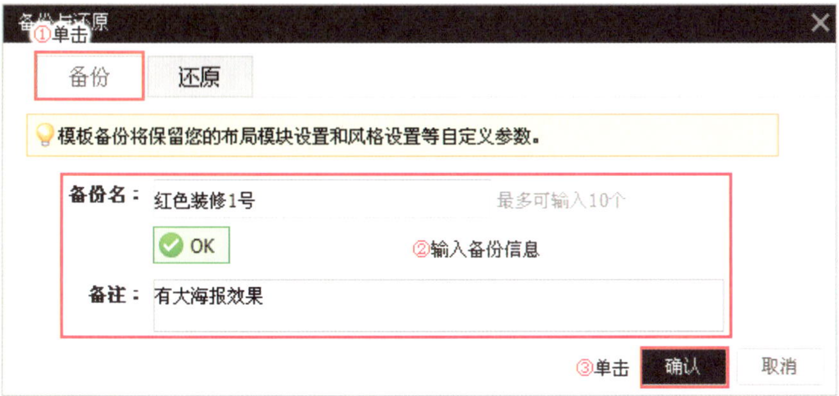

图 11-16 “备份”选项卡

步骤 5 单击“还原”选项卡，选择备份的模板名称，选中“红色装修 1 号”单选项，然后单击“应用备份”按钮，可以还原曾经备份好的店铺装修，如图 11-17 所示。

图 11-17 “还原”选项卡

经验分享

如果你是常常忘记备份的卖家也没有关系，系统会对你最近发布的 5 次模板自动备份。

11.4 多样化的宝贝描述模板

不同类目的商品需要有不同的公告、信息、自定义内容和关联推荐。宝贝描述模板就是用来解决这样的问题的，可以使用一个类目的宝贝描述模板掌控一个类目的所有商品，从而让商品的促销信息、公告信息、关联信息等更加精细准确地传达给买家。旺铺专业版可以添加 25 个宝贝描述模板，具体操作步骤如下。

步骤 1 进入“店铺装修”页面，在“页面管理”中单击“宝贝详情页”按钮，如图 11-18 所示。

步骤 2 进入“添加宝贝详情页模板”页面，单击“新建页面”按钮，设置页面位置为电脑端页面，页面类型为宝贝详情模板，在“页面名称”文本框中根据商品类目输入页面名称，如图 11-19 所示。

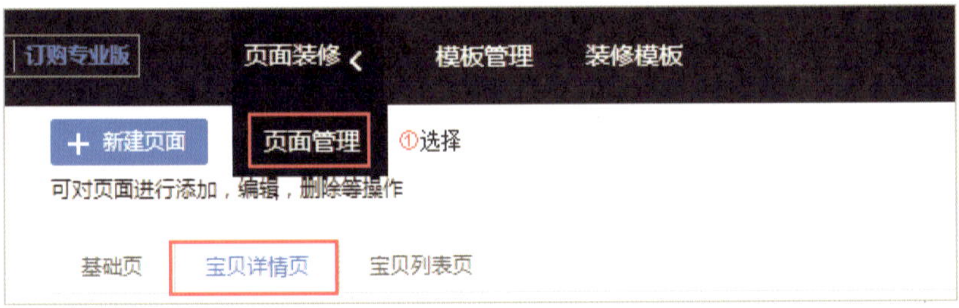

图 11-18 单击“宝贝详情页”按钮

图 11-19 “添加宝贝详情页模板”页面

步骤 3 在“高级页面设置”中默认显示左右分栏，单击“保存”按钮，如图 11-20 所示。

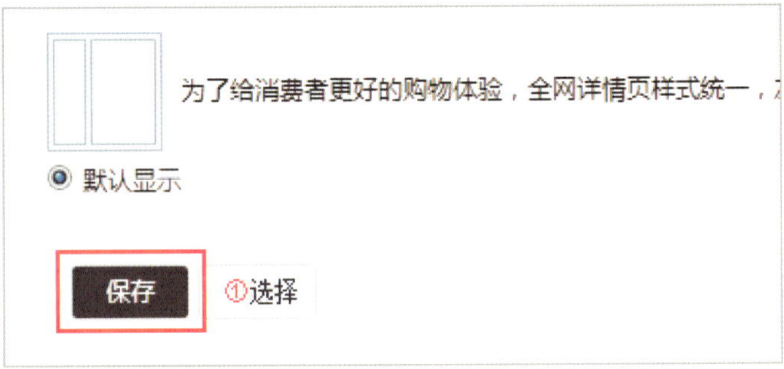

图 11-20 默认显示左右分栏

步骤 4 在左侧栏选择“女装详情模板”命令，在出现的对话框中单击“关联宝贝详情页”按钮，如图 11-21 所示。

步骤 5 在弹出的“宝贝详情页模板”对话框中，勾选对应类目的商品，单击“完成”按钮，如图 11-22 所示。

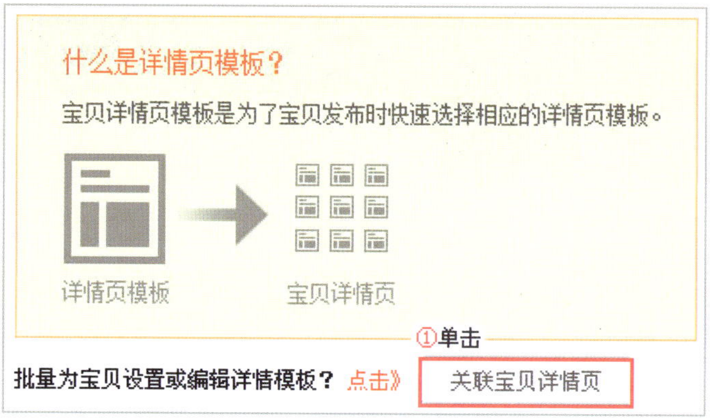

图 11-21　单击“关联宝贝详情页”按钮

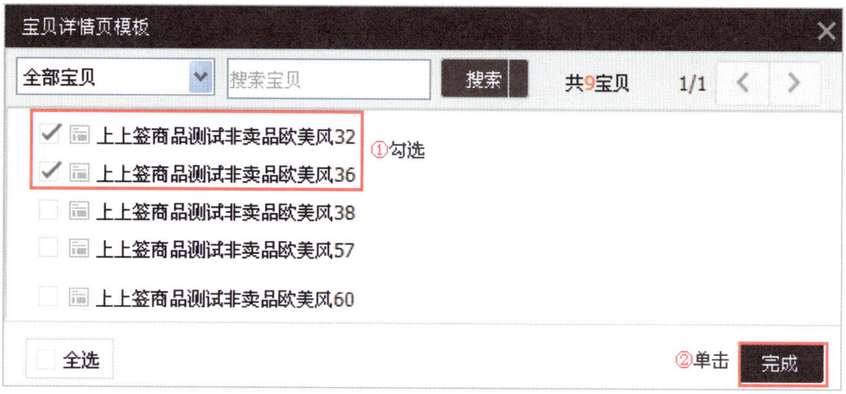

图 11-22　“宝贝详情页模板”对话框

步骤 6　根据步骤 5 的操作，单击“保存”按钮，完成“女装详情模板”页面的设置，如图 11-23 所示。

图 11-23　单击“保存”按钮

步骤 7　在“宝贝详情页”选项卡中，单击“女装详情模块”后的“页面装修”链接，如图 11-24 所示。

图 11-24 单击“页面装修”链接

步骤 8 在打开的页面中单击“布局管理”按钮，如图 11-25 所示。

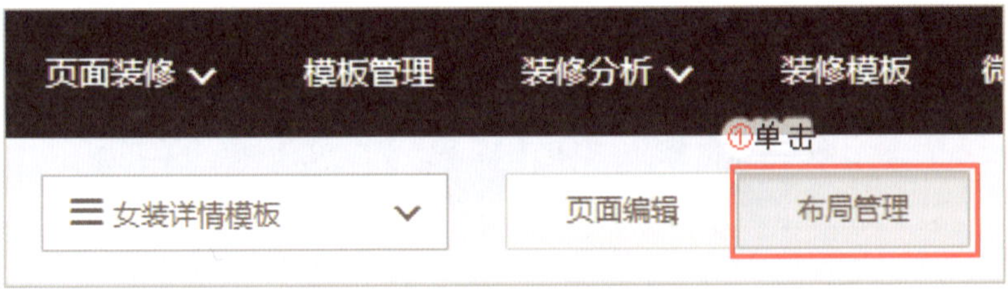

图 11-25 单击“布局管理”按钮

步骤 9 在打开的“模块”选项卡中可以添加“自定义区”模块，也可以添加“宝贝推荐”模块，如图 11-26 所示。

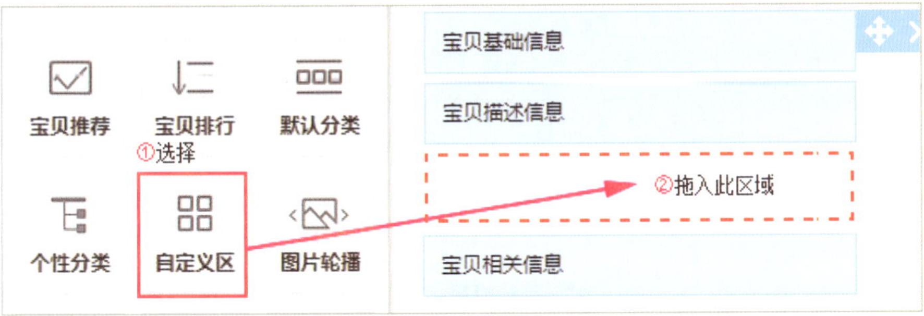

图 11-26 添加模块

经验分享

重复步骤 1 至步骤 9，可以新建其他详情页模板，将同一类目商品归纳到对应的详情页下，从而实现详情页的精准营销。

11.5 一键生成手机端详情页

随着买家的网购习惯改变，越来越多的买家习惯使用手机进行购物，大家都知道要做手机端详情页来增加手机端的搜索权重，但是很多卖家们不知道的是手机端要制作专门的详情页，根据转化率、停留时间等数据优化详情页，才能为手机端搜索加权。

具体操作步骤如下所示。

步骤 1 将鼠标移动到“网址”按钮上方，在弹出的面板中选择“卖家中心”命令，如图 11-27 所示。

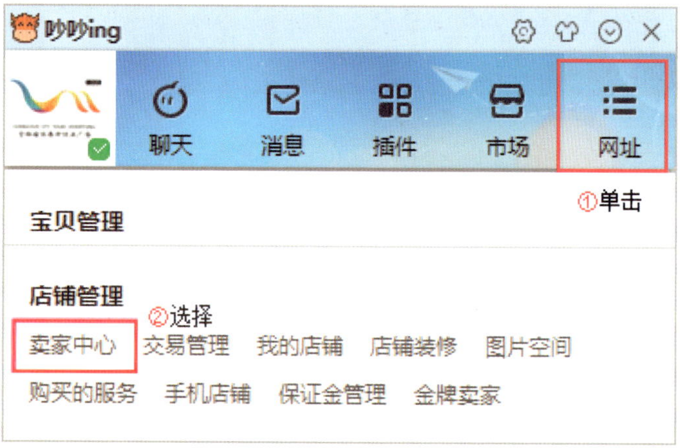

图 11-27 选择“卖家中心”命令

步骤 2 进入“卖家中心”页面后，在“宝贝管理”中选择“出售中的宝贝”命令，如图 11-28 所示。

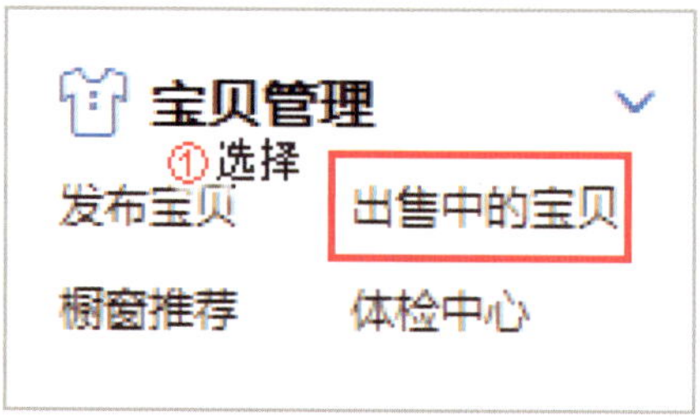

图 11-28 选择“出售中的宝贝”命令

步骤 3 在“出售中的宝贝”页面，选择需要编辑手机端详情页的商品，单击“编辑宝贝”按钮，如图 11-29 所示。

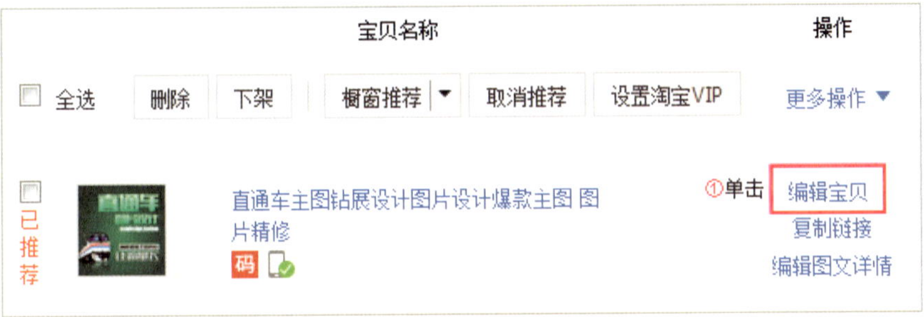

图 11-29 单击“编辑宝贝”按钮

步骤 4 进入“宝贝描述”页面，单击“生成手机版宝贝详情”按钮，在弹出的对话框中单击“确认生成”按钮，如图 11-30 所示。

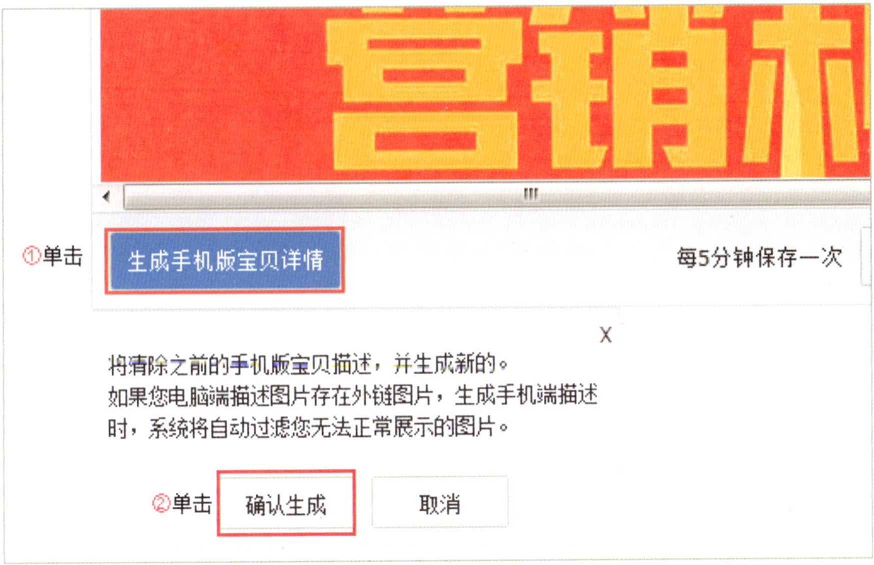

图 11-30 单击“确认生成”按钮

步骤 5 根据**步骤 4** 的操作，单击“手机端”按钮，可以在“手机端”选项卡中看到生成后的手机端详情页，单击“确定”按钮，发布手机端详情页，如图 11-31 所示。

图 11-31　发布手机端详情页

经验分享

（1）以上步骤为一键适配功能，支持文字、图片、表格的适配。

（2）卖家在旺铺“自定义区”模块中添加的内容不能适配到手机端宝贝详情。

（3）PC 图文详情中的“表情”“flash”“超链接”等内容不能适配到手机端宝贝详情。

第12章

常见问题解答

1. 问：Photoshop 的各个版本如何下载？

答：在百度搜索框中输入“Photoshop 联盟”，进入该页面以后在右下角可以找到“软件下载”字样，单击进入里面有各个版本的 Photoshop，可以找到自己想要的版本进行下载。

2. 问：Photoshop 的知识介绍太少，还想进一步学习该怎么办？

答：想要更多地学习 Photoshop 知识的卖家可以进入阿里学院，找到一些适合自己的、免费或者付费的视频进行学习。阿里学院网址是 http://www.alibado.com。

3. 问：淘宝图片空间怎么升级 / 降级？

答：图片空间升级：低的服务级别可以向高的服务级别升级，进入“我要订购”页面订购等级高的容量即可。图片空间降级：服务到期后才可以订购等级低的容量，同时您必须把所占用的空间里面的图片删除。例如，100MB 服务到期后才可以订购 50MB。

4. 问：为什么图片上传时尺寸总是被缩小？

答：当选择图片进入到上传对话框时，如果勾选“自动压缩以节省空间”复选框，图片宽度会默认为 640 像素，从而使图片尺寸缩小。因此，只有取消勾选该复选框，上传的图片才是原始图片尺寸。

5. 问：上传图片提示“您不能使用他人图片空间中的图片”该怎么办？

答：若在发布宝贝时出现提示，可能是以下几种情况，建议您尝试进行处理。

（1）如果您是分销平台的用户，从供应商处下载的商品，里面的图片您没有进行再编辑，直接复制发布后就会出现上述提示问题。此时建议您将从供应商处下载的图片另存到您的本地电脑，再从本地电脑上传后重新发布即可。

（2）如果您使用的是自己本地电脑的图片，请您查看图片空间是否已经到期需要续费，如果到期请先给图片空间续费后再发布。

（3）如果以上两种情况都不是，则可能是您使用的浏览器不稳定导致，建议您使用 IE 浏览器发布。

小提示

发布的图片必须是自己拍摄的实物图片。

6．问：店招模块误删后怎么找回来？

答：方法一是定位到“页面管理→页面编辑→首页→＋（添加模块）”命令，添加店铺招牌；方法二是定位到“页面管理→布局管理→首页→店铺页头→＋（添加模块）”命令，添加店铺招牌。

7．问：为什么插入店招后还是有缝隙？

答：在插入好图片后要检查图片的前边是否有空格，如果有空格可以使用键盘上的【Delete】键进行删除，这样店招与页头背景才会完全衔接在一起，不会出现白色缝隙。

8．问：导航条不见了，该怎么恢复？

答：导航模块不可以删除。如果装修发布后发现导航条不见了，可以将店铺招牌尺寸修改为 950 像素 ×120 像素（页头高 150 像素，包含店铺招牌和导航条。如果店铺招牌高设置成 150 像素，发布后导航条可能消失不见）。

9．问：收藏模块的代码是什么？

答：<div><a class="J_TokenSign" href=" 收藏链接 "><img src=" 收藏图片 "/></a></div>

10. 问：子账号不正常，总不在线，但是设置都是正确的，该怎么办？

答：(1) 对应的子账号是否开启了分流（重要！）；(2) 是否使用了卖家版旺旺并登录在线；(3) 亮灯代码是否正确，若使用客服中心模块，记得在后台同步到店铺；(4) 使用子账号挂灯时，请检查旺遍天下客服 ID 设置中的冒号是否为英文冒号，如吵吵 ing: 小树。

11. 问：账号提示“该用户拒绝添加任何人为好友”该怎么办？

答：一般出现在用户给主账号发消息时，提示“要加为好友”以及“该用户拒绝添加任何人为好友”，原因是该主账号在旺旺设置里做了相应的设置，打开阿里旺旺系统设置，在“安全设置”菜单下选择“验证设置”命令，更改“添加好友验证”信息即可。

12. 问：卖家自己如何查看店铺动态首页？

答：登录店铺动态管理后台，单击“浏览我的店铺动态”按钮，即可跳转至店铺动态主页。

13. 问：如何把二维码贴在宝贝页面？

答：淘宝二维码内包含链接地址信息，用手机扫描二维码，可以快速进入相应的网址。进入“我是卖家→店铺管理→手机淘宝店铺→手机二维码→马上去设置”命令，根据您的情况选择店铺、宝贝、活动页、自定义等生成二维码。

如果是宝贝中添加二维码，需要找到相应的宝贝，单击“生成二维码”按钮并下载到本地，然后在编辑宝贝时把下载的二维码再上传到宝贝详情页即可。

14. 问：透明代码是什么？

答：<div style="background:none;height:420px:"> </div>

其中，height:420px 指海报的高度是 420 像素，要根据海报的实际尺寸更改高度。

15. 问：宝贝详情页可以添加页面背景吗？

答：淘宝店铺的宝贝详情页是不允许添加背景的。

16. 问:“满就送”店铺优惠券是系统自动送的,还是需要设置“买家点击领取”?

答：在“满就送”活动设置时选择送优惠券后，当买家订单满足该“满就送”的条件并交易成功后，系统会自动发送该优惠券至买家账户，无须买家领取。

17. 问：店铺发布时提示“布局规则不存在”该怎么办？

答：如果在店铺发布时提示“布局规则不存在”，只要删除购物保障标签就可以了。

18. 问：新旺铺可以修改左上角的淘宝店铺 LOGO 吗？

答：新旺铺不可以修改左上角的店铺 LOGO，您可以在模板上方的店招模块添加店铺 LOGO。

19. 问：将别人的图片加上自己的店铺 LOGO 可以吗？

答：虽然您进行了一定的编辑并加上了 LOGO 或水印，但是未经允许使用别人的图片将构成“图片发布侵权”，请您尊重他人的劳动成果，及时将图片下架或删除，以免出现不必要的举报或纠纷等。

20. 问：音乐模块的代码是什么？

答：<div><bgsoundloop="1"src=" 音乐地址 " 第 12 章 ></bgsound></div>

其中 loop="1" 指播放 1 次音乐后停止，参数可以自己更改，如 loop="2"，播放 2 次音乐后停止。将 loop="1" 更改成 loop="infinite"，可以将音乐设置成循环播放无停止的状态。

21. 问：我装修后发现不好看，想回到装修前的状态，该怎么办？

答：装修是即时的，与发布无关（即不管是否发布，装修都已经生效了；而发布是店铺前台也跟随改变）。因此，如果只是想试一下效果，需要回到原装修状态，建议大家先手动备份一次，以便后续可以还原。

操作路径：执行“装修→模板管理→备份与还原”命令即可。